한국이 소멸한다

2018
2020
2030
한국이 소멸한다

인구 충격에 내몰린 한국 경제의 미래 시나리오

전영수 지음

비즈니스북스

한국이 소멸한다

1판 1쇄 발행 2018년 2월 10일
1판 6쇄 발행 2019년 12월 23일

지은이 | 전영수
발행인 | 홍영태
발행처 | (주)비즈니스북스
등 록 | 제2000-000225호(2000년 2월 28일)
주 소 | 03991 서울시 마포구 월드컵북로6길 3 이노베이스빌딩 7층
전 화 | (02)338-9449
팩 스 | (02)338-6543
e-Mail | bb@businessbooks.co.kr
홈페이지 | http://www.businessbooks.co.kr
블로그 | http://blog.naver.com/biz_books
페이스북 | thebizbooks
ISBN 979-11-6254-003-9 03320

* 잘못된 책은 구입하신 서점에서 바꾸어 드립니다.
* 책값은 뒤표지에 있습니다.
* 비즈니스북스는 독자 여러분의 소중한 아이디어와 원고 투고를 기다리고 있습니다.
  원고가 있으신 분은 bb@businessbooks.co.kr로 간단한 개요와 취지, 연락처 등을 보내 주세요.
* 비즈니스북스에 대한 더 많은 정보가 필요하신 분은 홈페이지를 방문해 주시기 바랍니다.

시작하며

지금껏 경험한 적 없는 사상 초유의 변화

로마제국은 가히 최대의 제국이었다. 이탈리아 반도를 넘어 유럽과 북아프리카, 페르시아 그리고 이집트까지 지배했던, 인류 역사상 최초의 제국이라는 점도 놀랍지만 안정된 사회질서와 윤리관 확립 등에서 현대와도 뒤지지 않는 고대국가였다. 그런데 세계를 호령했던 이 거대한 제국이 한순간에 쇠락의 길을 걷게 된다. 영국의 역사가 에드워드 기번Edward Gibbon은 로마제국의 몰락에 인구 감소가 한 요인이라고 분석했는데, 이는 로마제국의 영토였던 트로이의 인구 통계를 보면 잘 알 수 있다.

트로이의 기혼자는 전체 인구 100명 중 35명에 불과했다. 그중 자녀를 양육하는 수 역시 17명에 불과했다. 사람들이 출산하지 않으니 인구가 급감하는 것은 자명했다. 그러나 로마제국은 인구가 경제를 번성시키고 영토를 지키는 국력의 원천이라는 것을 잘 알고 있었고, 때문에 역사상 가장 강력한 인구정책을 펼쳤다. 이른바 독신세로, 20세에서 60세의 독신 남성과 20세와 50세의 독신 여성에게 세금을 물렸다. 이렇게 다소 과격한 장치로 결혼과 출산을 독려했음에도 불구하고 로마제국은 인구 감소를 막을 수 없었고, 종국엔 국가 멸망의 길로 들어설 수밖에 없었다.

또 다른 이야기를 해보자. 아프리카다. 지금은 아프리카 하면 내전과 국가 간 전쟁에 따른 후진성을 떠올리지만, 유럽인과 접촉하기 이전인 15세기 아프리카는 풍부한 자원을 바탕으로 그런대로 경제 수준을 갖춘 사회였다. 후진성은 노예산업의 희생양으로 부각되면서부터 나타났다. 신대륙을 발견한 유럽은 농업에 대규모 노동력이 필요했고, 이것을 아프리카의 노예로 충원했다. 이 시기 1,200만 명부터 최대 4,000만 명의 아프리카인이 노예무역을 통해 신대륙으로 이동했다. 그로 인해 1650년 세계 인구의 18퍼센트를 차지하던 아프리카 인구는 200년 후 8퍼센트까지 급감한다.

역사에 만약은 없지만 혹여 노예산업이 없었다면, 그래서 아프리카 전체의 절반에 해당하는 거대한 인구가 이동하지 않았다면 오늘의 아프리카도 사뭇 양상이 달라졌을 수 있다. 이외에도 흑사병으로 인구의 3분의 1이 줄어들면서 봉건제도가 무너졌다는 중세 유럽의 역사는 물론, 아즈텍제국과 잉카제국의 몰락에 천연두에 따른 인구 감소가 한 요인이었다는 이야기 등 인구 감소가 국가와 문화권의 멸망으로 이어진 사례는 많다. 이처럼 인구는 국가성쇠를 결정하는 중요한 변수다.

지금 한국 경제의 화두는 '인구'

지금 한국 경제는 어떤가? 느닷없는 의문이지만, 곰곰이 뜯어보면 적잖이 복잡다단한 화두다. 쉽사리 나올 답이 아닐뿐더러 뭐부터 얘기해야 할지도 모를 골치 아픈 이슈이기 때문이다. 전체적인 분위기도 긍정보다 부정이 압도할 것으로 추정된다. 작게는 가정경제부터 크게는 국가경제까지 예전에는 없었던 해결과제가 산적해 있다는 점이 이를 뒷받침한다. 열심히 일해도 살림살이는 나아지지 않고, 돈 들여 공부해도 맘에 드는 일자리를 잡을 수 없다.

그렇다면 무엇이 문제일까? 어디서부터 이렇게 꼬여버렸을까? 역시 어려운 질문이지만, 필자는 한국 사회가 빠져버린 이 함정의 원인으로 엄중한 시대 변화를 자주 언급한다. 열심히 일해도, 공부해도 미래가 나아지지 않는 '비정상'이 마치 정상처럼 이해되며 상황을 악화시키는 것은 과거와 확연하게 달라진 환경 변화의 탓이 크다는 얘기다.

지금 한국이 직면한 가장 중대한 변화를 세 가지로 말할 수 있다. 저성장, 재정난, 인구병이다. 이 세 가지 중 압권은 바로 인구문제다. 인구 변화가 성장을 지체시키고 재정을 악화하기 때문에 '인구'야말로 시대 변화의 원류라 할 수 있다. 인구, 성장, 재정, 이 세 가지 변수는 2인3각의 연결고리 속에서 서로 영향을 주고받으며 상황을 악화시키는데, 사람들은 유난히 인구 변화만 잘 체감하지 못한다. 워낙 긴 시간에 걸친 변화이기 때문에 발표되는 각종 통계에 무감각하다.

게다가 인구 감소는 한국이 맞닥뜨린 사상 초유의 변화라고 말할 수 있다. 2017년을 기점으로 생산가능인구의 감소세에 접어들었고, 이는 앞서 나온 로마제국과 아프리카의 이야기를 그저 역사의 한 페이지로만 치부할 수 없게 만드는 심상치 않은 변화를 불러오고 있다.

갈림길에 선 한국 경제

지금 한국은 인구 변화의 한가운데에 서 있다. 생산가능인구가 이미 정점을 찍고 내리막길에 접어들었다. 출산율은 인구 유지를 위한 최소선인 2.1명을 하락 돌파한 것은 물론 위기선인 1.3명 아래에서 20년 넘게 요지부동인 상황이다. 이대로라면 인구 변화는 충격적인 파열음을 낼 것이 확실하다. 이미 일상 곳곳에서 미세한 균열을 목격할 수 있다. 청년세대들의 연애와 결혼 포기는 가십거리를 넘어 시대트렌드로 자리 잡았고, 자녀부양과 부모봉양의 책임은 그대로인데 이른 은퇴로 생활 곤란에 빠진 중년세대, 의료기술의 발달로 장수하게 되었지만 빈곤한 처지 탓에 장수가 고통이 된 노년세대들의 모습 등이 바로 그것이다.

눈에 보이는 이것이 전부가 아니다. 인구 변화는 빙산과 같다. 우리가 보는 빙산은 전체 크기의 5퍼센트뿐이라는 말도 있지 않은가. 결국 빙산을 정확히 알자면 수면아래의 95퍼센트를 관찰하고 분석하는 게 필수다. 5퍼센트만으로 대응한다면 섣부른 치기일뿐더러 훗날 더 큰 비용을 치러야 할 수밖에 없다.

최근 10여 년간 저출산 대책이라는 이름으로 100조의 예산이 투입됐지만, 출산율이 여전히 사상최저치를 밑도는 이유도 여기에 있다. 그럼에도 대부분 큰 관심은 없다. 빡빡해진 현실에서 하루하루 사는 것만으로 벅차기 때문에 먼 미래까지 생각할 겨를이 없는 것이다. 인구 변화를 제대로 인지한다면 절대 하지 않을 무관심과 낭비를 반복하고 있다.

'삶은 개구리 증후군'Boiled Frog Syndrome이란 게 있다. 끓는 물에 집어넣은 개구리는 바로 뛰쳐나와 살지만, 물을 서서히 데우는 찬물에 들어간 개구리는 조만간 닥칠 위험을 인지하지 못하고 죽게 된다는 뜻이다. 점진적으로 고조되는 위험을 인지하지 못하고 그에 대한 적절한 대응을 하지 못하면 결국 화를 당한다는 것을 의미하는 말이다. 지금 한국이 따뜻한 물속의 개구리가 아닌지 자문한다. 변화에 둔감하면 위기는 금방이다. 외부환경에 능동적이고 적극적으로 대처하지 못하면 탈출 기회를 놓치게 된다. 변화를 이해하고 능동적으로 대처하기 위해 '인구'만큼 광범위하고 파워풀하며 가성비가 높은 변수가 없다는 것을 생각한다면 지금 인구 변화에 주목하길 제안한다.

고도성장의 시대를 풍미하고 지배하던 패러다임으로는 더 이상 설명하기 힘든 사회가 되었다. 상황이 바뀌면 대응도 달라지는 것이 당연하다. 지금처럼 무관심 속의 방치는 훗날 치명적인 지불명세서를 요구할 것이다. 공이 많이 든다고, 당장 안 보인다고, 오늘이 살기 바쁘다고 내버려두기엔 후속세대에게 너무 큰 고통의 멍에를 씌우는 우遇일 수밖에 없기 때문이다.

결국 가랑비에 옷 젖는다지만, 알고 보면 벌써 흠뻑 젖은 상황이다. 아직은 괜찮을 것이란 근거 없는 판단 역시 시효가 끝났다. 앞서 이야기한 생산가능인구의 감소세나 출산율 하락은 한국 경제의 불행을 경고하는 전초전에 불과하다. 인식 기반과 제도체계가 다르기 때문에 유럽, 미국, 일본 등 먼저 늙어가는 일부국가의 선행사례를 그대로 따라할 수도 없는 상황이다. 한국적 불확실성은 한국적인 해법으로 풀 수밖에 없고, 이때 전제가 정확한 현실인식, 즉 인구 변화의 이해가 요구된다. 뒤에서 본격적으로 다루겠지만, 가령 인구 감소의 표면만큼 인구 이동의 진실을 알아야 제대로 된 해법을 모색할 수 있다.

결정적 변곡점

책은 크게 4장으로 구성되어 있다. 제1장에서 인구 변화에 대해 전체적으로 개괄한다. 인구 변화의 다양한 논점을 제시하고 현재 이슈를 정리한다. 우리가 인구 변화를 어떻게 읽어야 하는지, 그 변화가 한국 사회에 어떤 의미를 갖고 있고, 구체적으로 어떻게 펼쳐질지 예상해본다.

제2장부터 제4장까지는 각각 청년, 중년, 노년의 3대 인구 그룹에 방점을 찍어 세대별로 구분되는 인구 변화의 원인과 결과를 이야기하고 나아가 새롭게 펼쳐질 일상 풍경에서 해법을 모색해본다. 제2장은 2017년을 기점으로 시작된 생산가능인구의 하락 반전에 주목해 증발해버릴 수밖에 없는 청년문제를 다룬다. 제3장은 베이비부머 선두세대(1955년생)의 65세 진입이 시작되는 2020년을 전후해 잉여인구로 전락하는 중년세대가 맞이할 각종 변화를 분석한다. 마지막 제4장은 1,700만 명이나 되는 광의의 베이비부머가 75세에

진입하는 2030년을 기점으로 한국이 맞닥뜨릴 변화를 예견해본다. 특히 유병 상태로 장수하게 된 노년세대에게 어떤 미래가 예견되고, 그것이 한국 사회에 어떤 충격으로 다가오는지 살펴본다. 이를 위해 본서는 시대 상황에 맞춘 새로운 연령구분 기준을 채택했다. 요컨대 10~40세(청년), 40~70세(중년), 70~100세(노년)에 맞춰 필요한 각종 통계를 새롭게 생산·제시한다.

책은 특정독자를 대상으로 하진 않는다. 통계자료와 전문용어가 적잖게 등장하고 다루고 있는 이슈도 현재로서는 암울한 미래가 예견되는 것들이라 가볍게 읽기엔 한계가 있다. 그러나 인구 변화가 갖는 특유의 영향력을 감안할 때, 이들 이슈가 국가경제를 넘어 개인과 가정경제에 직결되는 사안임을 감안한다면 끝까지 일독하길 권한다. 누구도 경험해보지 못한 인구 변화의 양상, 그 대응전략을 모색하는 출발점이 되어줄 것이다. 사실상 인구 충격의 대응이 청년, 중년, 노년의 전체세대를 아우를 수밖에 없음을 염두에 둔다면 보다 건설적이고 효과적인 대안을 마련하기 위해 인구통계와 세대분석을 토대로 한 본서의 문제제기가 적잖은 의미를 가질 것으로 판단한다.

아무리 두터운 커튼이라도 외부의 빛을 모두 막기란 어렵다. 찾아보면 어디든 작은 틈새에서 창밖의 상황을 미루어 짐작할 수 있다. 하루하루 살기 바빠 세심한 주변 관찰이 힘들겠지만, 창밖 풍경은 이미 많이 변했다. 한국은 인구 변화의 최전선에 있는 국가지만,

정작 우리만 잘 모를 뿐 경고문도 많다. 창밖 풍경을 끝까지 거부하고 버텨낼 수는 없는 노릇이다.

준비 없는 가운데 커튼이 일순간에 걷어질 날도 멀지 않다. 어떤 선택이든 우리 몫일 따름이다. 저자로서 이 책이 적으나마 커튼이 젖혀질 때를 대비하는 이들에게 도움이 된다면 더할 나위 없을 것이다. 동시에 책에 부족한 부분이 있다면 이는 전적으로 저자 책임이다. 더 넓고 깊은 연구로 보완하겠다. 감사하다.

전영수

| 차례 |

제1장

한국 경제가 멈추는 날

제2장

2018년 일하는 사람이 사라진다

제3장

2020년 사상 최대의 인구 변동

제4장

2030년 1,700만 인구를 부양하라

2018
2020
2030

제1장

한국 경제가 멈추는 날

미래를 읽어내는 결정적 힌트

"내일 뉴스를 말씀 드리겠습니다."

내일 뉴스를 오늘 알려준다니 생각만 해도 짜릿하다. 앞으로 일어날 일을 미리 알 수 있다면, 어떤 목적을 갖고 있든지 간에 본인이 원하는 대로 판을 그려낼 수 있다. 상상만으로도 기분 좋은 일이다. 우리의 상상은 종종 현실로 소환되는데, 특히 영화나 만화 등의 주요 소재로 활용되어 가상의 스토리로 펼쳐지곤 한다.

상상이 현실로 펼쳐지는 대표적인 작품으로 1985년 만화가 강철수의 〈내일뉴스〉를 들 수 있다. 잡지 《보물섬》에 연재되고 단행본으로 출간되면서 많은 인기를 얻은 작품이다. 이 책은 우연히 얻은 고장 난 라디오가 내일의 뉴스를 알려주고, 이를 통해 미리 사고를 예방한다는 식의 상상력이 가득한 이야기를 담고 있다.

절대적인 미래예측이란 가능한가

현실은 만화와 다르다. 내일은커녕 한치 앞을 내다볼 수 없는 게 인생 아닌가. 그럼에도 많은 이들이 앞날을 궁금해한다. 신년운세를 알아보는 일부터 주식, 부동산 등 자산시장에 대한 예측까지 다양한 미래예측이 대중을 상대로 영업 중이다. 내일 일어날 일을 미리 알 수 있다면 인생은 완전히 달라질 수 있기 때문이다. 포커에서 상대방의 패를 알고 베팅한다면 승리는 보장된 것 아닌가. 하지만 삶은 복잡다단하기에 포커 게임을 미리 예측하는 것과는 상당히 다르다. 내일을 미리 예측한다 해도 실제 어떤 결과가 나타날지 모르는 일이다.

그렇다고 예측이 아무런 쓸모도, 의미도 없다는 건 아니다. 확률이 낮고 변수가 많다고 해도, 예측이 무의미하지는 않다. 미래를 준비하기 위한 기초자료로서 예측 시도는 바람직하다. 아무것도 모르는 채 어떤 일이 닥쳤을 때보다 미리 조금이라도 대처할 수 있다면 아무래도 덜 불안한 법이다.

그렇다면 어떻게 예측할까? 대개 정확하고 논리적인 맥락과 이를 뒷받침하는 과학적이고 통계적인 자료로 미래를 예측한다. 물론 그것도 완전하다고 볼 수는 없다. 통계란 과거의 숫자를 토대로 한 추정이라 앞으로도 통계대로 움직일지 여부는 아무도 알 수 없다. 만일 통계자료와 몇몇 변수 간의 상관관계만으로 앞날을 알 수 있다면 증권가에서 일하는 사람들은 모두가 돈방석에 올라야 할 것이다.

유명한 투자가 존 보글은 통계를 중심으로 한 증권가의 기술적 분석에 대해 이렇게 일침을 가했다. "과거 자료로 투자 결정을 내리는 건 백미러만 보고 오토바이를 모는 것과 같다." 인류 역사를 통틀어 수많은 학자들이 동원돼 예견한 미래 풍경 중 그대로 펼쳐진 건 손에 꼽는다. 절대적으로 믿기보다는 참고자료로 사용하는 게 좋다.

그러면 과학적이고 통계적인 자료를 접하기 어려운 개인은 미래를 어떻게 가늠해야 할까? 먼저 본인 눈높이와 입맛에 맞게 미래를 조감하는 게 바람직하다. 본인들이 피부로 체감하는 현실에서부터 하나 둘씩 퍼즐을 맞춰가는 방법을 추천하고 싶다. 미래는 현재와 맞닿아 있고, 현재는 과거와 연결된다. 느닷없는 미래란 없다. 그리하여 하늘에서 불쑥 떨어진, 예상하지 못한 사건과 이슈가 아닌 한 미래를 예측할 힌트는 현재에서 찾을 수 있다. 자신만의 작은 스케치가 화려한 미래예측서보다 더 효과적이란 뜻이다.

그래서 현재를 살아가는 사람이라면 누구나 미래예측을 할 수 있다. 전문가만큼 논리적일 수는 없겠지만, 적어도 본인 생활과 관련된 활동 영역에선 뒤질 이유가 없다. 경제활동을 한다면 더 낫겠지만, 굳이 하지 않아도 상관없다. 남의 의견을 듣지 않아도 미래예측을 위한 정보와 감각은 생활 속에서 충분히 보유하고 있다. 자신감을 갖고 머리 위를 떠도는 작지만 중요한 변화의 힌트, 그 편린片鱗들을 엮어내는 시도와 노력만 있다면 족하다.

오늘을 보면 내일이 보인다

우리는 변화의 한가운데에 살고 있다. 가령 5년 전, 10년 전 거리 풍경만 떠올려 봐도 우리의 생활이 급격이 변화했음을 알 수 있다. 독서실 간판이 요양원 간판으로, 슈퍼마켓이 편의점으로, 공원 놀이터가 노인 운동시설로 바뀌는 것만 봐도 알 수 있다. 그 속도가 어마어마하다 보니 기업들은 빠르게 변하는 사회현상을 예측하는 데 열을 올린다. 변화를 경험한 후에 다음 먹거리를 고민하는 건 너무 늦기 때문이다. 그리고 한국 경제가 저성장의 길로 들어선 지금, 상황을 돌파하기 위해서는 누구보다 앞선 움직임이 필요하다. 값비싼 전망보고서를 챙겨 보는 건 상식이다. 우리가 생활 속에서 체감하는 작은 변화를 연결지어 본업에 투영시키는 노력 역시 일상적이다. 기업들은 TF팀을 가동하거나 외부 전문가를 초빙해 시장 선점에 최선을 다한다.

최근 이런 움직임을 보이는 기업들에게 '인구'라는 요소가 큰 화두다. 앞날의 먹거리를 이야기할 때 경기 전망이 필수적인데, 경기 전망을 설명하는 데 있어 가장 큰 변수가 인구이기 때문이다. 인구는 1차적으로는 소비 여력과 맞물린 시장수요를, 2차적으로는 노동공급으로 인한 소득수준을 결정짓는다. 인구가 어떻게 변하는지만 가늠해도 앞날의 큰 줄기를 내다볼 수 있다.

기업이 인구에 주목하는 또 다른 이유가 있다. 인구 자체가 미래예측에 유용한 요인이기도 하지만, 현재 더디게 움직이는 한국 경제가 인구 변화에서 비롯된 측면이 크기 때문이다. 실제로 예측된 한국 경제의 미래는 녹록지 않다.

자칫 하면 인구 변화가 눈덩이처럼 문제를 부풀려 양산할 수도 있기 때문에 기업뿐 아니라 정부 역시 이 변화에 주목하고 있다. 인구로 인한 저성장 시대가 가속화된다면 기업은 적자를 면하기 위해 고용 절감을 고민하게 되고, 정부는 재정 감소로 인해 복지혜택을 줄이며 세금을 늘리는 방안을 고민하게 된다. 그렇다면 결국 위기 돌파는 고스란히 개인의 몫으로 돌아온다.

결국 각자도생各自圖生이다. 서로가 서로를 돕거나 응원해주기도 힘든, 인간성 상실의 시대가 도래하는 최악의 시나리오가 펼쳐질 수도 있다. 그래서 지금 위기의 진폭을 가늠하고 대응하는 데 신중한 태도가 필요하다. 이 변화에 어떻게 대응할 것인가, 인구 변화에 종속되느냐 혹은 인구 변화를 지배하느냐에 따라 한국 경제의 향방이 결정된다. 물론 그 시작은 미래를 가늠해 보고자 하는 의지에서 비롯된다.

미래를 품으려는 사람과 그렇지 않은 사람 사이의 격차는 훨씬 커질 전망이다. 제4차 산업혁명이 도래했고 급속한 변화는 이미 시작되었다. 작은 힌트를 연결해 변화의 흐름을 예측하는 사람은 위기를 기회로 만들 수 있다. 하지만 생각하지 않고 대비하지 않을 때는 기회조차 위기로 변질된다.

왜 지금 '인구'를 말하는가

'왜 유독 나만 힘든 것 같지?' 이런 푸념 많이 들어봤을 것이다. 자신이 가장 불행할 것이란 넋두리는 일상적이고 어느 시대에나 있어왔지만 최근의 넋두리는 그 상황이 과거와 조금 다른 것 같다. 주관적 감정에서 비롯된 토로가 아니라 엄연한 통계를 토대로 한 사실 기반의 평가다. 실제로 소외, 빈곤, 질병 등 갈등 숫자는 악화되었고, 실업률, 자살률, 우울증 등의 불행지표 역시 치솟고 있다. 청년, 가장, 여성, 노인 등 개별적인 감도는 달라도 집단 전체를 아우르는 총체적인 인식은 비슷하다.

왜 그런 것일까? 원조를 받던 최빈국에서 60여 년 만에 세계 10위권 부자 나라로 변신한 한국이 아니던가. 그 눈부신 저력은 어디로 간 걸까? 먹고사는 절대 빈곤의 문제에서 벗어났음에도 여전히 불행한 것은 무슨 이유 때문일까? 오늘보다 나은 내일을 위한 묘책은 없는 걸까? 의문이 꼬리에 꼬리를 문다.

확실한 건 뭔가 잘못되었고, 이대로는 곤란하다는 문제의식이다. 애초의 설계도가 잘못됐건 오작동이 발생했건 간에 한국 사회를 움직이던 논리와 운영 원칙에 변화가 필요하다는 얘기다. 더욱이 한국 사회의 앞날에 먹구름이 자욱하다는 점도 서둘러 변화와 개혁의 시도에 박차를 가해야 하는 이유 중 하나다. 이대로 성장이 멈추거나 지체되면 불행은 한층 더 심해질 수밖에 없다. 우리 아이들의 미래를 생각한다면 '불행'에서 행복'으로 전환하려는 노력은 모두의 필수 과제다.

사상 초유의 변화

국가 전체로 보면 가장 주목할 만한 변화는 앞서 말했듯이 인구다. 인구야말로 생산과 소비를 담당하는 원천적인 경제 주체로서 가계 부문의 핵심 동력이자 정부·기업 부문을 뒷받침하는 자원이다. 벌어서(생산) 써야(소비) 건강한 순환경제가 완성되기에 인구는 한 나라를 떠받치는 알파요, 오메가다. 사람이 없으면 아무 것도 할 수 없다. 그런데 이토록 중요한 사람들이 줄어들고 있다. 아기가 덜 태어난

[그림 1-1] 출생아와 사망자의 비교추세(자연증감)

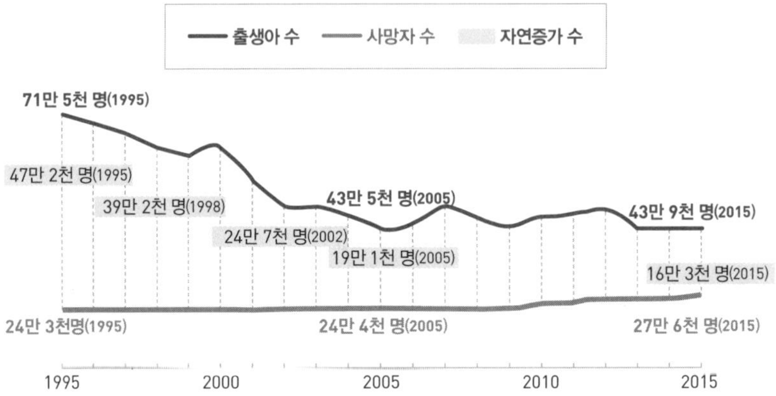

자료 : 통계청(2016년 사망 · 출산 통계)

다는 얘기다. 알고 있듯이 출산을 연기하거나 포기하는 이들이 많고, 이는 인구 감소로 직결된다. 인구 전체적으로 보면 지금은 인구가 증가세이긴 하다. 덜 태어나고 있긴 하지만 상대적으로 더 오래 살기 때문이다. 게다가 출산과 사망의 수치가 같으면 현상유지인데, 여전히 '출산 〉 사망'인 상황이다. 자연증가(출생아—사망자)[1]란 얘기다. 외국인의 국제 전입도 가세해 인구 증가를 거든다. 통계청 추계를 보면 2031년까지는 계속해 늘어나다가 2032년에 출생아와 사망자가 같아지는 시점이 된다. 이후로는 인구의 마이너스가 예상된다고 한다.

그렇다고 '인구 절벽'이라 할 수는 없다. 인구 감소의 후폭풍을 경고하고자 '절벽'이라는 극단적인 단어까지 동원해 여기저기 퍼 나르는 분위기가 있는데 신중할 필요가 있다. 중요한 건 정확하게 문제를

[그림 1-2] 인구추계와 인구성장률 추이

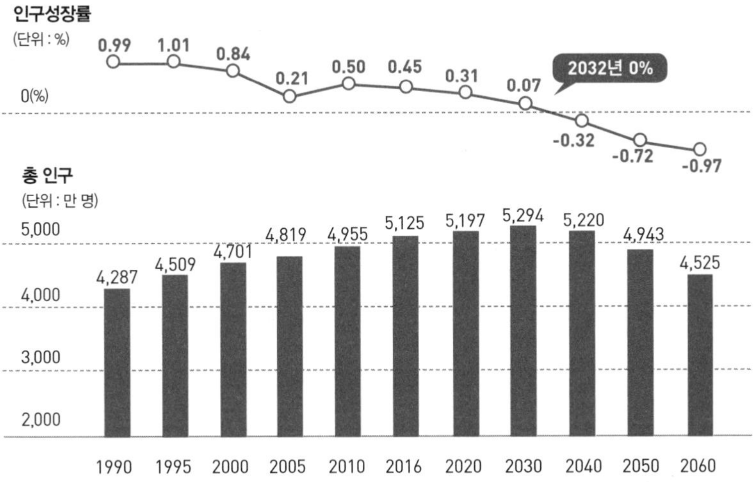

자료 : 통계청(2016 한국의 사회지표)

인식하고 합당한 해결 방법을 찾는 것이다. 문제해결을 위해서는 국민적 공감과 합의를 형성하는 것이 중요한데, 잔뜩 겁에 질려 조급해지면 논의의 출발조차 힘들어진다. 실제로 상황이 악화되기도 전에 심리적 두려움에 빠져 불필요한 자원 쟁탈전을 벌이거나 갈등 양상만 커지는 부작용이 생길 수도 있다.

인구문제를 둘러싼 원인 분석과 경로 탐색, 그리고 해법 제안 등은 처한 입장마다 달라도 그것이 미래사회의 문을 열어젖히는 중요한 관문인 것만은 분명하다. 따라서 문제를 정확히 이해하고 준비하는 게 중요하다. 회피하고 미루면 더 많은 노력과 비용이 든다. 눈을 감을수록 공포는 커지고 함정은 깊어지는 법이다. 그리고 앞으로 무엇보다, 아직 시간이 있다.

정확한 진단이 있어야 정밀한 대응이 가능하다

여태 인구가 감소하는 변화에 대해 아무 조치가 없던 것은 아니다. 주요 기업 중 상당수는 일찌감치 인구 변화에 주목했다. 인구 변화가 이슈로 부각되기 전인 2000년대 중반부터 본격적인 대응체계 구축에 나섰다. 이웃나라 일본과 닮아가는 경제 상황이 이들로 하여금 인구 변화에 주목하게 했다. 2016년은 그들의 선택이 옳았음을 확인받는 시점이었다. 2015년의 인구조사 결과물이 2016년 하반기부터 발표됐는데 예상했던 것보다 더 빨리 인구 변화(인구 증가 → 인구 감소)가 일어나고 있음이 드러났기 때문이다. 이로써 인구문제는 더 이상 지체할 수 없는 문제로 여겨지게 되었다.

정부도 가만히 있었던 것은 아니다. 실현 여부와는 상관없이 인구문제는 정부정책의 우선순위에 올랐고 최소한 정책 단위에서의 고민도 있었다. 실은 기업보다 더 많은 비용을 투입해 출산 장려를 위해 노력하면서 인구 변화의 방향을 틀고자 했다. 2004년 저출산 고령사회위원회가 발족한 이래, 2007년부터 10년에 걸쳐 100조 원을 투입했다는 기사도 있다. 출산정책과 관련된 정확한 예산합계가 아님을 감안해 절반만 인정한다 해도 천문학적인 금액인데, 효과는 미미하다. 게다가 그간의 대응 자세나 실현 의지를 보면 마음 놓고 믿기는 어려운 상황이다. 진단이 틀렸기에 처방이 잘못됐고, 돈은 쓸데없이 뿌려졌다.

개인 가계는 잘 알지 못했기에 당할 수밖에 없었고, 거대한 변화를 알았어도 손쓸 여력이 없었다. 당장 먹고살기에 급급했기에 미래의 변화까지 고려해 대응한다는 건 한가한 소리일 수밖에 없었다.

이런 상황에 다행스러운 일이라면 지금 현 시점에 위기와 기회가 공존하고 있다는 사실이다. 인구 변화가 거대 장벽인 건 맞지만, 휘말리지 않도록 준비하고 대안을 갖춰놓는다면 못 넘을 높이도 아니다. 미리 말하자면, 이때 연령별로 인구장벽에 맞서는 대응 자세가 달라져야 한다. 돈이 전부가 아니다. 점프를 위한 도약대를 못 찾으면 옆으로 돌아가는 센스도 필요하다. 자산이든 소득이든 돈만 있으면 인구악재를 이겨낸다는 논리도 있지만, 실제로는 그렇지 않다. 모든 것이 돈으로 해결되는 건 고도성장 때 가능한 얘기다. 지금의 한국 사회에서 돈은 하나의 선택지일 뿐이다.

인구 변화는 우리 삶을 바꾼다. 현재로선 개별 구성원의 삶에, 좋은 방향보다는 나쁜 방향으로 영향을 미칠 가능성이 크다. 인구 변화로 직접적인 충격을 앞당겨 받는 이들이 있는 반면 간접적인 가십거리로 여길 만큼 무관한 사람도 많다. 그럼에도 공통적인 건 미래생활을 지배할 유력한 변화의 토대라는 사실이다. 직장생활은 물론 가정환경에도 다양한 영향을 미칠 수밖에 없다. 그렇다면 인구 변화의 흐름을 모르는 것보다 알아두는 게 낫다. 적어도 위기를 줄이거나 기회를 늘리는 데 도움을 줄 수 있기 때문이다.

세계 최고령자,
한국

현재 가장 두드러진 인구 변화는 바로 고령화다. 한국은 예상보다 빨리 '고령사회'aged society로 진입했다. 2017년을 기점으로 전체 인구 중 고령자(65세 이상)가 14퍼센트를 넘겼다. 고령화가 앞당겨진 이유는 출생률이 떨어지는 데다 수명 연장까지 겹쳐 고령인구의 덩치 자체가 커졌기 때문이다. 그런데 고령사회로 접어들었음에도 실제 체감도는 매우 떨어진다. 거대인구가 밀집한 거리 응원이나 대학 수능시험 때의 사회 스톱 등에서 볼 수 있는, 고도성장 때 통용됐던 심리적 특수성을 떠올리며 한국의 활력 또는 에너지를 운운하는 사람이 적지 않다.

한국이 늙어간다

서서히 인구문제의 위기 징후가 나타나기 시작했다. 누구나 인지할 만큼 본격적으로 시작된 것은 아니지만, 둘러보면 늙은 사회를 뜻하는 각종 풍경이 펼쳐지고 있다. 거리를 오가는 사람들이 변했고, 뉴스는 하루가 멀다 하고 인구문제와 관련한 이슈들을 내보낸다. '늙음'이란 화두를 품고서 보면, 한국 사회의 고령화가 오감으로 느껴진다. 학교든 직장이든 가족이든 어제와 달라진 게 있다면 모두 고령화 탓이다.

일본의 사례를 끌어와 설명하지 않고 우리나라 지방 곳곳만 들여다봐도 고령추세로 채색된 모습을 볼 수 있다. 고령자가 동네의 주력인구로 부상했고 환갑세대가 만년 청년회장 자리에 있다. 고령인구를 위해 현대판 보부상이 생필품을 배달하고, 읍면동엔 고령질환에 특화된 병원이 문전성시를 이룬다. 하물며 이대로라면 한국 농촌의 오늘은 곧 서울의 내일 모습이다. 청년인구가 집중된 서울조차 고령사회의 파고가 일고 있다.

반면 후속인구(출산과 관련되어 새롭게 공급된 인구집단, 대개 20대까지의 유아·청소년·청년 집단을 일컫는다)의 공급체계는 망가졌다. 농촌에 청년이 없는 건 오래된 일이다. 노는 땅과 빈 집이 흘러넘치고, 그러다 보니 상권은 자연스레 붕괴되었다. 힘들어진 노구를 이끌고 장터를 찾던 고령인구마저 줄어들자 그나마 거점 역할을 하던 농촌 상권은 활력을 잃었다. 아기 울음소리가 끊기면서 학교는 휴교와 폐교가 잇따른다. 문 닫힌 농촌 상권은 인기척조차 드물다. 과소마을(인구가 지나치게 적은 마을)을 넘어 한계취락(존속이 어려운 공동체 또는 마을)으로 전락하고 있다.

서서히 나타나는 신호들

지금부터 인구 변화가 한국 사회를 어떻게 변모시켰는지 생활 주변의 몇몇 사례를 통해 살펴보자. 먼저 고령인구를 대상으로 한 사업체와 단체가 급증했다. 어디를 가든 노인정이 붐빈다. 환갑이 된 사람이 경로당에 들어가니 '아버지 찾으러 왔느냐'고 되묻는다는 우스갯소리가 있을 정도다. 농촌에선 손자를 여럿 둔 부녀회장이 새댁으로 불리고, 65세 어른이 청년회 회원으로 활동한다. 충청북도 보은군에는 80세 이상만 출입이 허용되는 경로당까지 생겨났다. 농촌 지역은 이미 '노인천하'다.

이런 실정이니 지방의 결혼시장은 사실상 개점폐업 상태다. 예식장 중에서 장례식장으로 업종을 변경하는 곳도 수두룩하다. 실제 장례식장은 2000년 465개에서 2015년 1,037개로 급증했다. 납골당을 포함한 봉안시설은 2005년 188개소에서 2015년 380개소로 늘었고, 상조회사도 동일 기간 70개에서 201개로 늘어났다.[2]

통계에 따르면 2010년 5월 전국의 요양병원도 740개에서 2017년 5월 1,512개로 2배 이상 급증했다. 인구 집중률이 높은 경기권역은 137개에서 307개로 늘며 광역 단위 중 1위에 랭크됐다. 한의원은 동일 기간 1만 1,311개에서 1만 4,047개로 증가했다.[3] 고령산업의 전형적인 변화다.

반면 청년을 대상으로 하는 산업은 갈수록 위축되고 있다. 은행, 웨딩홀, 산부인과를 예로 들어보자. 고령화 이전에 이 업종들은 건물주가 선호하는 임차 대상이었다. 그러나 지금은 건물주의 임대선호도 하위 3대 업종으로 손꼽힌다. 자칫 폐업하면 오래도록 공실이 될 위험이 있기 때문에 웬만해선 이들 업종에는 공간을 빌려주지 않으려 한다. 강남 지역의 웨딩홀은 2016년 6월 152개에서 1년도 안 된 2017년 4월에는 34퍼센트나 줄어 100개만 생존했다.[4] 산부인과는 2010~2015년에 걸쳐 새로 개업한 곳이 296개인 데 반해 폐업한 곳은 520개에 달한다. 전국적으로 산부인과는 2012년 900곳에서 그 수가 줄어 2017년에는 740곳이다(대한산부인과의사회).

상황은 이 정도에서 그치지 않는다. 결혼식 가족·친지 사진을 보면 자녀나 손주 등 아이나 젊은 층의 숫자가 눈에 띄게 줄었다. 2030세대의 경우 결혼 소식은 물론 출산 소식도 뜸해졌다. 취학 아동이 줄어드니 학교나 학원도 구조조정의 태풍에 노출된다. 일부 인기 학군이 아니면 저학년으로 갈수록 반 숫자가 줄어든다. 한강권역 아랫동네의 대학은 정원 축소가 현실적 문제로 떠올랐다. 학원산업도 직격탄을 맞았다. 한때 활황 업종이었던 독서실과 진학 학원은 임대료조차 못 내면서 그 자리를 요양병원과 요양원에 내주고 있다.

그뿐만 아니다. 거리엔 고령인구로 넘쳐난다. 예전엔 특정 연령이 자주 모이거나 대거 확인되는 장소란 게 한정적이었다. 노인들의 대학로로 불리는 종묘 근처나 탑골공원 등이 그랬다. 지금은 상황이 다르다. 평일 대낮, 동네 공원이나 아파트 놀이터의 주인공은 본래 아이들을 동반한 젊은 부모였으나 최근엔 삼삼오오 모여든 고령인구로 대체됐다. 노후를 즐길 만한 마땅한 장소나 특별한 유희 문화 없이 소일거리조차 박탈당한 고령인구에게 집 근처 휴식 공간만큼 반가운 곳은 없다. 이동 거리가 짧은 마을버스도 승객 중 상당수가 고령인구다.

이뿐인가? 일하는 고령인구 역시 늘어나고 있다. 나이가 들면 은퇴한다는 것은 옛말이 된 듯하다. 실제 경제활동인구조사를 보면 비정규직 중에서도 단기에 속하는 시간제 근로자는 60세 이상 인구에 집중된다. 2017년 통계청 자료에 따르면 2016년 8월 전체 시간제 근로자 중 29퍼센트가 60세 이상이다(248만 3,000명 중 72만 1,000명). 60세 이상의 동년배만 놓고 봐도 임금근로자 중 시간제 근로자가 33.5퍼센트(215만 4,000명 중 72만 1,000명)로 13.4퍼센트인 20대보다 비중이 월등히 높다. 즉 60대 이상은 비정규직이 64.2퍼센트(146만 8,000명)에 달하는 반면 정규직은 31.9퍼센트(68만 7,000명)뿐이다.

고령사회로 진입하고 있다는 가장 확실한 증거는 TV 속 프로그램의 편성 변화다. TV프로그램의 고령화를 이미 눈치를 챈 사람도 많을 것이다. TV를 대체할 새로운 IT기기가 급격히 등장해 확대되는 상황에서, 청년인구의 유출을 막기보다는 고령인구를 유입시키는 쪽으로 전략을 수정한 것으로 유추된다.

드라마 제목에 엄마, 아빠가 자주 등장하고, 주인공도 덩달아 부모세대로 집중된다. 현역세대는 멜로와 재미를 위한 조연으로 등장하는 경우가 많다. 예능은 또 어떤가. 현역세대의 1인 생활 풍경을 전하는 방송에 실버세대 방송인이 등장해 주목을 받는 등 '고령화'는 콘텐츠의 유력한 키워드로 부상했다.

아직 일본처럼 간병, 상속, 치매라는 주제까지 나아가지는 않았지만, 조만간 이 주제들도 본격적으로 다뤄지지 않을까 싶다. 잠재력을 갖춘 유력한 소비시장으로서 고령 시청자에 대한 러브콜은 한층 심화될 게 분명하다.

일본의 해법이 한국에도 통할까

인구에 대한 2가지 시선

인구 절벽 찬성론

"젊은 인구가 줄면 상점가가 통째로 사라진다. 일본의 복합불황은 수요와 공급 측면, 기업과 가계 부문 모두에서 불황이 동시다발적으로 발생한 것으로 이를 가리켜 잃어버린 20년이라 한다. 지난 60년간 우리가 경험하지 못한 사태가 곧 닥칠 것이다. 안일하게 대처해서는 결코 살아남을 수 없다. 일본이 저성장의 길을 가게 된 결정적인 이유는 '인구 절벽'이라는 구조적 문제 때문이었다. 그러므로 미리 준비할 필요가 있다. 저성장의 극복은 인구 절벽, 소비 절벽의 의미를 명확히 인지하고 받아들일 때 가능하다."[5]

인구 절벽 반대론

"인구 감소를 경험한 선진국 중 장기 불황을 겪은 나라는 일본뿐이다. 미국, 캐나다, 호주, 프랑스, 영국은 베이비붐 세대가 은퇴한 후 '고령화사회'aging society에 진입한 뒤에도 자산시장이 성장했다. 인구가 줄어든다고 나라 경제가 망하지는 않는다. 즉 한국 부동산시장의 폭락은 없을 것이다. 일본이 망가진 원인은 인구 감소 때문이 아니었다. 버블이 잔뜩 끼어 있었고 정부 대응에도 문제가 많았던 까닭이다."[6]

일본을 통해 한국을 보면

인구문제를 바라보는 관점 하나를 짚고 가자. 바로 일본이다. 인구문제를 다룰 때 반드시 거론되는 나라다. 한국과 상당히 많이 닮아 있고, 처한 상황도 비슷하기 때문이다. 특히 '활황'에서 '불황'으로 연결되는 성장 경로를 비교해보면 변화해가는 모습이 구조적으로 비슷하다. '어제의 일본은 오늘의 한국'으로 해석될 정도다.

실제로 일본에서 미리 겪은 일을 유사하게 경험하는 일이 많아지면서, 일본의 선례들을 하나의 선험 모델로 받아들이고 있다. 한국은 일본의 경험에 앞날을 투영하고 선행 경로의 안전을 확인한 후 나름의 한국화를 시도해왔다. 일제 강점기 시절에 그들의 기반 체계가 고스란히 전이됐고, 해방 이후에는 어깨너머로 성장전략을 배워왔다. 결국 일본이 한국보다 앞섰기에 뒤따르는 모양새였다.

그 효과는 대단했다. 사회 전통, 내부 갈등, 경제구조, 복지 기반에 이어 인구 변화까지 여러 문제들이 닮은꼴인 까닭에 일본의 앞선 사례는 한국 사회에 많은 시사점을 안겨줬다. 정부 대응이든 기업 전략이든 유사 상황에 놓였던 일본의 경험은 벤치마킹할 만한 모델이었다. 반면 부작용도 있었다. 중앙 정치, 정경유착, 재벌우위, 사회보장 등은 일본 모델을 도입해 오히려 상황이 더 악화된 경우다.

인구문제를 다룰 때 일본의 선례를 벤치마킹하게 되더라도 신중한 접근이 필요한 이유가 여기에 있다. 드러난 현상이 비슷해 보여도 이를 만들어낸 내부 사정은 두 나라가 서로 다르다. 일본만의 복잡성과 특이성이 반영된 결과임을 무시하고, 자칫 그대로 일본의 것을 벤치마킹하는 것은 위험하다. 우리는 일본과 국민성이 다를 뿐 아니라 유교 문화의 영향으로 문화적인 차이가 존재한다. 게다가 수출과 내수 비중이 다른 산업 지형에 대한 고려 없이 일본을 따라 할 경우 구조적으로 비틀어지는 문제가 생길 수 있다.

일본은 우리보다 일찍 성장 속도에 브레이크가 걸렸다. 그리고 그 후에 급격하게 경제 사정이 나빠졌다. 다들 잘 알고 있을 것이다. 약 20년, 길게 보면 거의 30년 가까이 버블붕괴와 복합불황이 일본열도를 괴롭혔다. 그런 상황에 인구 변화, 즉 출산하지 않고 고령인구가 느는 현상이 뚜렷해졌다. 그로 인해 재정 악화도 가속화됐다.

인구 자체만 봐도 일본은 우리나라에 비해 20년 먼저 감소세를 접했다. 일본의 생산가능인구(경제활동이 가능한 15~64세의 인구)는 1995년 정점을 찍었고, 한국은 2016년이 천정이었다.

맨 앞에 소개한, 일본의 인구 변화에 대한 2가지 입장을 다시 떠올려보자. 이 2가지 극단적인 논리는 일본과 닮아가는 한국의 현실에 뜨거운 관심거리로 부각됐다. 일본처럼 망가질지 그와는 다른 길을 걸을지, 그 입장차가 분명하다. 인구와 경제를 연결해 호재인지 악재인지 이해하는 논리 전개가 이만큼 분석적이고 확연하게 구분되는 전망도 드물다. 그 이유는 '인구 절벽 → 불황 절벽'을 둘러싼 인식 차이 때문이다.

일본과 비슷한 경로를 걷는다면 손해 볼 일은 적다. 잘만 분석하면 대응체계를 만들 수 있다. 하지만 반대라면 상황이 복잡해진다. 내부체계, 즉 톱니바퀴의 차이점을 이해하고 공유해 차별적인 해법을 찾아야만 한다. 이미 말했듯 내부 상황과 체계가 다르다면 일본의 전철을 밟아선 안 된다. 일본을 좇아가며 수혜를 입는 후발자의 이익 대신 선발자로서 겪어야 하는 시행착오의 비용을 지불할 가능성이 더 크다는 뜻이다.

인구 변화에 관한 일본의 선례를 두고 2가지 극명한 입장차가 생기는 또 하나의 이유는 예측 기간에 있다. 편의상 비관론과 낙관론으로 구분한다면, 비관론은 예측 기간이 길고 낙관론은 짧다는 게 차이다. 즉 인구 감소의 영향 범위와 충격 수준을 볼 때 당장 큰 후폭풍을 가져오진 않지만(낙관), 장기적으론 심각한 생채기를 낼 것(비관)이란 의미다. 또 낙관론은 인구 변화가 부동산, 주식 등 자산시장에 악재일 수 없다는 논리를 편다. 반면 비관론은 생산과 소비 등 거시경제 자체에 찬물을 끼얹을 것이라고 주장한다. 시선 자체가 낙관론은 수요 측면(가계 부문)을 강조하고, 비관론은 공급 측면(기업 부문)에 무게 중심을 두는 것도 차별적이다.

그럼에도 둘의 논리 대결은 결국 같은 지점을 향한다. 당장 망한다는 섣부른 판단은 양쪽 모두 거부한다. 동시에 길게 내다볼 경우 망하지는 않아도 힘들어질 것에 동의한다. 그런데 이 동의에는 마땅한 대응책 없이 지금 이대로 시간이 흐른다는 전제가 깔려 있다.

일본 사례를 끌어들이면 일본 정부의 무능함에서 비롯된 실패 경험이 한국에서도 재현될지 여부와 관련해서 둘의 입장은 또 갈린다. 비관론을 펴는 쪽에서는 우리의 대처 능력이 부족함을 염려하고, 낙관론을 펴는 쪽에서는 그래도 일본보다 낫다고 생각한다. 즉 인구 절벽의 영향이 미칠 시점과 대응 자세 및 방법의 효율성 여부와 관련된 전제만 다를 뿐 사실상 둘의 논리는 똑같은 셈이다.

인구를 둘러싼 뜨거운 논쟁

전체적인 여론의 감도를 보면 낙관론보다 비관론이 우세한 편이다. 2018년 한국의 인구 절벽을 경고한 해리 덴트Harry Dent의 문제제기 이후 한국 사회는 부정적인 비관론이 압도적이다. 인구문제에 대응할 시간이 부족하고 분명한 대응책을 내세울 수 없기 때문인지 낙관론은 소수의견에 가깝다.

낙관론을 펼치는 이들은 베이비부머의 적극적인 투자를 근거로 삼는다. 비록 단기적이긴 하지만 그들의 투자가 자산시장을 떠받치며 경제 순환을 계속 작동시킨다는 것이다. 이는 고령화된 선진국에서 볼 수 있는 현상이다. 그리고 일본보다 정치적 역동성이 커서 정부 대처가 더 적극적이고 효과적일 수 있다는 점도 우호적인 요소다.

반면 인구 절벽을 기회로 삼을 수 있을 만큼 기반 상황이 좋지 않다는 것이 비관론의 가장 큰 증거다. 일본은 어쨌든 엄청난 국부 축적과 기초 체력을 보유한 강국이다. 아시아에서 유일하게 산업혁명을 경험한 국가답게 경제적 훼손에도 버틸 수 있고 회복할 힘이 있다. 그렇다고 한국이 일본의 전례를 그대로 교훈삼아 예측하고 대책을 세우기도 어렵다. 앞서 이야기한 것처럼 경제와 사회를 움직이는 톱니바퀴의 내용이 일본과 많이 다르기 때문이다. 전체적으로 인구 변화는 물론 경기 변동에 대해서도 대처하는 능력이 일본보다 열등하다는 점을 가장 안타깝게 본다.

비관론, 낙관론 양쪽에 근거가 되는 것도 있다. 바로 수출주도의 경제다. 인구가 줄어도 수출이 좋으면 문제는 없다. 2008년 금융위기 이후 최근까지 한국 경제가 일찍 불황 저점을 찍고 회복세로 돌아선 데는 수출 호조가 크게 한몫했기 때문이다. 이것이 내수는 엉망이라고 야단이어도 미약하게나마 성장을 유지한 이유다. 그러나 한국 경제에 있어 '수출' 지분이 상당히 높은 수준인 것은 위험 요인이다. 우리나라는 GDP 대비 수출 비중이 50퍼센트를 웃도는, 대외의존도가 큰 구조인데, 선진국 중 이런 나라는 없다. 수출은 통제하기 어려운 대외변수라는 점도 문제다. 기업이 잘 대응하고 내수가 잘 돌아가다가도 대외 여건이 변화되면 순식간에 상황이 역전될 수 있기 때문에 미래가 불확실하다. 이 경우 한국 경제의 취약성을 막아줄 안전장치는 거의 없다고 봐야 한다.

비관론이 전제로 깔고 있듯 '지금 이대로라면'이라는 전제가 붙는다면, 아쉽게도 일본을 따라가기는커녕 일본보다 더 심각한 작동 불능 상태에 빠질 확률이 높다. 일본보다 더 치명적인 불치의 환경에 내버려질 수도 있다. 굳건한 기초 체력을 갖춘 선진 경제와 대외개방성에 휘둘리는 의존 경제는 엄연히 다르니 말이다.

한국 특유의 역동성과 에너지로 잘 대처할 것이라는 낙관론도 무시해선 안 된다. 이제 막 변화의 초입에 놓여 있기에 아직 시간은 있다. 미래가 비관론을 따라 전개될지 낙관론대로 펼쳐질지는 향후 몇 년에 달려 있다.

제4차 산업혁명 시대,
인구와 일자리

"제4차 산업혁명이 그렇게 대단한 주제인가?"

"그렇다. 이미 그 충격은 상당 부분 현실화됐다!"

갈피를 잡을 수 없을 만큼 궁금했다. 몇몇 지인에게 제4차 산업혁명Fourth Industrial Revolution이 정말 우리 삶을 뒤바꿀 획기적인 변화인지 물었다. 그리고 재미난 결과를 얻었다.

여론 주도층인 동시에 정보 접근성이 좋은 이들일수록 반응은 긍정적이었다. 관련 강의나 책을 전혀 경험하지 못한 사람은 있어도 한 번만 겪어본 이들은 없다는 답변까지 나왔다. 제4차 산업혁명은 파고들수록 그 위력을 인정하지 않을 수 없고, 미래의 삶을 송두리째 바꿀 것이라고 했다.

신중론도 있다. 호들갑을 떤다는 경계론이다. 새로울 게 없으니 유난을 떨지 말자는 쪽이다. 실체가 없다는 평가도 잇따른다. 너도나도 제4차 산업혁명을 입에 담지만, 누구도 속 시원히 설명하지 못한다는 것이다. 알맹이 없는 아이디어 제기일 뿐이란 비난도 있다. 한국인의 냄비근성과 이를 이용한 마케팅 차원의 붐업이란 의견도 있다.

제4차 산업혁명이란 키워드를 미국 아마존에 넣으면 단 2권만 검색되지만, 한국에선 온라인 서점인 예스24를 기준으로 무려 214건의 책이 검색된다(2017년 7월 7일). 그 많은 책 중에서 '제4차 산업혁명'이라는 단어를 만들고 소개한 사람인 클라우스 슈밥Klaus Schwab의 책만 혁명적으로 팔렸다는 우스갯소리까지 있다. 실제 그의 책은 한국에서 가장 많이 팔린 걸로 알려졌다.

제4차 산업혁명의 한국 지배는 실로 대단하다. 온통 난리다. 웬만한 심포지엄과 세미나를 설명하는 수식어가 '제4차 산업혁명 시대의 ~'로 시작하는 게 일반적일 정도다. 얼마나 갈진 모르겠지만, 당분간은 초미의 관심을 받으며 사람들 입에 오르내릴 것이다. 강의 시장도 뜨겁다. 워낙 수요가 많다 보니 신뢰할 수 없는 이들이 전문가라며 우후죽순 생겨나고 있다. 2017년 대선 정국에서 회자되면서부터는 기업은 물론 관료 사회까지 장악했다. 학교도 예외가 아니다. 제4차 산업혁명이란 제목만 들어가면 강좌 개설이 손쉽고 우호적이다.

제4차 산업혁명,
거품과 과장을 경계하고 이해하자

사견을 전제로 이쯤에서 정리해보자. 제4차 산업혁명은 중요하다. 인구문제만큼 우리의 삶을 지배하고 미래를 투영하는 유효한 프리즘이다. 특히 한국에선 더욱 그렇다. '$Q = f(L, K)$'[7]의 생산함수가 고도성장의 종료와 함께 유효성을 잃어버린 상황에서, 성장 파이를 늘리려면 기술혁신(f)만이 유일무이한 디딤돌이 될 수밖에 없다. 이때 제4차 산업혁명을 곧 기술혁신으로 치환해 살펴볼 수 있다. 즉 인구 감소(L)의 제한 조건을 딛고 생산량(Q)을 늘리자면 기술 기반의 생산성을 확보하는 수밖에 없다.

결국 제4차 산업혁명은 인구문제로 직결된다. 생산성을 높여주는 기술 문제가 인구한계를 극복할 수 있는 유력한 수단으로 거론되기 때문이다. 뜨거운 논쟁거리로 비화된 제4차 산업혁명의 개념을 어떻게 정의하고 합의하느냐는 그다지 중요하지 않다. 흔히 회자되는 제4차 산업혁명의 ABC AI, Big Data, Cloud가 융복합의 연결구도로 완성된다는 점에서 단순 개념일 수도 없다. 분명한 건 제4차 산업혁명이 다가올 미래 삶의 풍경과 사회 곳곳을 바꿀 유력한 창구이자 수단이란 사실이다. 커튼의 작은 틈으로 밖을 내다보며, 집 밖의 풍경을 상상하는 힌트로 제격인 셈이다.

이미 제4차 산업혁명은 우리 삶에 깊숙이 들어와 있다. 거부하거나 저항할 수 없는 시대 화두이다. 그러나 급작스런 사건은 아니며, 혁명이란 단어는 더더욱 어울리지 않는다. 실체가 있다 해도 느닷없이 닥쳐올 트렌드는 아니다. 이미 현장에서 벌어지고 있는 변화의 양상을 기술언어로 바꿨을 뿐이기에 그다지 새로울 것도 없다. 획기적인 변화라기보다는 기술혁신의 현재적인 연장선에 불과하다.

따라서 격렬한 변화는 아니며 그간 축적된 연속적이고 점진적인 혁신 과정의 결과라고 봐야 한다. 생산의 고도화와 관련된 ICT기술로 봐도 무방하며 사회 변화를 야기할 기술 기반의 통칭으로 여기는 것이 적당하다. 실체 없는 거품과 호들갑스러운 과장을 경계하자. 제4차 산업혁명은 분명 우리 삶을 상당히 변화시킬 테지만, 그렇다고 지금 당장 눈앞에 운전자 없는 차들이 출현할 일은 없다.

인간의 일자리는 모두 박탈당할 것인가

제4차 산업혁명은 인구 변화와 궤를 같이하며 정확하게 동반자의 길을 걷는다. 웃을지 울지는 미지수지만, 인구 감소와 노동 한계를 극복하면서도 지속적으로 성장할 수 있는 기반이 된다는 점은 긍정적이다. 반면 인간의 노동이 기술이나 기계로 대체되면 평범한 이들의 일자리를 앗아간다는 점에서는 위협이 된다. 분명 장단과 득실이 있다. 중요한 건 개개인들에게 미칠 영향력이다. 제4차 산업혁명은 결국 개인의 미래생활과 직결된다. 누군가에게는 도움이 될 것이요, 누군가에게는 위협이 될 것이다.

제4차 산업혁명을 둘러싼 체감 온도는 여전히 극명하게 갈린다. 제4차 산업혁명의 변화를 감지하고 경험한 이들은 위기 속의 절박감이 상대적으로 높다. 반면 그런 경험이 없는 이들은 허울만 화려한 빈 껍데기 이슈로 받아들인다.

중요한 건 정보와 경험이 많을수록 위기 감도도 비례한다는 점이다. 이들에게 제4차 산업혁명은 미래가 아닌 현재의 일이다. 제4차 산업혁명이 가져올 변화를 미리 준비하고 대응함으로써 생존전략의 도약대로 삼으려 한다. 무엇보다 개인들이 가장 고민하는 것은 제4차 산업혁명이 조만간 나와 내 가족의 일자리를 바꾸고 결정할 것이라는 점이다. 그 때문에 어떤 일자리를 택해야 할지 고민이 깊다. 당장은 아니라도 언젠간 선택의 기로에 서야 하기 때문이다.

그런 맥락에서 제4차 산업혁명은 일자리의 박탈 문제로 연결된다. 실제 2016년 다보스포럼에서 5년 안에 510만 개의 일자리가 사라질 것이란 보고서가 관심을 불러일으켰다. 당시 알파고까지 충격을 더해 유독 반향이 컸다. "로봇이 내 일을 빼앗지 않을까?"라는 공포감이 증폭됐다. 그도 그럴 것이 제4차 산업혁명을 다른 말로 표현하자면, 제조현장의 혁신적인 기술 변화로 정리된다. 즉 제조현장에 혁신적인 생산방식이 도입되면 노동공급의 패턴이 변하고, 이는 탁월한 인적자본이 아닌 한 일자리를 잃는 형태로 나타날 수 있다. 각국마다 산업혁명이란 표현이 독일·중국 등은 'Industry 4.0' 혹은 'Platform 4.0'이라 부르고, OECD는 차세대 제조혁명이라 지칭한다. 제조현장의 경쟁력을 유지하는 돌파구로서 기존방식이 아닌 새로운 자원 결합, 즉 정보통신ICT과의 융합적인 시도 자체가 곧 제4차 산업혁명이다.

기술혁신과 고용환경은 밀접한 관계를 맺고 있다. 혁신 그 자체가 기존의 방식과 구분되는 생산성의 향상을 의미하기에 생산의 핵심

자원인 노동력에 큰 영향을 미친다. 혁신과제와 부합하는 인적자원이라면, 제4차 산업혁명으로 장기적이고 안정적인 더 좋은 일자리를 얻을 수 있다. 반면 그렇지 않은 인적자원은 새로운 일자리는커녕 기존 직장에서조차 도태되거나 탈락될 것이다.

연구자에 따라 산업혁명과 고용환경의 관계성을 좋게 보기도 하고, 나쁘게 보기도 한다. 하지만 중요한 건 내 일자리에 대한 변화 압박이다. 기술혁신으로 인해 제조현장의 풍경은 변화했고, 이미 근로자의 노동공급을 통제하고 있다. 그러니 기술혁신에 따른 시대 변화를 빠르게 읽고, 뒤처지지 않도록 그에 맞는 역량을 강화해야 한다.

인구 변화와의 상관관계

무엇이 미래사회의 생존능력과 직결될까? 또 무엇이 사람들이 맞이할 미래의 희비를 구분할까? 인구 변화는 큰 흐름이며, 제4차 산업혁명은 인구 변화에 상당한 영향력을 미칠 수밖에 없다. 미래의 일자리와 관련한 질적이고 양적인 변화를 재촉할 것이다. 벌써 혁신기술이 체화된 제조현장에서는 과거처럼 단순하고 반복적으로 하는 일은 로봇이 인간을 대체하고 있다.

반면 아무리 기계적인 혁신과 진보가 진행돼도 인간의 감성과 심리를 다루는 일자리는 여전히 인간을 위해 존재할 확률이 높다. 그럼에도 대체적으로 인구가 감소함에 따라 사람을 뽑기가 힘들어질 것이다. 때문에 그 선제적인 조치로 노동을 덜 쓰는 형태의 경영전략을 펼칠 동기는 높아질 수밖에 없다. 인구 감소 속에 경기가 호황이거나 실적 개선이 동반돼도 고용환경이 좋아지지 않을 수 있다. 급감한 후속인구가 사회 데뷔를 할 시점엔 청년 고용이 개선될 것이란 기대가 낭설일 수 있다는 얘기다.

이와 관련해 특이한 사례는 일본이다. 요즘 일본의 청년 고용이 핫이슈다. 사실상 완전고용에 가까워, 신입사원이 일자리 후보를 여러 개 두고 회사를 골라 간다면 부러운 일이다. 일본은 2018년 대졸자의 민간기업 구인배율이 1.78배로 추정된다며 6년 연속 상승세를 예상한다(여기서 구인배율은 일자리 수를 취업희망자 수로 나눈 수치를 말한다. 구인배율 0.5는 취업희망자 10명당 5개의 일자리가 있다는 의미다. 숫자가 낮을수록 일자리가 적음을 뜻한다).[8] 그 이유는 생산가능인구의 감소 시점(1995년)에 태어난 후속인구가 사회 진입 연령대에 들어서면서 노동공급이 줄어들었기 때문이다.

아베 정권의 경기 진작과 불확실성의 해소로 기업 실적이 좋아졌는데, 이는 노동수요로 연결돼 일손 부족을 가속화시킨다. 사람은 없는데 기업은 사람을 원하니 후속인구에겐 일자리의 선택지가 다양해진 것이라 할 수 있다.

그런데 정말 그럴까? 일본 청년의 수급우위가 이들의 미래를 밝게 해줄지는 의문이다. 일자리의 양이 제아무리 늘어도 고용의 품질이 악화되면 무의미하다. 같은 맥락에서 일본 학계에선 갈수록 심화되는 일손 부족과 임금 정체의 정합관계에 관심을 갖는다.[9] 일손이 부족하면 노동수요가 늘어 임금이 인상되어야 하는데 그런 기존의 논리가 붕괴되고 있기 때문이다. 이에 많은 학자가 정규직에서 비정규직으로 고용환경의 무게 중심이 옮겨가는 점을 딜레마[10]의 원인으로 꼽는다. 취업은 잘 돼도 월급이 그만그만해 가처분소득의 여력 증가를 기대할 수 없다. 청년인구에게 주어진 일자리 카드 중 대부분이 비정규직인 데다 저임금이기 때문이다. 취업의 물량은 늘었으나 고용 품질이 정체 상태인 빛 좋은 개살구일 따름이다.

이때 기술혁신은 임금 격차를 만드는 중대한 원인 중 하나가 된다. 인구 감소의 상황에서 기술혁신이 부족한 일손을 메우는 역할을 하기 때문에 기술이 대체하지 못하는 일자리는 더 높은 임금을 받고, 기술이 대체할 수 있는 일자리는 더 낮은 임금이 책정되게 된다. 그러니 인구가 감소한다고 해서 미래의 고용이 담보되지는 않는다. 좋은 일자리는 기술혁신의 결과, 기계로 대체되고, 나쁜 일자리만 늘어난다면 취업이 돼도 소득이 적어 돈이 없는 상황에 놓일 수 있다. 결국 제4차 산업혁명은 인구 변화와 맞물려 미래의 고용환경을 결정할 중대변수가 된다.

인구가
미래를 바꾼다

요즘 많은 언론에서 심심찮게 '생산가능인구'라는 말까지 사용하며 인구 감소에 대한 우려를 보도하고 있다. 반면 여기에 반론을 제기하는 사람들도 많다. 인구 감소는 악재가 아니라는 의견부터 인구문제만 해결하면 모든 게 좋아질 것이라는 인식은 곤란하다는 의견 등 다양한 견해가 존재한다. 어찌됐든 모두의 생각이 일치할 수는 없기에 인구로만 문제를 풀려는 의견과 그 반대가 맞서는 건 당연하고 오히려 바람직하다고 생각한다. 앞서 언급한 '인구 변화 → 경기 침체'의 선행 사례인 일본 모델을 두고 의견이 대립한 것과 마찬가지로 이는 자연스런 흐름이다. 같은 사안을 두고 모두가 같은 생각을 한다는 것이야말로 위험한 일이 아닌가.

일본 경제가 고꾸라진 건 1~2가지 이유 때문이 아니다. 수많은 변수가 영향을 미친 결과다. 그중에는 한국과 유사한 것도 있고, 완전히 다른 것도 있다. 한국이 나은 것도 있고, 모자란 것도 있다. 이처럼 전체를 균형감 있게 보지 않고, 보고 싶은 것만 보고, 쓰고 싶은 것만 증거로 채택해 한국 경제의 앞날에 투영한다는 건 위험한 일이다.

그런데 최근 인구문제를 논의하는 것에 피로함을 호소하는 이들이 있다. 분명한 것은 이 모든 논리 대결의 중심에 '인구'가 있다는 것인데, 전가의 보도처럼 확대 해석되면서 많은 이들의 피로와 싫증을 유발하고 있다. 인구문제는 장기적 안목으로 분석하고 점진적으로 대안을 모색해야 하는 사안인데도 불구하고 당장 어떻게 하고 싶은 마음에 소모적인 논쟁이 반복되고 있다.

가령 인구 변화로 집값을 예측하자는 논쟁이다. 이는 상당히 극단적이고 소모적인 논쟁이다. 어떤 현상이든 단 하나의 요인으로 나타나지 않는데 인구라는 1가지 요인으로 집값 변동을 비롯한 미래 현상을 예측해 설명하려고 한다. 이런 소모적인 논쟁이 미디어를 통해 확산되면서 인구문제를 거론하는 것 자체에 피로감이 더 가중되고 있는 것이다.

인구 감소의 충격이 생각보다 적을 것이라는 주장도 이런 분위기를 부추긴다. 일본은 뺀 다른 선진국의 경우, 인구가 감소했어도 성장의 속도가 떨어지지 않았다는 주장이다. 여기에 인구가 감소한다면 인구 수입, 이를테면 이민 수용으로 대응할 수 있지 않겠냐는 주장 역시 인구문제의 본격적인 논의를 방해한다. 하지만 둘 다 한국 특유의 민족주의 환경에선 쉬운 일이 아니다. 특히 외국인 유입 후 그들이 사회구성원으로 정착하는 이민과 단기적으로 낮은 임금의 해외 노동력을 수입하는 것은 엄연히 다른 문제다.

숫자로만 보면 여전히 한국 경제가 성장 신호를 보낸다는 점도 인구 변화 문제를 심각하게 인식하지 않으려는 데 힘을 보탠다. 불황이 본격화될 것이라던 2017년만 해도 수출이 회복된 덕분에 적어도 수치로는 불황이 아니었다. 여기에 정부의 집값 안정화 조치에도 불구하고 서울 아파트를 비롯해 집값이 요지부동인 부동산 현상 역시 비관론을 무마하는 근거로 거론된다. 인구통계도 이를 거든다. 숫자로만 보면 한국은 엄연히 인구 증가 사회다. 국제 유입으로 전체 인구는 당분간 더 늘어날 것이란 추계도 있다. 평균수명이 늘어나는 것도 인구 증가의 수치를 높인다. 그러니 인구 감소를 주장해본들 체감 위기가 낮은 탓에 우선순위에서 밀릴 수밖에 없다.

이것이 가장 우려되는 점이다. 어디에서 촉발됐건 인구문제에서 대중의 관심이 멀어지는 것 말이다. 멀어질수록 문제해결을 위한 노력도 우선순위에서 밀릴 수밖에 없다. 정책 마련도 제대로 될지 걱정이다. 인구문제의 대응책은 최소 30년의 긴 시간을 두고 고안·실행되어야 하는데, 거액의 자금 투입이 부담된다는 걸 핑계 삼아 미루기 딱 좋은 사안이기도 하기 때문이다. 사실 정책을 주관하는 입법 및 실행자들에게는 인구에 관한 장기적인 정책을 추진할 직접적인 동기가 없다. 어차피 인구정책이란 자신들의 임기 전부를 할애해도 큰 성과를 거두기 어려운 것이니까 말이다.

인구가 경제 성장을 방해한다

지겹고 뻔해 보여도 인구만큼 많은 걸 설명하는 변수는 없다. 사회체계와 경제구조를 비롯한 '사람의 삶'에 총체적 영향을 미친다는 면에서 본다면, 절대 간과해서는 안 되는 핵심 변수다. 그러니 당장 실마리를 풀기 어렵다고 제쳐둘 일이 아니라는 점을 강조하고 싶다. 인구문제는 냄비근성으로 다룰 수 있는 문제가 아니다. 왜냐하면 장기간에 걸쳐 거대한 변화를 가져오기 때문이다. 당장의 대책을 마련하거나 효과를 볼 수 없더라도 끈질긴 관심을 갖고 지켜봐야 한다.

지금껏 인구 변화는 증가에 그 방점이 있었다. 얼마 전만 해도 인구 증가는 전 세계적인 걱정거리였다. 지금도 세계 평균으로는 여전히 인구가 증가하고 있는 상황이다. 이들을 먹여 살리는 일로 골머리를 앓고 있다. UN만 해도 매년 발표하는 인구보고서의 핵심 이슈로 선진국의 인구 감소와 함께 아시아, 아프리카 등 후발국의 인구 증가를 심히 염려할 정도다. 반면 고도성장이 종료된 성숙 국가는 사정이 좀 다르다. 오히려 인구 감소가 골칫거리다.

경제활동을 하는 현역인구가 감소하면 (더불어 노인이 증가하면) 정부는 재정 압박에 시달릴 수밖에 없다. 세수가 부족하기 때문이다. 인구 변화로 인한 후폭풍은 이뿐이 아니다. 훨씬 더 광범위하다. 경제성장의 둔화, 격차 확대, 사회 폐색 등 유례 없는 사회문제를 유발한다. 뭉뚱그려서 이 정도지 항목별로 세분화하면 서로 얽히고설켜 일으키는 파멸적인 화학 반응이 수두룩하다.

그렇다면 한국은 어떤가? 이제껏 경험하지 못한 전대미문의 상황

앞에 섰다. 전체적으로 인구가 증가했던 1차 변화(고령 증가 + 청년 증가)를 거쳐, 고령인구는 증가하고 청년인구는 감소하는 2차 변화(고령 증가 + 청년 감소)의 시기를 겪고 있다. 가파른 속도로 볼 때 얼마 지나지 않아 전체적으로 인구가 감소하는 3차 변화(고령 감소 + 청년 감소)의 시기에 직면하게 될 것이다.

그리고 사회가 급속하게 노화되고 있다 고령화율이 심각하다. 2017년 5월 대한민국 인구 100명 중 14명이 고령인구로 편입됐다. 한국은 이미 고령사회에 이름을 올렸다. 2015년 추계 때, 2018년으로 예상했던 고령사회의 편입 시점이 1년이나 앞당겨진 것이다. 문제는 고령인구 비율이 14퍼센트(고령사회)에 도달한 속도와 20퍼센트(초고령사회)까지 도달하는 속도다. 놀랍게도 극단적인 스피드로 달려가고 있다. 현재로선 세계 최고 수준이다. 2028년에 20퍼센트를 찍을 것이라 예상하지만, 출산을 기피하고 포기하는 추세를 감안하면 결코 안심할 수 없다. 생각한 것보다 더 빠르게 위기에 직면할 수도 있다.

인구 오너스의 시대가 온다

보너스Bonus와 오너스onus, 이 두 단어의 뜻은 완전히 다르지만, 늘 함께 붙는 단어가 있다. 바로 '인구'다. 인구란 말이 수식어로 붙으면 비로소 하나의 완벽한 의미를 갖는다. 앞은 호재로서의 인구, 뒤는 악재로서의 인구를 뜻한다. 전자는 인구가 늘면서 사회경제적인 수혜가 투입 대비 추가적으로 더 늘어나는 선순환을, 후자는 인구가 줄면서 오히려 호재가 악재로 바뀌어 성장 여력을 한층 감축시키는 악순환을 뜻한다.

미래의 불확실성을 야기하는 3가지 요소

미래는 불확실하기에 더 두렵고 답답하다. 오늘이 힘들어도 내일은 좋아질 수 있다는 기대만 있다면 버텨낼 수 있지만, 그렇지 못하다면 불안해진다. 미래의 불확실성은 종종 희망을 공포로 변질시키곤 한다.

미래를 불안하게 만드는 원인은 뭘까? 무엇이 우리를 이렇듯 힘들게 하는 걸까? 불확실성이 삶을 지배하도록 만드는 변수는 수없이 많지만, 정리하면 3가지로 요약된다. '성장', '재정' 그리고 '인구문제'다. 닭이 먼저인지 달걀이 먼저인지 헷갈리듯 이 3대 악재의 근원을 특정하기란 어렵다. 중요한 건 서로 면밀하게 연결돼 한국 사회의 체감 공포를 심화시킨다는 점이다. 동시에 이 3가지가 과거에는 모두 호재였다가 지금은 악재로 둔갑했다는 점도 중요하다. 쉽게 말해 아군이 적군으로 전향한 셈이다.

해외의 경우도 마찬가지다.[11] 많은 국가들이 뾰족한 대안 없이 악전고투를 겪고 있다. 우리보다 상황이 나은데도 가시밭길을 걸으며 얻은 상처 천지다. 살아갈 날은 길어졌는데, 먹고살 거리를 마련하지 못했다는 불행한 스토리가 판을 친다. 강 건너 불구경일 수만은 없는 일이기에, 이들의 일은 반면교사가 된다.

그러나 아쉽게도 현재로선 그 돌파구가 각자도생이다. 이대로라면 탄탄한 사회 안전망을 갖춘 복지사회를 기대하기 어렵다. 결국 스스로 방법을 찾아내는 것이 유일한 해법이다. 사실 우리의 현실을 들여다보면, 촘촘한 복지 그물을 갖추기 위한 의지도 능력도 없다. 답답하고 안타깝지만 이것이 현실이다.

성장과 인구 문제는 서로 어떤 영향을 주고받는가

3대 악재 중 성장과 인구 변수를 먼저 살펴보자. 사실 둘의 관계는 긴밀하다. 개인의 지갑 사정이 출산의 결정에 영향을 미친다는 게 현대 경제학의 정설이다. 즉 성장(소득)이 인구를 지배한다. 때문에 성장이 멈추면 출산도 줄어드는 게 자연스럽다. 이런 점에서 인구문제에 최강 악재는 저성장이다.

성장이 멈추고 인구가 줄면, 이후 적어진 인구 때문에 생산성이 떨어지고 성장도 감소한다. 이는 반복적인 악순환을 낳는다. 성장이 멈춘 사회에서 개인은 아이를 낳으려 하지 않는다. 경제적으로 더 힘들어질 것이라는 판단에서다. 그리고 노동공급을 약화시켜 사회 전체로는 저성장의 환경에 놓이게 된다.

이처럼 장기적이고 구조적인 복합불황의 신호 때문에 한국의 인구 감소는 한층 가속화될 전망이다. 산이 높으면 골이 깊듯 고성장 이후 잠시 주춤하며 저성장의 시기를 겪는 것은 자연스럽다. 지금 한국 사회 역시 성장과 물가의 동반하락을 뜻하는 '디플레이션'Deflation으로 옮겨 가는 상황에 직면했다. 그런 이유로 저성장, 저물가, 저금리, 저고용 등 '저低의 공포'가 본격화되고 있다.

물론 신중파도 있다. 아직 더 성장해야 한다는 당위론이다. GDP

대비 수출의존도가 50퍼센트를 웃도는 한국 경제를 볼 때 해외시장이 좋으면 불황은 없을 것이란 의견이다. 다만 이는 역설적이게도 소규모 개방 경제의 한계와 직결된다. 해외가 망가지면 충격은 더 위협적으로 다가온다.

예전엔 이렇지 않았다. 성장은 인구(인적자원)를 키워내는 일등공신이었다. 과거의 성장률 추이를 보면 단적으로 알 수 있다. 한국은 성장률이 대폭 꺾였던 1990년대까지를 포함해 40년간(1970~2011년) 평균 7.2퍼센트의 실질성장률을 기록했다. 성장 배경은 복합적인데 국가 주도의 성장전략으로 자본 재배분과 노동생산성을 높이는 선순환이 주효했다. 인위적인 관료주의와 자원 배분의 양극화 등 부작용을 키운 것은 사실이지만, 개발 경제의 성장을 견인한 측면마저 부인하기는 어렵다.

이때 유력한 성장 변수가 인적자본으로 요약되는 인구 호재였다. 고도의 훈련을 받은 저임금의 인적자본이 성장 확대와 맞물려 생산 현장에 투입되면서 경제 발전의 원동력이 됐다. 즉 인구 보너스Population Bonus의 효과가 제대로 나타난 것이다.

'높은 출생률 → 인구 연령구조의 젊음 → 현역세대의 노동 인구 증가 → 경제 성장에의 기여'의 흐름을 유지하며 선순환을 부르는 인구구조의 경제 편익이 발휘된 덕이다. 특히 주로 젊은 연령대가 주를 이룬 인구구조는 저축률을 향상시키고 자본금의 축적을 용이하게 해 경제 성장에 공헌하는 바가 컸다. 일반적으로 인구 보너스는 20~40년 정도 유지되는 것으로 알려졌는데, 한국도 그랬다.

지금은 어떨까? 앞서 설명한 것처럼 보너스가 오너스로 변질됐다.

[그림 1-3] 한국의 성장률 추이

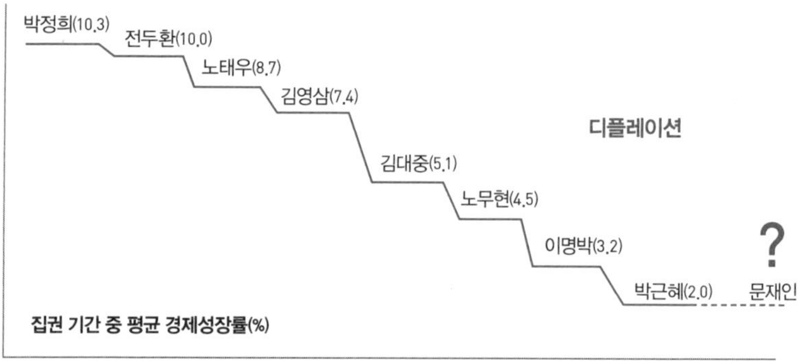

고도성장을 끝낸 후 인구 보너스는 정반대의 외부 충격으로 다가왔다. 사회구조와 의식이 성숙하면서 출생률이 떨어지고, 고령화가 진행되면서 부양해야 할 부모세대의 인구 증가가 불가피해졌다. 사회보장제도의 하중 부담이 증가하고 저축률도 낮아졌다. 결국 인구 오너스Demographic onus로 인구가 경제 성장의 뒷덜미를 잡고 말았다. '경제 성장 → 인식 변화 → 출산 감소 → 노동 부족'이 심화되는 가운데 '수명 연장 → 고령추세 → 부양 부담 → 성장 지체'와 같은 논리의 흐름을 보인다.

그나마 성장구조조차 고용 없는 모델이 고착화되면서 인적자본의 투입은 질적, 양적 측면 모두에서 한계에 봉착했다. 실업률이 높아지고 생산성은 낮아지는 것이다. 때문에 낙관적으로 내다보는 시각에 동의하기 어렵다. 저성장은 거부할 수 없는 흐름이다. 선진국들이 그랬고 한국도 별다르지 않을 것이다.

정권별 GDP 성장률은 전두환 정권(10.0퍼센트)부터 차기 정권으로 갈수록 각각 1퍼센트포인트 이상 감소했다. 이명박 정권(3.2퍼센트)의 747정책(연간 7퍼센트 경제 성장, 1인당 소득 4만 달러, 세계 7대 강국)이 무색한 결과였다. 이는 압축적 고도성장을 지향해 온 한국 모델이 매우 중요한 순간을 맞았다고 보는 근본적인 이유다.

결국 저성장의 문제는 국민 생활과 직결되어 일상에 매서운 충격을 안겨줄 것이다. 저성장의 시대에 기업 역시 임금을 올릴 여력이 없다. 그러므로 실질적으로 소득 감소를 가져온다. 이어 소득 감소는 소비의 감소를 불러오고, 이것이 다시 기업에게는 실적 하락으로 돌아온다. 그러면 기업은 다시 고용을 줄이거나 감축하게 된다(성장 감소 → 소득 감소 → 소비 감소 → 실적 하락 → 고용 악화). 공공복지는 빈약한 와중에 평균수명이 길어지기 시작한 한국 사회에 이런 악순환은 특히 치명적이다.

그 결과가 출산을 연기하거나 포기하는 등의 추세로 나타나고 있다. 저성장과 '인구병'人口病과의 상호연계다. 인구와 경제는 필수불가결한 관계다. 발전 초기에는 적정 수준을 넘어선 거대인구가 경제 성장의 뒷덜미를 잡겠지만, 인구가 곧 국력이라는 데 대해선 의심의 여지가 없다. 어떤 경제 전망도 인구통계만큼 효율적이지 않듯 이는 미래예측과도 직결된다. 인구가 성장의 핵심 변수인 까닭이다.

'Q=f(K, L)'로 정리되는 생산함수에서도 확인할 수 있다. 자본(K)과 노동(L)이 양축이다. 이는 '인구 감소'가 곧바로 '성장 지체'로 연결되는 메커니즘의 도출식이다. 성장뿐 아니다. 인구가 감소하면 정부가 거둬들이는 세금의 규모 역시 축소된다. 이것은 다시 재원을 부족하게 만들고 행정의 기능을 방해한다. 이를테면 국가가 행하던 복지가 약화되고 이것은 다시 국민의 생활수준 저하를 가져온다. 이 사태가 계속 진행되면 살기 좋은 나라를 찾아 떠나는 이민, 즉 인구 유출이 생긴다(인구 감소 → 세수 축소 → 재원 핍박 → 행정 파탄 → 생활 저하 → 인구 유출). 성장 격차는 이런 흐름으로 도시와 농촌의 차별까지 확대시킨다.

인구 감소와 성장 지체 그리고 재원

인구 감소와 성장 지체는 상호의존적이다. 둘은 서로 충격을 주고받으며 고령사회의 생활 품질을 악화시킨다. 일본 사례를 보면 '청년 감소 → 활력 감퇴 → 성장 지체 → 출산 저하'로 이어지며 다람쥐 쳇바퀴 돌 듯 인구병을 심화시킨다. 미래의 절망과 불확실성이 소비를 억제하고, 현금 보유의 유동성 함정을 낳은 게 일본화로 불리는 복합불황의 기본 맥락이다. 복합불황은 집단적인 피폐 심리가 가속화되고 성장을 열화劣化시키는 근원이 된다. 성장 여력이 있다 해도 인구 감소로 소비 유인이 줄면 경제 성장은 축소될 수밖에 없다. 역설적이게 그 손실은 가계에 집중된다. 낙수효과 없이 분배격차(자본 〉 노동)만 커지기 때문이다.

성장 하락은 직접적으로 노동력과 저축률을 떨어뜨린다. 인구가 감소함에 따라 노동력, 즉 생산인구도 줄어들기에 악재인 것이다. 통계청에 따르면 근로 의사와 능력을 갖춘 15~64세의 생산가능인구Working Age Population의 감소는 2017년부터 이미 시작됐다. 특히 25~49세 핵심 노동인구는 2008년부터 줄어들기 시작했고, 취업환경의 악화와 맞물려 신입사원 평균 연령(상장기업)도 30세를 넘겼다. 신입사원의 고령화와 맞물린 고령 위주의 직원이 늘어나는 것도 노동생산성을 떨어뜨리는 요인으로 지적된다.

노동경제학에서 생산성의 최고 연령대를 40대 초반으로 본다고 할 때 노동력의 고령화는 생산성을 훼손하는 요소일 수밖에 없다. 생산현장에서 역동성이 떨어지면 자본생산성과 기술혁신의 성과 역시 한계에 봉착할 것으로 우려된다. 50대 이상 중·고령 근로자의 높은 교육수준이 충격을 막아주는 버퍼 역할은 하겠지만, 연령이 높아질수록 노동생산성이 하락한다는 사실 자체에는 변함이 없다.

저축 상황도 악화된다. 저축은 유력한 성장 에너지로 개발경제 시절 '저축 〈 투자'를 실현해왔다. '고성장 → 고투자 → 고금리 → 고저축'의 흐름이다. 지금은 인구 변화에 따른 소비 감소 때문에 '저축 〉 투자'로 역전되어, 이자(금리)가 낮아도 레버리지의 자금 수요가 없는 상태로 전환됐다.

유동성의 함정으로 인플레이션이 발생할 것이라는 희망이, 사람들의 불안 심리를 없애주지 않는 한 사실상 탈출할 루트는 없어보인다. 안정적인 자본스톡은 경제적 공급 능력을 지원하는 변수인데 인구 감소가 심화되면 저축이 감소하고 투자도 하락한다. 고령화와 맞물린 출산 저하(인구 감소)가 저축률도 낮추기 때문이다.

부양인구가 증가하면 복지지출이 늘어나는데, 조세 수입의 원천인 현역인구가 줄어들게 되니 정부저축도 같이 줄어들 전망이다. 동시에 '저축 하락 → 투자 위축 → 수출 하락 → 수지 악화'로 연쇄되는

[그림 1-4] 한국의 국가부채 누적 규모

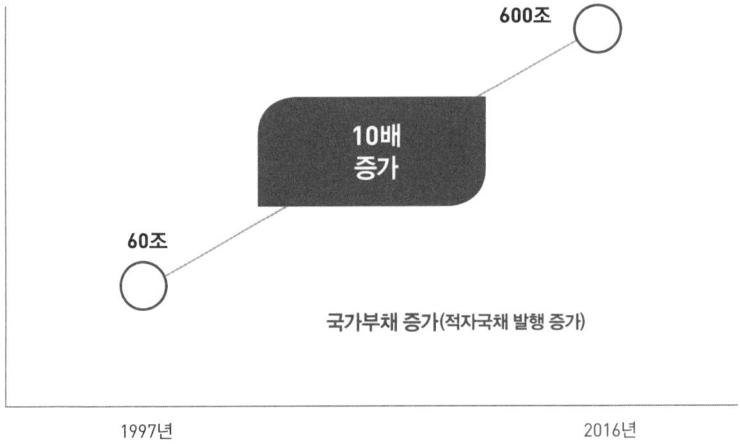

악영향도 예상된다. 장기적으로 복지 부담과 세수 감소로 재정 압박이 불거질 개연성도 높다.

즉 기댈 언덕이 있다면 예견되는 충격을 완화할 수 있다. 결국 재정의 여력 문제다. 성장과 인구 악재가 소득 파이를 줄여도 이를 벌충해줄 튼튼한 재정과 꼼꼼한 복지제도가 존재하면 불안은 줄어든다. 바로 이것이 재정 안정을 중요시 여기는 이유다.

한국의 재정 안정은 아직 버틸 만하다. GDP 대비 국가채무율은 40.4퍼센트(정부 채무, 2017년 추정치)다. 110퍼센트에 육박하는 OECD 평균보다 낮다. 단, 여기엔 숨은 빚이 빠졌다. 결국 정부가 변제 부담을 떠안을 지방 부채, 공공 부채, 연금 부족액까지 넣으면

[그림 1-5] 부채경제의 현실과 재정 여력의 약화 구조

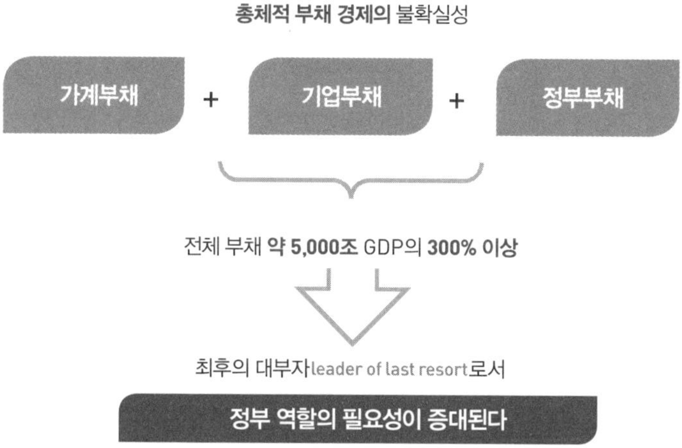
총체적 부채 경제의 불확실성
가계부채
+
기업부채
+
정부부채
전체 부채 약 5,000조 GDP의 300% 이상
최후의 대부자leader of last resort로서
정부 역할의 필요성이 증대된다

GDP의 150퍼센트를 훌쩍 넘긴다. 아직은 세금으로 세출을 커버한다지만, 적자국채가 600조 원(2016년)까지 쌓인 걸 감안하면 안심할 상황도 아니다. 일본 경제의 전유물인 줄 알았던 적자국채의 한국화는 본격적이다.

더 큰 문제는 증가 속도다. 정부지출이 늘면서 갈수록 부채 규모가 커지고 있다. 복지지출이 국가 예산의 3분의 1을 넘기며 사회 안전망을 확충하는 데 쓰이면 그래도 생활안전은 지켜진다. 그러나 상당한 액수가 불필요한 곳에 쓰여 낭비될 위험을 배제할 수 없다.

가계의 곳간도 문제다. 가계 빚이 1,400조 원에 육박하며 위험 수위를 넘어섰다(2017년 3월). 빚을 갚을 여력이 줄어든다면 가계 붕괴

는 시간문제일 수밖에 없다. 이 경우 대부분의 빚 있는 사람들이 빈곤층으로 전락할 것이 예상된다. 증세에 관한 논의가 지지부진한 상황에서 저성장으로 세원마저 줄어드는데 복지수요가 늘면 재정 악화는 불가피하다.

인구 변화는 사회비용을 유발하며 재정을 악화시킬 확률이 높다. 사회보장제도의 지속가능성을 훼손한다는 우려가 그렇다. 그 이유는 사회보장을 위한 재원 압박 때문으로 '출산 저하 → 현역 감소 → 현조세 감축'의 감소세와 '고령추세 → 현복지 수요 → 현재정 부담'의 증가세가 사회보장제도의 지속가능성을 떨어뜨려서다. 특히 사회보험, 공공 부조, 사회 서비스 등 사회보장제도 중 사회보험은 인구 변화와 관계가 밀접하다.

공공부조와 사회 서비스는 정부의 최소안전망National Minimum으로, 인구 변화와 직결되지는 않는다. 하지만 사회보험은 부담자와 수익자의 균형 논리로 구성되는 제도라 인구 변화와 밀접할 수밖에 없다. 5대 사회보험은 현역인구의 납부 보험료가 재원인데 현역인구가 줄고 고령인구가 늘면 보험료보다 급부비가 더 증가해 재정 안정성을 위협하게 된다.

인구 변화는 다양한 파생 위기를 복합적으로 가져온다. 왜냐하면 그 자체로도 상당한 범위와 깊이의 악재지만, 다른 환경 변수와 맞물려 충격의 여파를 증폭시키는 악순환을 주도하기 때문이다. 문제를 해결하려면 거시경제부터 정부정책, 기업 경영에 이르기까지 근본적인 변화가 필요하다.

거시경제 측면에서 보는 인구 변화는 성장률의 하락과 고착, 고용

시장의 구조 변화, 격차 확대로 인한 불안 심화 등 부정적 환경 변화가 가속화됨을 뜻한다. 정부정책 측면에서 보면 사회 안전망의 불안 심화, 고용불안의 경직화, 자원 배분의 비효율성, 성장 활력의 부재 등이 대표적 악재다.

기업 경영에도 인구 변화는 악재다. 서비스업은 그나마 낫지만, 제조업, 금융업 등은 획기적인 전략 변화 없이는 생존을 담보하기 어렵다. '인구 변화 → 성장 침체 → 실적 하락 → 고용불안 → 임금 하락 → 소비 감소 → 격차 심화 → 폐색사회'의 우려다. 사실상 거의 모든 불행지표의 원인으로 인구 변화를 지적해도 과한 것은 아니다.

3대 악재의 삼각파도는 이미 시작됐다. 이슬비처럼 오는 듯 마는 듯해서 아직 우산이 절실하지 않다고 생각하겠지만, 이는 판단 미스일 확률이 높다. 비슷한 경로를 걸었던 선행 사례를 살펴보면, 이슬비가 길고 긴 장마가 될 것임이 분명하다. 언제 갤지 끝을 알 수 없는 습하고 어두운 고령사회가 열릴 것이라는 힌트를 무심히 넘겨선 안 된다. 쟁여둔 식량이 바닥나는 상황에서 겨우살이가 길어지면 방법은 하나뿐이다. 미리미리 준비해 혹한의 추위와 배고픔을 대비해야 한다. 시대는 변했다. 이제 살아갈 무대도, 적용할 규칙도 달라졌다.

본질은
인구 이동에 있다

말은 제주로 보내고 사람은 서울로 보내라는 말은 시대가 변해도 변치 않는 진리인 듯하다. '사람=서울'은 갈수록 그 등가성을 발휘한다. 모든 걸 빨아들이는 블랙홀처럼 사람을 서울로 흡수한다. 잘났건 못났건 고향을 등지고 서울로 향하는 인파는 늘어난다. 그래서 서울은 '인구 블랙홀'일 수밖에 없다. 조선시대나 현대사회나 지방에서 서울로 인구가 이동하는 것은 당연한 상식이 되었다.

다만 양상은 좀 달라졌다. 때문에 상식 수정이 필요하다. 흔히 인구가 서울로 모여든다고 하지만, 실은 서울이 아니기 때문이다. 서울

인구는 1990년대부터 줄곧 감소세다. 한국전쟁 종료 이후 40년에 걸쳐 발휘된 수도 서울의 인구 흡수력은 1992년(1,096만 명)을 정점으로 줄어드는 추세다. 1988년 1,000만 인구를 최초로 뚫고 하락하더니 29년만인 2016년에 다시 자릿수가 줄어들었다. 2016년 5월 기준으로 보면 999만 대로 떨어졌다.

그렇다고 지방 인구의 도시 지향이 완화된 건 아니니다. 여전히 농촌 인구의 절대다수는 도심권으로 전입하기를 갈망한다. 15~24세의 청년인구는 특히 그렇다. 학령기의 마지막은 물론 취업 전선의 우위를 점하기 위해서라도 서울은 최후의 보루이자 최고의 무대다. 그런데 서울로 진입하려는 사람들의 바람과 현실은 다르다. 서울을 원하지만 서울에 들어가지 못한다. 오히려 서울 인구조차 외곽으로 빠지는 추세다.

서울 인구가 줄어드는 이유

모두 서울에 가기를 원하는데 정작 서울 인구가 줄어든다니, 도대체 어떻게 된 일일까? 결론부터 말하자면 서울을 뺀 수도권의 존재감이 부상하고 있기 때문이다. 지방 인구도, 서울 인구도 모두 인천을 포함한 경기권역이 흡수해버렸다. 고향을 떠난 이들의 안착지도, 서울을 떠난 이들이 짐을 푸는 곳도 경기도다. 따라서 인구 블랙홀은 서울이 아닌 '수도권', 정확하게는 서울을 뺀 수도권이다.

실제 국토 면적의 11.8퍼센트에 불과한 수도권에 전체 인구의 절반이 거주하고 있다. 2016년 기준, 수도권 인구집중도는 49.5퍼센트다. 2명 중 1명이 수도권 거주자란 얘기다. 1980년에는 지방 인구가 64.5퍼센트로 수도권 인구 35.5퍼센트에 비해 2배 이상 많았지만, 곧 역전될 순간이 왔다.

덕분에 수도권 인구밀도는 세계 최고 수준이다. 통계상으로 보면 그 어떤 나라보다 수도권의 과밀 현상이 심각하다. 선진국과는 아예 비교조차 되지 않는다. 수도권 면적이 비교적 좁은 일본만 해도 인구밀도가 30퍼센트를 밑돈다. 서구 선진국은 고작해야 10~20퍼센트 수준이다. 개발도상국인 태국, 인도네시아 등은 10퍼센트도 안 된다. 수도권의 인구밀도는 그중에서도 압권이다. 단위면적(명/㎢)당 1만 6,000명(2010년)을 훨씬 웃도는 수치인데, OECD 기준과 현격한 격차를 보이며 1위를 차지하고 있다. 선진국 반열에 든 것을 무색하게 만드는 밀도 수준이다.

그렇다면 경기권에 사람이 몰리는 이유는 무엇일까? 바꿔 질문해 보자. 왜 서울에서 사람이 떠날까? 인구문제의 본질이 여기에 있다. 청년인구의 서울 진입은 자연스런 현상이다. 좋은 교육을 받고, 좋은 일자리를 찾자면 서울 말고는 이렇다 할 대안이 없기 때문이다. 특히 15~24세 지방 인구의 도심 유입은 합리적이고 유용한 선택이다.

그런데도 서울 인구는 줄어들고 있다. 지방 인구의 서울 유입을 가로막는 건 물론이고 서울 태생의 청년인구마저 밀어내는 뭔가가 서울에 있다는 뜻이다. 서울 진입과 잔류를 가로막는 일종의 장벽 말이다. 그리고 이 장벽은 서울을 빗장도시로 무장시켜버린다.

굳이 복잡하게 생각할 것 없다. 이유는 분명하다. 서울에서 살기 힘들기 때문이다. 그간 서울은 과밀화와 집중도의 상징이었다. 하지만 좁은 공간에 사람이 많으면 문제가 발생할 수밖에 없다. 주거, 교통, 환경 등 생활수준의 양적·질적인 하락이 대표적인 문제다. 서울 생활의 행복 품질을 유지할 수 있는 경제 능력을 갖췄다면 괜찮다. 값비싸도 지불할 능력이 있다면 얼마든지 서울 생활이 가능하다. 문제는 서울 생활을 견딜 만한 경제 능력을 갖추지 못한 인구가 늘어나 임계점에 도달했다는 데 있다. 이들을 중심으로 서울 거주의 피로감이 급증한 것이다.

그래도 서울을 떠날 수는 없다. 서울은 대부분의 한국인에게 삶의 동아줄이기 때문이다. 좋은 일자리일수록 서울에 집중된다. 상장기업의 72퍼센트가 수도권에 집중돼 있고, 시가총액으로는 86퍼센트가 몰려 있다.[12] 극심한 경제력 집중을 보여주는 한 단면이지만, 뒤집으면 서울을 떠나서는 장기적이고 안정적인 양질의 근로 기회를 제공받기 어렵다는 의미기도 하다. 사람들은 이런 현실을 누구보다 잘 알고 있기에, 힘들어도 서울에서 살고자 하며 최대한 버텨보는 것이다.

하지만 서울의 추방 압력은 갈수록 심화되어 이런 전략은 금세 힘을 잃는다. 돈이 없거나 부족하면 서울 생활의 유지가 불가능하다. 게다가 고용불안 때문에 서울에서 일한다고 돈을 더 번다고 장담할 수도 없다. 저성장으로 경비를 절감하는 경영 관행이 기업에 정착되면서 근로 소득 역시 증가할 희망이 없어졌다.

이 와중에 지출 압박은 거세진다. 전세, 월세 대란으로 상징되는 주거 부담이 대표적이다. 2000년대까지 완만했던 서울 인구의 감소세가 급속하게 빨라진 것도 같은 이유다. 2040세대를 중심으로 주거

불안에 떠밀린 이들이 보다 싼 주거지를 찾아 서울을 등지고 있다.

이런 상황에서 도넛처럼 가운데(서울)를 뺀 외곽 지역은 꽤 유력한 대안카드다. 어차피 서울을 버릴 수가 없다면, 서울과 가까운 경기권역으로 가는 것이다. 이곳은 비용 대비 편익이 그나마 확보되는 지역이기 때문이다. 많은 이들이 이곳에서 살며 지출을 조금 줄이고, 훗날을 도모하자는 의지를 모은다(물론 한번 밀려나면 다시 서울에 입성하기 힘든 게 현실이긴 하다). 그런 이유 때문에 수도권(서울 제외)으로 인구가 극단적으로 몰리는 현상이 생겼고, 이는 '일은 서울에서, 집은 경기에서'라는 상징적 모토까지 만들어냈다.

인구문제가 곧 서울의 문제

수도 서울의 인구 추방과 경기권역의 잔여 인구 흡수는 판도라에 갇힌 한국의 인구문제를 푸는 중대한 관심 지점이자 연결고리다. 즉 인구문제의 핵심은 결국 서울의 문제로 요약된다. 그토록 원하는 서울에서 많은 이들이 큰 갈등과 위기 없이 살 수 있다면, 인구문제가 지금처럼 심각한 지경에까지 내몰리지는 않았을 것이다. 문제는 한정된 공간에 수용 가능한 인원을 훨씬 웃도는 인구가 집중되면서 발생한다.

서울의 고용 독점이 반복되는 한 생활 품질은 악화되고, 출산을 연기하거나 포기하는 선택은 점점 더 늘어날 것이다. 이는 결국 인구감소를 부추기는 결과를 낳는다. 뒤에서 자세히 살펴보겠지만, 청년인구의 서울 의존이야말로 인구 감소를 부추기는 원인이다.

앞으로도 행복한 서울 생활의 가능성은 별로 없어보인다. 서울 생활에서 부딪힐 난관의 장벽은 점점 더 거칠고 높아지고 있다. 이대로라면 성장과 물가의 엇박자를 뜻하는 스태그플레이션이 더 심해질 것이고, 이는 양극화를 부채질할 것이다. 소득(성장)은 지지부진한데 집값, 교육비, 교통비 등 지출(물가)은 늘어나고 있다(가처분소득의 감소). 성장과 물가 상승이 장기적으로는 동일한 방향으로 가야 하는데, 반대 방향으로 흐르니 해결책을 찾기 어렵다. 경제학에서 이와 같은 스태그플레이션은 난제 중의 난제다.

경기권으로 인구가 분산되는 것은 개별적인 해법 중 하나다. 스태그플레이션이 한창인 서울에서 소득을 늘리기 어려우니 물가라도 조금 낮은 곳에서 살겠다는 의도로 수도권을 택한다. 하지만 안타깝게도 이제 수도권마저 서서히 스태그플레이션의 먹구름이 확대되고 있다. '서울화'Seoulization가 안고 있는 문제점들이 주변에 전염되면서 경기권으로 확대되는 것이다.

도넛으로 치자면 아직은 겉에 묻은 설탕가루 부분에서 인구 증가가 목격된다. 가운데 빈구멍에 가까운 곳일수록 '소득 정체·물가 상승'의 서울형 스태그플레이션이 확인되고 있다. 실제 2015년 인구조사를 토대로 분석해보면, 서울에 인접한 구리, 하남, 과천, 성남, 부천, 안양, 시흥, 의정부 등은 이미 인구가 줄고 있다. 이들 지자체와 서울 반대 방향에 인접한 외부권역만 인구 증가가 활발하다. 서울에서의 추방도 모자라 이제는 수도권에서도 자리를 잡지 못하고 점점 더 밖으로 인구가 내몰린다는 의미다.

'일은 서울에서, 집은 경기에서'라는 현상이 심화된다는 건 직주職住(직장과 주거지)이탈이 더 악화됨을 의미한다. 직주이탈은 단기적으로 행복의 품질을 떨어뜨리고, 장기적으로 출산을 저지시킨다. 출퇴근에 3~4시간 이상을 허비하는 청년세대에게 출산 장려는 덧없는 슬로건에 불과하다. 먹고살아야 하니 서울의 일은 포기할 수 없고, 서울로 오가며 일하자니 다른 것들은 포기해야 하는 것이다. 그리고 포기의 1순위는 양육에서 교육까지 연결되는 출산일 수밖에 없다.

직업과 주거 공간이 가장 바람직하게 배치된 경우는 직주동일 혹은 직주근접이다. 근대사회 이전에는 대부분의 국가가 그랬다. 일어나 조금만 걸어가면 일터였다. 이런 판이 바뀐 건 18세기 산업혁명 때부터다. 대량 생산을 위해 특정 지역에 공장을 지어놓고, 그 제한된 장소에 노동을 집중 투입하다 보니 주거지와 일터가 멀어졌다. 한국도 비슷한 경로를 걸어 직주이탈이 서서히 가속화됐다. 안타까운 건 지금처럼 진행되는 직주이탈의 가속화가 수도권에서도 발생되고 있고 이것이 다시 인구 감소를 한층 부추기고 있다는 사실이다.

출산정책만으로는 부족하다

그럼 출산율을 통해서 이런 현상이 나타난 배경을 살펴보자. 2016년 한국의 출산율(합계특수출산율)은 1.17명이다. 1.24명이던 2015년보다 0.07명 떨어진 수치다. 출생아가 3만 2,100명(43만 8,400명-40만 6,300명) 감소한 게 주효했다. 가뜩이나 늦어지는 평균적인 출산연령

(32.4세)도 한몫했다.

광역지자체별로 보면 출산율에 편차가 있다. 전남(1.47명), 제주(1.43명)가 높고 서울(0.94명), 부산(1.10명)이 낮다. 광역지자체 중 평균 이하는 서울과 부산을 포함해 인천(1.14명) 세 곳뿐이다. 나머지는 평균 이상이다. 공무원이 몰린 세종(1.82명)과 지역 경제가 탄탄한 울산(1.42명)을 비롯해 전남, 제주, 충남, 충북, 경남 등은 출산율이 평균보다 월등히 높다.

유념해야 할 건 출산율 1.17명이 평균수치란 점이다. 그런데 기초지자체 중 출산율 1위를 기록한 전남 해남(2.43명)은 전국 평균의 2배에 이른다. 전남 전체(1.47명)로도 광역지자체로는 1위다. 워낙 전남 인구의 모수가 적어 일반화는 어렵지만, 어쨌든 평균을 훨씬 웃도는 출산 성적표를 냈다는 얘기다. 그리고 어디선가 이 수치를 갉아먹는 지역이 있음을 뜻한다.

출산율 수치를 갉아먹는 지역은 재론의 여지 없이 바로 서울(0.94명)이다. 이건 그나마 나아진 수치다. 2005년엔 평균출산율이 0.92명까지 떨어졌었다. 초저출산의 기준선(1.3명)을 20년이 지나도록 넘기지 못하고 있다. 서울뿐 아니라 서울화가 진행 중인 경기도(1.19명)도 위험수위에 달했다.

그런데도 한국의 장래인구추계는 이를 면밀하게 반영하지 못한다. 가령 우리가 아는 50년짜리 장래추계는 기초지자체의 과거 5년 증감 흐름을 토대로 만들어낸 것이다. 해남의 가임기 여성이 앞으로도 계속 해당 지역에 남아서 2.43명을 낳을 것이라 보고, 이를 50년간 길게 추세로 늘려버린 장래추계다. 해당 여성이 서울로 이전해올 것을

[그림 1-6] 서울시 출산율 추이

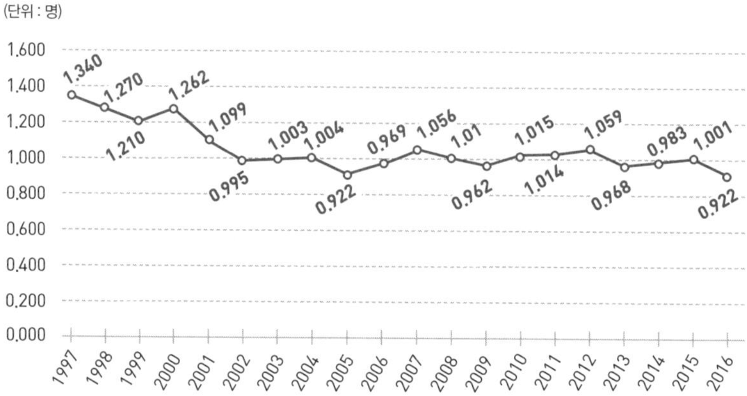

자료 : 서울시 통계정보시스템

전혀 고려하지 않은 수치라는 얘기다.

하지만 현실은 그렇지 않다. 2.43명을 낳을 가능성이 있는 여성이 편리해진 교통편을 이용해 너무도 손쉽게 서울로 사회 전입을 시도한다. 이때 해당 여성의 현실적인 기대출산율은 0.94명으로 떨어진다. 그런데도 통계는 이를 반영하지 않는다. 과거 5년간 해남에 있었기에 앞으로도 그곳에서 2~3명의 아이를 낳을 걸로 볼 뿐, 서울로 유입되는 상황은 가정하지 않는다.

때문에 실질적인 출산율은 추정치보다 비관적이다. 도시와 농촌의 격차가 극심해지면서 지방에 거주할 만한 특별한 동기나 인센티브가 없다면, 청년인구의 도심 전출은 확대되는 게 당연지사다. 국토 균

[그림 1-7] 광역지자체 출산율 비교(2016년)

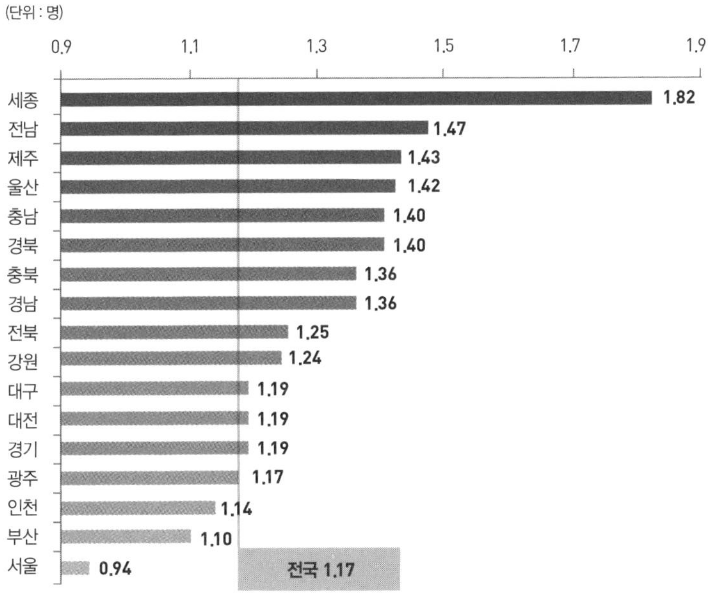

자료 : 통계청(2016년 출생 · 사망통계)

형발전론을 실현하고자 계속해서 보강되어온 교통망의 확충도 청년 인구의 도심 유입을 가속화시킨다. 고향을 떠나 도시로 들어올 수 있는 훨씬 쉽고 빠른 방법론을 제시해준 셈이다. 길이 넓어지고 편해지면서 지방소멸은 더 심화됐다. 도시자원의 지방 배분이라는 그럴싸하지만, 좀처럼 실현되기 어려운 구상이 오히려 수도 집중의 부작용을 야기한 꼴이 된 것이다.

인구문제의 본질은 여기에 있다. 우리가 아는 인구문제는 '저출산'

[그림 1-8] 수도권의 인구집중도 국제 비교

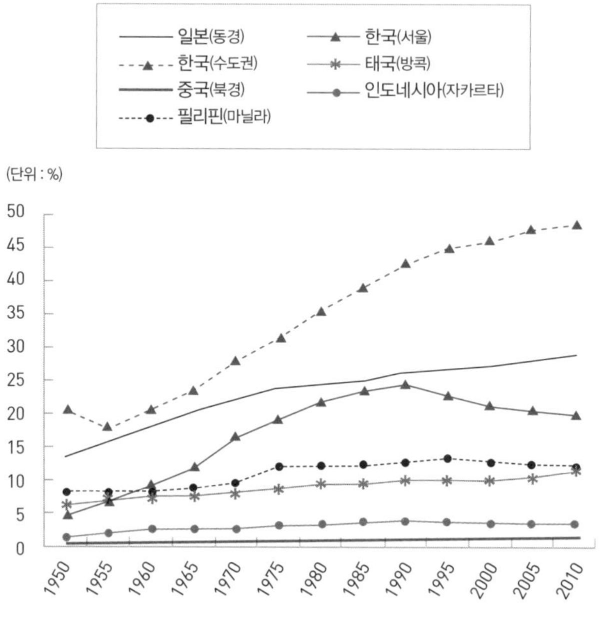

자료 : 일본 경제백서(2015년)

과 '고령화'로 압축된다. 분수에 비유하면 분자인 고령화가 분모인 저출산보다 커서 결과적인 인구 감소를 낳는다고 이해한다. 분자는 갈수록 덩치가 커지는데, 분모는 급속히 줄어드니 안정적인 분수 형태를 유지하지 못하는 것이다.

문제의 근본 원인을 파악하지 않고, 출생과 사망통계에만 근거해 자연증감(출산율-사망률)이 인구문제의 전부인 것처럼 생각한다. 그러니 자연증감의 결과를 플러스로 전환시키기 위해 표면적이고 일차원적인 출산정책에만 함몰되고 만다.

물론 출산율이 사망률보다 낮아 인구가 감소한다는 게 틀린 말은 아니다. 다만 이것이 절반의 진실에 불과함을 알아야 한다는 말이다. 이제 나머지 절반, 어쩌면 판도라의 상자에 갇혀버린 더 중요한 절반의 진실을 찾아야 할 때다. 그러기 위해서는 자연증감을 재촉하는 더 중대한 결정 변수인 사회증감(전입–전출)을 분석할 필요가 있다.

지방에서 도시로의 이동이 증가하며 사회증감이 출산율을 더 떨어뜨린다는 점에서 정책의 방점은 사회 이동의 효과적인 관리에 맞춰질 필요가 있다. 해남의 가임기 여성이 고향을 떠나지 않고 해당 지역에서 살도록 구조적 조건을 만들어주는 노력이 필요하다는 뜻이다. 말 그대로 지방 경제의 부활이 전제될 때 출산율의 하락추세를 그나마 방어할 수 있다.

통계란 게 늘 그렇지만 숫자 놀음에 가깝기에 잘해야 본전이다. 수집부터 분석까지 함정과 허점이 적잖다. 통계는 참고자료일 뿐 절대적으로 신뢰할 수 있는 진리는 아니다. 그럼에도 많은 이들이 곧잘 숫자 앞에서 무너진다. 활자화된 통계가 근거라면 할 말을 잃는다. 이런 이유 때문에 출산통계도 판도라의 상자에서 빛을 보지 못했다.

인구문제의 해법은 판도라의 상자를 열어젖히는 순간 시작된다. 자연증감은 수면 위로 나타난 겉모습에 불과하다. 출산율을 더 낮추는 사회 이동까지 장래추계에 반영해서 봐야지만 가려진 절반의 진실에 다가설 수 있다. 인구문제의 본질을 모른다면 문제해결은 요원할 수밖에 없다. 숫자가 아닌 그 이면의 배경을 이해해야 한다.

한국 경제에 찾아온 세 번의 기회

동남아 개발도상국의 미래는 한국일까, 일본일까? 섣불리 예측할 수는 없으나 확률로 놓고 보면 한국을 닮을 가능성에 무게가 쏠린다. '한국화'Koreanization 할 가능성이 커진다는 의미다.

경제 체력을 필두로 기반환경, 산업구조, 성장비중 등 사회·경제 측면을 두루 봤을 때, 후발 개도국의 미래가 성장을 일정 부분 마무리한 일본을 닮을 가능성은 거의 없어보인다. 대신 낮은 대외신인도와 높은 수출의존도, 취약한 통화 신뢰성을 공통 특징으로 하는 수출 주도형 성장 모델인 한국과 더 유사할 것으로 보인다. 차이는 인구 변화와 재정 악화 등의 진행 여부다. 시간이 흘러 이 차이마저 좁혀지면 이들 개도국은 일본보다 한국을 더 주목할 터다.

그렇다면 이때 한국 모델은 벤치마킹의 대상일까, 반면교사의 사례일까? 모든 건 현재의 한국에 달려 있다. 지금 맞닥뜨린 문제에 어떤 처방을 하고, 어떻게 대응하느냐에 따라 승패도 평가도 엇갈릴 것이다. 전대미문의 위기에 봉착했음에도 불구하고 한국화의 제반 문제를 슬기롭게 극복하면 성공 모델로 남을 것이다. 하지만 지지부진한 탁상공론 속에서 시간을 낭비하고, 대증처방만 내놓는다면 실패 사례로 거론될 게 분명하다.

희망도 절망도 공존하기에 아직은 무엇도 예단할 수 없다. 단, 이해관계자 모두가 필요 이상 안이하고 미숙한 건 문제점으로 지적하고 넘어갈 일이다. 많은 이들이 엄중한 시대 상황을 방치한 채 각자의 이해타산만 따지면서 후속세대를 위한 문제해결에는 짐짓 눈을 감고 있다.

한국화는 일본화로 일컬어지는 문제에서 비롯됐다. '일본화'란 고도성장이 끝난 이후에 시작된 장기적인 복합불황을 일컫는다. 저성장, 저물가, 저금리, 저고용 등 '저의 공포'로 요약된다. 1990년대 버블붕괴 이후 일본 사회의 발목을 잡은 대형 악재의 총칭이다. 무기력에 빠진 한국도 일본의 경로를 밟을 것이란 염려 속에 일본화는 자주 거론되는 키워드다.

한국화란 이런 일본화에 한국적 취약성을 덧댄 의미다. 성장, 인구, 재정 악재의 문제 상황이 일본과 엇비슷해 보이지만, 자세히 살펴보면 한국의 상황이 훨씬 더 심각하다. 세계 3위 경제대국 일본과 아직

뒤처진 한국은 상황이 엄연히 다를 수밖에 없다. 즉 한국화는 '파워풀한 일본조차 삼각파고 속에 심히 망가졌는데, 하물며 취약성과 의존성이 높은 한국은 더 위험할 것'이란 의미가 내포된 말이다.

한국화에 대한 우려는 막연한 미래의 걱정도, 추상적이고 관념적인 고민도 아니다. 우리가 맞닥뜨린 현실이다. 벌써 한국 사회는 저의 공포로 들어갔다. 사상 최저치의 금리수준에 잠재성장률도 2퍼센트대에 들어섰다. 고용환경은 갈수록 악화되는 상황이고, 그 와중에 집값 등 일부 생활물가가 급등하는 스태그플레이션마저 확인된다.

그나마 반도체 등의 수출 개선이 숨통을 터주지만, 내수경기는 얼어붙은 지 오래다. 충격을 완화해줄 안전판을 덜 갖춘 상황에서 수출마저 꺾이면 내수 기반(GDP 대비 85퍼센트)의 일본보다 더 열악한 상황이 전개될 수도 있다. 이런 상황을 알고 보면 한국의 현실은 아슬아슬한 살얼음판이다.

한국화는 미래사회에 다양한 모습으로 나타날 수 있다. 벌써 확인된 병명도 있다. 아직은 아니지만 서서히 고질병으로 전이될 잠재적인 생채기도 적잖게 있다. 다각적인 노력으로 증상을 완화시키거나 완치할 수도 있겠으나, 현 상황에서의 관심 정도와 자원 배분을 볼 때 결코 낙관할 수 없다. 난관 극복을 위한 관심과 노력도 기대 이하이기 때문이다. 한국화는 일본화보다 훨씬 더 심각한 문제들이 복합된 악재의 종합체이다. 그런데 여전히 잘 모르거나 혹은 아직은 위기가 아니라는 투로 상황을 모면하려는 방관적 태도가 지배적이다.

한국화는 단순한 논리로 되어 있지 않아서 명쾌하게 설명하기 어렵다. 그간 한국 사회의 겉모습을 완성하기 위해, 수면 아래서 부지런

[그림 1-9] 세대별 한국화의 연결지점으로서 2018년, 2020년, 2030년 문제

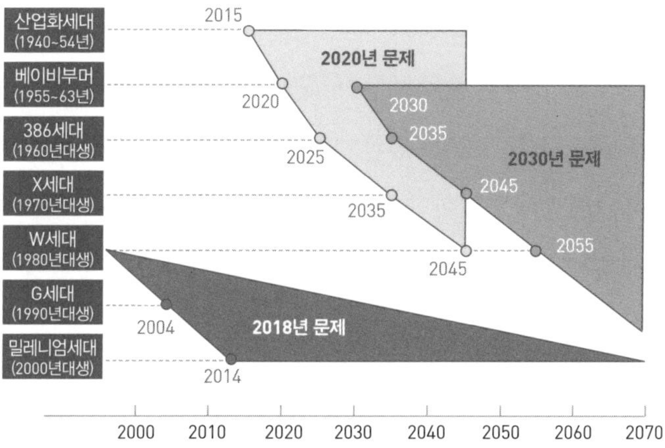

자료 : 일본 경제백서(2015년)

히 맞물리며 돌아가던 수백, 수천 개 톱니바퀴 모두가 한국화의 원인이자 결과로 연결되기 때문이다. 우리나라가 성장 과정에 있을 때는 한강의 기적을 완성하는 등 결정적인 역할을 해왔던 톱니바퀴가, 상황이 뒤바뀐 지금은 갈등과 절망을 만들며 한국화를 촉발하고 가속화하는 원흉이 되었다. 즉 예전엔 통했던 성공 경험이 지금은 실패 확률을 높이는 악재로 둔갑한 것이다. 이게 곧 한국화다.

기업, 정부, 가계 등 경제 주체를 감싸는 수많은 현실 압박 속에서 모습은 다를지언정 원리는 똑같은 한국화를 확인할 수 있다. 성장, 재정, 인구 등 거대하고 추상적인 단어로 접근하니 체감하지 못할 뿐이다. 시선을 돌려 생활 문제로 치환하면 한국화로 촉발된 고통을 부인

하기 어렵다.

이를 세대별로 나눠 삶의 현장으로 끌어내리면 한국화의 이해는 한층 쉬워진다. 청년은 교육·취업·연애·결혼·출산 등으로 피폐한 삶을 설명한다. 중장년은 해고·야근·창업·집값·자녀 등의 단어로 절망을 읊조린다. 노인은 연금·의료·간병·독거·무직 등의 단어로 인생에 낙제점을 부여한다. [그림 1-9]을 보면 산업화세대부터 밀레니엄세대까지 세대별로 한국화의 공포가 시간의 흐름에 따라 어떻게 구체화되는지 알 수 있다.

2018년, 일하는 사람이 사라진다

먼저 한국화와 청년을 연결해보자. 2018년은 인구 변수가 거시경제를 옥죄기 시작한 해라는 의미에서 유심히 봐야 한다. '인구=생산=소비'란 점에서 그렇다. 생산가능인구가 2017년을 기점으로 줄어들기 시작했다. 한국이 경험한 적 없던 사상 초유의 변화다. 게다가 노인인구가 14퍼센트를 넘어선, 요컨대 고령사회의 진입 원년도 2017년이다. 청년인구의 공급 부족 역시 지금부터 본격화될 것이다.

수명 연장과 함께 베이비부머 등 전후세대의 대량 은퇴가 예고된 상황에서 이들을 부양해야 할 후속인구가 이미 감소하기 시작했다는 건 이후의 한국 사회가 대단히 복잡하고 힘겨워질 것임을 의미한다. 아마도 장기적인 슬럼프에 빠질 가능성이 크다. 그래서 지금 2018년은 후속세대에서 심화될 한국화를 경고하는 중대한 변곡점이다. 따라서 2018년은 무엇보다 청년인구에 관심을 집중해야 할 해다. 고령사회로의 진입도 그렇지만, 특히 현역인구의 감소 즉 생산가능인구의 반전 충격으로 지명하는 게 적당하다.

한국 사회의 기둥인 15~64세의 생산가능인구가 줄어든다는 건 상당한 악재다. 무엇보다 생산가능인구의 축소는 15세 신규 인력의 감소를 뜻하기에 장기적으로는 이들이 64세에 진입하기까지 50년에 걸쳐 지속적으로 덩치가 위축된다. 이뿐인가? 0~14세의 대기인구도 낮은 출산율 속에 줄줄이 줄어들 수밖에 없다. 극적인 반전이 없다면 향후 약 65년간 생산가능인구의 감소는 불가피한 셈이다.

2020년, 1,000만 중년인구의 이동

2018년 문제가 청년인구의 부족 사태를 뜻한다면 2020년은 인구의 허리 계층에 속하는 중장년의 제반 갈등이 부각되는 원년이다. 이를 2020년 문제라고 하자. 2020년부터 청년과 노인 사이에 끼어 있는 중장년의 위기가 더 커지고 가속화된다는 의미다. 여기서 중장년에는 묵묵히 가정경제를 이끌며 한국 사회를 떠받쳐온 5070세대가 해당한다. 왜 하필 2020년인가? 이는 베이비부머의 생애곡선과 연결해 살펴보면 자세히 알 수 있다.

한국의 전후 제1차 베이비부머는 대개 1955~1963년 출생자를 뜻한다. 1955년생(73만)부터 1963년생(80만)까지 9년간 태어난 700~800만 인구가 여기에 속한다. 어떤 연유인지 이 9년간 출생자를 베이비부머로 보지만, 연령을 조금만 확대하면 인구는 더 늘어난다. 가령 1964년생은 베이비부머의 막내(1963년생)보다 수가 더 많다(84만)다. 이런 추세는 1970년대 중반까지 이어진다.

2020년이 중요한 건 이들 베이비부머의 선두세대인 1955년생부터 하나둘씩, 65세로 진입하는 초년이기 때문이다. 65세는 주지하듯 공적연금(국민연금)의 수급 연령대다. 동시에 정년연장(현재 60세)이 재차 이뤄져도 마지노선이 65세일 수밖에 없음을 감안하면, 베이비부머의 강제 은퇴가 본격화되는 게 2020년이다.

이후 거대 집단의 대량 은퇴는 1970년대 출생자들의 막내가 65세가 되는 2045년(1979년생의 65세 도달 시점)까지 반복된다. 즉 1955~1960년생(400만), 1960년대생(880만), 1970년대생(840만) 등을 합쳐서 무려 2,000만 인구의 65세 진입 행렬이 2020년부터 시작된다는 의미다.

그럼에도 이런 문제에 대한 현실인식은 극히 낮다. 중장년의 한국화 우려는 한국 사회의 주된 고민거리가 아니었다. 2020년 문제, 즉 중장년이 맞닥뜨릴 한국화의 공포와 불안은 그간 소외된 이슈였다. 정치권도 사회 여론도 노인과 청년 문제에만 관심을 집중했을 뿐 중간에 낀 샌드위치 신세의 중장년의 문제는 일정 부분 배제해왔다.

문제가 심각한데 외면해왔기에 한번 터지면 막기 힘든 연쇄폭탄의 촉발지점이 될 수 있다. 생소하고 소외되었기에 충격은 더 폭발적일 수밖에 없다. 이제 곧 2,000만 중장년의 은퇴가 시작될 예정인데, 이들의 양태 분석은 물론, 흡수 전략의 부재는 심각한 지경이다. 이는 아주 위험한 함정이 될 수 있다.

2030년, 1,000만 고령인구의 탄생

2020년 문제는 출발에 불과하다. 중장년은 특정 시점에 머물지 않는다. 덩치가 큰 만큼 이들은 매서운 속도로 늙어간다. 그래도 은퇴 이후 10년(65~75세) 정도는 사정이 낫다. 이미 고령인구로 편입된 선배세대와 달리 베이비부머를 필두로 하는 지금의 중장년은 다양한 생애 경험과 인생 경로 덕분에 은퇴 이후 곧바로 절망에 빠지지는 않을 것이기 때문이다. 무엇보다 이들은 건강한 중장년에서 건강한 고령으로 연결될 확률이 높다. 비교적 고학력이고 건강에 대한 관심이 높으며, 일찍부터 은퇴 준비에 관심을 가진 데다 자산 여력까지 다른 연령층을 압도하기 때문이다. 어쨌든 선배세대와는 꽤 다른 상황에서 노후를 맞을 걸로 예측된다.

하지만 그래봐야 10년이다. 중장년의 한국화를 유예시킬 수 있는 연령의 최대치는 75세까지다. 즉 2030년 베이비부머가 순서대로 75세 출입구에 진입하면, 상황은 확연히 달라진다. 여기서 일본이 65~75세를 전기 고령자로 두고 후기 고령자(75세 이상)와 구분하는 이유를 주목해야 한다. 75세 이상부터는 본격적인 고령화를 피할 수 없기 때문이다. 제아무리 관리를 잘한다 해도 75세부터는 늙고 힘들고 아픈 전형적인 노구老軀신세가 된다. 이런 점에서 2030년은 고령인구의 한국화를 염려해야 하는 본격적인 해다.

2030년부터 2,000만 중장년이 75세로 접어들기 시작하면 한국사회는 혼돈에 빠질 게 확실하다. 75세부터 노인의 유병비율이 급증함에 따라 본격적인 노화문제가 수면 위로 등장할 수밖에 없다. 치매에 걸리면 가정경제가 붕괴할 판인데 과연 제대로 준비된 것이 있는지 의문이다. 간병 공포를 넘어 간병지옥이란 수식어까지 거론됨에도 한국 사회는 고령인구가 맞이할 불행에 무방비 상태다. 장기요양보험은 2016년 적자로 돌아섰고, 건강보험도 곧 구멍이 날 것으로 예상되는데 2,000만 거대인구가 75세로 진입하기 시작할 2030년 문제에 누구도 주목하지 않는다.

노화 갈등의 서막은 올랐다. 눈 깜짝할 새 늙어가듯 2030년은 금방 다가온다. 문제의식을 갖고 역산하면 지금 할 일이 뭔지 뚜렷이 알 수 있을 것이다.

지금 당장 시작해야 한다

2018년, 2020년, 2030년은 세대별로 한국화를 확인할 유력한 시점이자 갈등이 부각되는 원년이다. 인구 오너스가 청년, 중장년, 노인 등 세대별로 구체적인 충격과 공포를 안겨줄, 과거와는 뚜렷이 구분되는 분기점이란 점에서 주목해야 한다. 이 연대기적 변화 기점을 무시하지 않고, 건설적인 미래 준비를 위한 공감 형성의 계기로 삼는 현명함이 필요하다. 아무리 생각해도 시간이 없다. 정부 차원이든 개별적 차원의 대응이든 한국화를 극복할 다양한 대책수립이 필요하다. 바로 '지금 당장' 말이다.

길모퉁이를 돌면 턱하니 낯선 세계가 펼쳐질 순간에 놓여 있다. 지금껏 보지도 듣지도 못한 생경한 풍경으로 가득할 것이다. 안타깝게도 이 공기는 새롭지만 음습하고 황량하기에 그닥 반갑지만은 않다. 그럼에도 회피하거나 물러설 수 없다. 어떻게든 두 발로 딛고 버텨내야 한다. 코앞에 펼쳐진 첩첩산중 미션의 해결은 순전히 우리의 몫이다. 최소한의 충격과 상처로 고비를 넘기는 수밖에 없다. 넘어져도 스스로 일어나 묵묵히 걸어가야 한다.

현실감이 떨어져 체감하지 못하겠다면 이웃 일본을 보자. 약간의 관심과 약간의 분석만으로도 일본 사례가 안겨주는 교훈이 무엇인지 충분히 깨달을 수 있다. 일본은 이미 오래 전에 불길한 그림자가 드리워진 채 가시밭길에 접어들었다. 흐느적거리는 뒷모습이 먹먹한 발자국과 함께 앞선 자의 고뇌와 고통을 중첩시킨다. 위기를 넘어서고자 발버둥치는 모습이 일상이 되어간다.

경고등은 켜졌다. 우리의 선택은 명확하다. 지금, 청년인구의 지속가능성을 준비해야 한다. 2020년 문제를 해결하기 위해서는 거대인구인 중장년의 은퇴 갈등 해법을 모색하는 게 절실하다. 그러면 10년 후 이들이 75세로 편입될 2030년 무렵에는, 공감대를 형성하며 차근차근 구체화된 해법의 모색이 가능해질 것이다. 한국화의 염려가 기우가 될지, 현실이 될지는 누구도 모른다. 다만 유비무환의 경제학으로 미래를 준비하는 것이 현명하다는 사실만은 분명하다.

2018
2020
2030

제2장

2018년 일하는 사람이 사라진다

생산가능인구가 줄어든다는 것의 의미

15~64세에 해당하는 생산가능인구의 하락은 쉽게 넘겨 버릴 일이 아니다. 당장 큰일은 일어나지 않지만, 조만간 펼쳐질 미래사회의 기본적인 동력이 절감됨을 의미하기에 심각하다. 오죽하면 생산가능인구의 하락과 그에 따른 성장지체를 오너스Onus란 단어까지 써 가며 경계할까? 생산성의 향상이 변수지만, 길게 봐 생산가능인구의 하락 추세는 성장 둔화의 원인일 수밖에 없다. 2020년부터 고령인구가 더 늘어나면 상대적인 생산가능인구의 빈자리는 더 커진다.

문제는 앞으로다. 베이비부머의 끝을 1975년 정도로 본다면

[그림 2-1] 생산가능인구 및 핵심근로인구 장기 추이

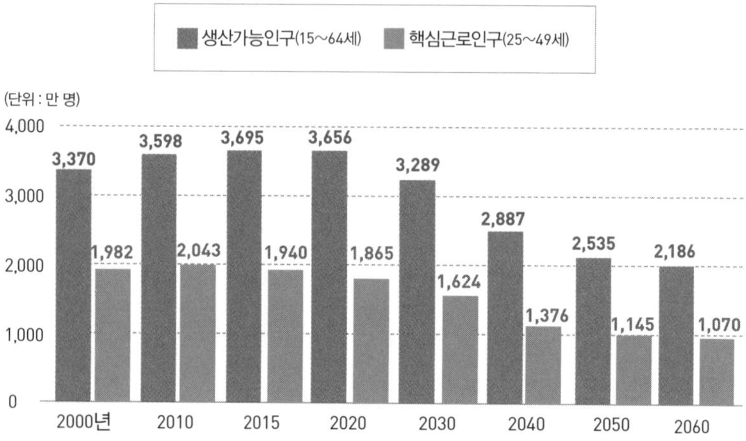

자료 : 저출산고령사회위원회, 통계청(장래 인구추계, 2011)

1955년부터 20년간 집중적으로 태어난 약 1,700만 명에 이르는 거대 인구가 2020년부터 생산가능인구의 분류표에서 제외됨을 뜻한다. 반대로 신규 진입을 앞둔 예비인구(0~14세)는 주지하듯 2000년대부터 50만 이하로 줄어든 채 공급된다. 생산가능인구의 절대 규모가 추세적으로 축소된다는 의미다.

베이비부머가 빠지면 생산가능인구의 덩치 자체가 급감할 수밖에 없다. 이 문제를 막으려면 후속세대의 공급체계를 사전에 늘렸어야 했다. 결과는 비참하다. 30년 넘게 허송세월을 했고, 100조 이상의 돈을 엄한 데 쓴 채 2017년 하락 반전에 이르렀다.

생산가능인구가 하락추세로 전환하리라는 것은 일찌감치 예고된

일이었다. 생산가능인구의 범주 안에서도 단연 가장 활발한 활동인구인 핵심생산인구Prime Age Worker(25~49세)가 이미 최고점을 찍고 하락세로 돌아섰기 때문이다. 2010년 핵심생산인구는 정점(1,953만 명)에 도달한 이래 지금껏 계속해서 규모 축소를 반복해왔다. 1975년(1,012만 명) 최초로 1,000만 명을 돌파한 이후 2005년(1,991만 명), 2007년(2,066만 명)까지 치솟다 2011년부터 내려앉기 시작했다. 여기에 더해 2017년 1분기는 1,924만 명까지 축소됐다.

핵심생산인구의 감소 전환은 생산가능인구의 동반하락을 충분히 경고했다. 그럼에도 당시의 체감온도는 낮았다. 핵심생산인구가 감소되고 있다는 발표는 금융위기 이후의 회복세에 묻히고 잊혀졌다.

핵심생산인구의 숫자가 하락한다는 건 가장 왕성하게 활동하는 연령대가 축소되고 있다는 것이고, 그만큼 경제의 토대가 무너짐을 뜻한다. 이는 노동의 절대 투입량이 줄어들고 생산성도 약화되는 동시에 소비 중추의 여력까지 망가뜨린다. 무엇보다 핵심생산인구의 하락 반전은 1949년 인구조사 실시 이후 최초의 일이다.

한국전쟁 당시 엄청난 인구 피해에도 해당 그룹의 숫자가 줄지 않았음을 감안하면 예사로 넘길 수 없다. 이렇게 된 원인은 간단하다. 생산가능인구에서 베이비부머 선배세대의 이탈이 시작된 반면, 새로 유입되는 후속인구가 그 수를 채우지 못하기 때문이다. 출산 감소가 가져온 결과인데, 이는 뒤에서 자세히 다룰 것이다.

핵심생산인구에 이어 생산가능인구의 하락 전환은 청년세대가 줄어들고 있음을 의미하기도 한다. 핵심생산인구가 줄어든 2011년 인구통계적인 경고가 있었고, 2017년 생산가능인구마저 줄어들면서 이는 지금 우리 앞에 놓인 문제가 됐다. 청년이 줄어들고 노인이 늘어나는 사회가 본격화되었다.

이렇게 되면 인구구조의 가분수(고령인구/현역인구) 형태는 가속화된다. 실제 생산가능인구가 정점에 달한 2016년 유소년인구(0~14세)와 고령인구(65세 이상)는 절대 규모가 그래프 위에서 교차했다. 2015년 '유소년인구(703만 명) 〉 고령인구(654만 명)'에서 2017년에는 '유소년인구(675만 명) 〈 고령인구(708만 명)'로 상황이 역전됐다. 특히 유소년인구는 가파른 속도로 축소되고 있다. 연평균으로 보자면 2020년대 34만 명, 2030년대에는 44만 명 가량이 줄어들 예정이다. 처음이 어렵고 생소하지 이후엔 속도까지 올리며 물구나무를 설 태세다.

한국 경제가 처음 직면한 변화

2018년 문제의 본질을 이해하자면 인구 증감뿐 아니라 경제 성장의 모습을 함께 보는 것이 중요하다([그림 2-2] 참조). 왜냐하면 보너스와 오너스 효과는 한 사람이 태어나 언제 생산가능인구(15~64세)에 진입했는지, 그리고 그 시점에 경제 상황이 어땠는지에 따라서 생활의 품질이 정해지기 때문이다. 비록 가난하게 태어났어도 경제활동 개시 시점이 호황이었다면 이후의 생활수준은 안정적이다. 반면 돈 걱정 없이 태어났어도 사회에 진출할 때 불황을 만나면 상황은 한껏 꼬여간다.

게다가 이러한 인구 변화는 대한민국 역사상 최초로 겪는 사회구

[그림 2-2] 세대별 성장파도와 인구파도의 장기 추이 및 고용환경의 변화

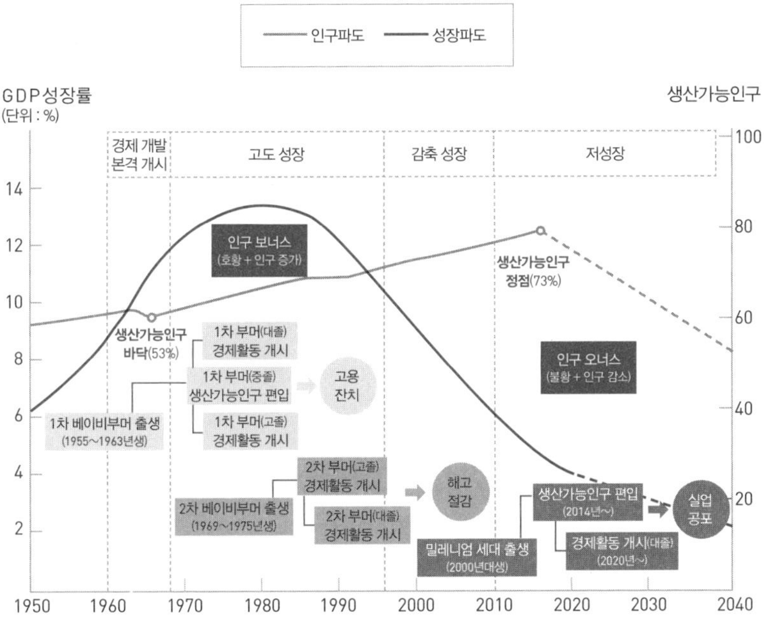

조의 변화다. 경제체제는 물론 각종 제도와 운영 원칙의 패러다임을 바꿀 것이 확실하다. 하지만 이런 상황은 처음이기 때문에 정부, 기업, 개인 등 대응에 있어서도 얼마간은 혼란스러워질 수밖에 없다. 그래서 '생산가능인구가 줄어든다', '인구구조가 과거와 달라졌다'는 등의 변화를 단순화할 수 없다. 우리가 처음 맞닥뜨린 이 변화가 저성장과 맞물리면서 상상 이상으로 문제가 증폭될 수 있다.

현 시점에 가장 큰 문제가 바로 청년 이슈인 이유도 여기에 있다. 생산가능인구의 하락에 따른 충격이 고스란히 청년세대에 집중될

수밖에 없기 때문이다. 물론 특정 세대를 막론하고 전체적으로 악영향이 불가피하다. 다만 중년 이상의 세대는 고도성장기 때 사회에 진입함으로써 안정적이고 확장적인 소득 확보가 가능했기에 일정 부분 충격을 흡수할 안전장치를 갖추고 있다. 그러나 안타깝게도 청년세대는 그렇지 못하다. 이제 막 경제활동을 시작한 이들은 앞으로 살아갈 시간도 길다. 그래서 2018년, 지금이 청년세대의 미래를 결정짓는 가장 중요한 시점이 될 수밖에 없다.

청년이 증발한다

청년세대는 어떤 변화를 겪게 될까? 선배세대의 생애와 비교하면 그 이유가 뚜렷하게 보인다. 편의상 인구 집중이 발생한 1차 베이비부머와 2차 베이비부머, 그리고 2000년대 출생 그룹인 밀레니엄세대로 구분해 각 세대별로 출생과 사회 진입, 그 시점의 경제 성장추세를 함께 살펴보자.

결과는 '선배세대 = 인구 보너스'와 '청년세대 = 인구 오너스'의 항등식으로 요약된다. 특별한 변수가 있지 않는 한 평균적인 세대 모델은 이 항등식이 성립된다. 여기서 중요한 것은 태어난 시점보다 경제주체로 사회에 진입하는 시점, 즉 경제활동인구로 편입되는 순간이다. 이때 호황과 불황 여부의 판단, 그리고 그 지속성 등이 고용환경과 직결되면서 생활의 품질을 결정한다.

먼저 1차 베이비부머세대는 상대적으로 행복한 편이라 할 수 있다.

헐벗던 시절 주린 배를 움켜쥐며 가까스로 공부했고, 열악한 노동 환경조차 감사히 받아들이며 취업한 세대다. 그러나 그들이 사회에 진입하거나 이후 활동할 때 일자리 고민은 별로 없었다. 1차 베이비부머가 활동하던 당시는 노동력의 수요가 공급을 앞지르던 노동력의 초과 수요 시대였다.

왜 그런가 하면 1차 베이비부머의 출생은 본격적인 경제개발계획의 출발 시점과 거의 일치하기 때문이다. 소위 1958년 개띠가 태어나고 4년 후인 1962년부터 경제개발 5개년계획이 시작되었고, 본격적인 고도성장의 피치를 한껏 올렸다. 그리고 생산가능인구의 편입 시점인 1969년(1955년생 + 14세)은 압축성장의 전형을 달리던 시절이었다. 1970년대의 오일쇼크 등 위기 상황도 잠깐 있었지만, 중동 진출 등으로 이를 극복하며 성장 엔진을 유지했다. 중졸이 아니라 고졸(1972년)이나 대졸(± 1976~79년) 학력으로 취업했다면, 고용 축제를 한껏 즐겼을 세대다.

2차 베이비부머세대도 1차 베이비부머 세대와 비슷한 길을 걸었다. 단 1차 베이비부머세대가 태어날 때는 힘들었지만, 사회 진입부터는 성장 수혜를 입었던 것과는 다소 차별화된다. 2차 베이비부머세대는 대체적으로 인구 보너스를 받았지만, 중년 이후부터는 저성장이라는 먹구름 앞에 생애 최초의 시련기를 보낸 세대이기 때문이다.

이들의 인생 경로를 한마디로 요약하면 전강후약前强後弱이다. 처음엔 좋았다가 나중엔 좀 힘들어진 케이스다. 덩치는 가장 크다. 1969~1975년 출생 그룹은, 워낙 유명한 1차 베이비부머보다 지명도는 떨어져도 인구 규모는 최대치를 자랑한다. 연간 100만 명의 출산아가 출현한 기간도 이때가 유일하다(1970~1971년).

2차 베이비부머의 경우 고졸자라면 1980년대 후반, 병역을 마친 대졸자라면 1990년대 후반에 걸쳐 사회에 나왔을 것이다. 잠깐이지만 3저 호황(저달러·저유가·저금리)이 한창이던 1986~1988년의 잔치 끝물부터 외환위기(1997년) 전후까지의 시기에 걸쳐 집중적으로 배출됐다. 평균 35퍼센트 대의 대학 진학률을 감안할 때 이들 3명 중 1명은 대졸자로, 1990년대 중반부터 고급 일자리에 데뷔했다.

만일 사회 진입이 2000년대 초반까지 지체됐다면 외환위기 이후의 악전고투에 직면했을 수도 있다. 그래도 당시의 IT(코스닥) 붐과 경기반등을 고려하면 사회 진입 후 10년은 5퍼센트 대 성장(김대중 정부 5.1퍼센트, 노무현 정부 4.5퍼센트)을 체감할 수 있었을 것이다. 이후 2010년대 2차 베이비부머가 40대에 들어서면서부터는 본격적인 저성장을 온몸으로 받아내야 할 중년이 됐다. 이들은 본격적인 감축 경영으로 어느 때고 해고될 수 있는 상황에 인구 오너스의 시대를 맞게 되었다.

밀레니엄세대가 맞이할 생애 궤적

그렇다면 2차 베이비부머의 자녀세대에 속하는 밀레니엄세대(±2000년대 출생)는 어떨까? 결론부터 말하면 이들은 태어날 때부터 불황을 배웠다고 말할 수 있다. 밀레니엄세대는 저성장이 구조적으로 발현되는 시점에 집중적으로 사회에 진입한다. '단군 이후 어떤 세대든 부모세대보다 부자가 된다'는 명제를 깨는 '최초의 세대'라고 말할 수 있다.

2000년 출생자는 2014년 생산가능인구에 편입됐다. 본격적인 경제활동은 대졸 여성의 경우 2024년 즈음부터, 대졸인 군필자의 경우 2026년 정도부터 시작된다. 이때면 잠재성장률 2퍼센트 대로 예측된다. 이처럼 저성장의 파고가 한국 사회 곳곳에 맹위를 떨칠 시점이라면 이들은 노동공급의 주체로서 녹록지 않은 상황에 놓이게 될 것이다. 시장에 나서자마자 취업은 힘들고 실업은 일상인 상황에 놓일 확률이 높다.

이보다 앞선 W세대(1980년대생)와 G세대(1990년대생)는 각각 2000년대 중반, 2010년대 중반부터 착착 일자리를 찾았다. 밀레니엄세대와 다른 건 태어날 때는 그나마 상당한 호황기였다는 점이다. 하지만 사회 진입의 시점이 저성장 또는 불황의 시작점과 맞물렸다. 그들의 상황은 '학령기=호황, 취업기=불황'으로 정리된다. 다시 말해 경제 성장의 과실을 먹고 그 수혜 속에서 자랐지만, 경제 주체로 활동하는 데 있어서는 부모세대처럼 온전히 1인분의 역할을 수행하기 어렵다.

청년세대의 한국화는 W세대, G세대를 넘어 밀레니엄세대에서 본격화될 것으로 보이는데, 이때가 바로 인구 오너스가 현실화되는 시기다. 앞의 [그림 2-2]는 세대별로 그들의 출생부터 사회 진입까지 연대에 맞춰 성장률과 생산가능인구의 추이를 살펴본 것이다. 크게 보면 1960년대부터 1990년대 중반까지 고도성장과 인구 증가가 선순환을 이루는 인구 보너스임을 알 수 있다. 반대로 1990년대 중반부터는 성장률이 가파른 속도로 떨어진다. 생산가능인구의 증가세가 유지됨에도 불구하고 인구 오너스가 시작됨을 확인할 수 있다.

특히 2018년 문제의 핵심인 생산가능인구의 하락과 2퍼센트대 성장 현실(추정치)은 인구 오너스의 간극이 최대치에 달한다는 걸 뜻한다. 이후부터는 생산가능인구의 하락과 저성장의 하향 조정이 간극을 유지한 채 한국 사회의 뒷덜미를 잡으며 불황이 시작될 수 있다.

경기 변동과 인구 변화를 양축으로 두고 각 세대별로 출생과 취업을 기간별로 얹어보면 냉온 격차는 확연하게 확인된다. 1차 베이비부머와 2차 베이비부머를 포함한 1955~1975년에 태어난 선배세대는 '경기 확장 + 인구 증가'의 시간을 보냈다. 반면 1980~2000년 출생한 W세대와 G세대 및 밀레니엄세대 등 후속세대는 '경기 축소 + 인구 감소'의 혼돈을 체감할 수밖에 없다. 인구 감소와 저성장이 서로 맞물려 갈수록 사회 진입 시 좋았던 고용환경이 저성장 경제의 진입으로 점차 나빠지고, 급기야 해고의 압박으로 변질된다. 궁극적으로는 실업 상황에 직면하는 흐름으로 후속세대에게 불리한 형국이 펼쳐진다. 결국 2018년에 인구를 화두로 가장 먼저 들여다봐야 할 문제는 '후속세대의 한국화'라고 볼 수 있다.

고용불안이 불러온 거대한 변화

2002년은 한국 사회의 인구 변화에 한 획을 그은 해다. 1970~1971년 연속해 100만 명의 출생아를 공급하던 사회가 한 세대(30년) 만에 그 절반인 50만 명의 출생아를 기록한 해이기 때문이다. 출생아의 숫자가 30년 만에 반 토막이 난 사례는 한국이 유일무이하다.

사상 초유의 속도로 가파르고 빠르게 인구의 공급체계가 망가졌다는 의미다. 그것도 한두 명이 아니다. 1년 만에 출생자의 숫자가 6만 명이 넘게 줄었다. 2001년 55만 4,895명에서 2002년 49만 2,111명으로 급감했다. 게다가 또 하나 주목할 점은 2002년을 기점으로 우리나라가 초저출산 국가로 진입했다는 것이다. 1인당 평균 출산율이 1.3명보다 낮으면 초저출산 국가로 분류하는데, 2002년은 1.3명을 하향 돌파한 첫 해였다. 그해 1인당 평균 출산율이 1.17이었다. 이는 역사적으로 굉장히 중요한 분기점인데, 그 이유는 다음에서 같이 살펴보자.

2002년의 경고

2002년을 돌아보면 몇 가지 굵직한 뉴스가 떠오른다. 먼저 한국 축구가 월드컵 4강 신화를 이뤘다. 월드컵이 한창일 때 서해에선 남북 교전의 불상사도 있었다. 16대 대선에서 연이어 정권 유지에 성공한 진보 정권(노무현 정부) 출범도 뉴스 거리였다. 내수 침체 속에서 부동산 가격이 급등해 화제였으며, 자유무역협정FTA의 체결로 칠레와의 교역도 확대됐다. 경비를 절감하는 고용 패턴이 확대되면서 청년실업이 새로운 사회문제로 부각됐다. 크고 작은 일이 많이 있었지만, 지금 돌이켜 보건데 가장 주목해야 했던 뉴스는 '이전 해에 비해 6만 명이나 덜 태어났다'는 뉴스가 아니었나 싶다.

왜 이토록 2002년에 주목하는가? 이전의 감소추세와는 다른 특별한 변화가 있었던 것인가? 이 질문에 대한 답을 설명하기 전에 2002년 전후의 출산 관련 통계를 먼저 살펴보자.

출산율이 인구유지선(2.1명)을 하향 돌파한 1983년 이후 출생아 수는 꾸준히 감소해왔다. 그러나 부침은 있었다. 1980년대 중후반

[그림 2-3] 연도별 출생아 규모 추이(1970~2016년)

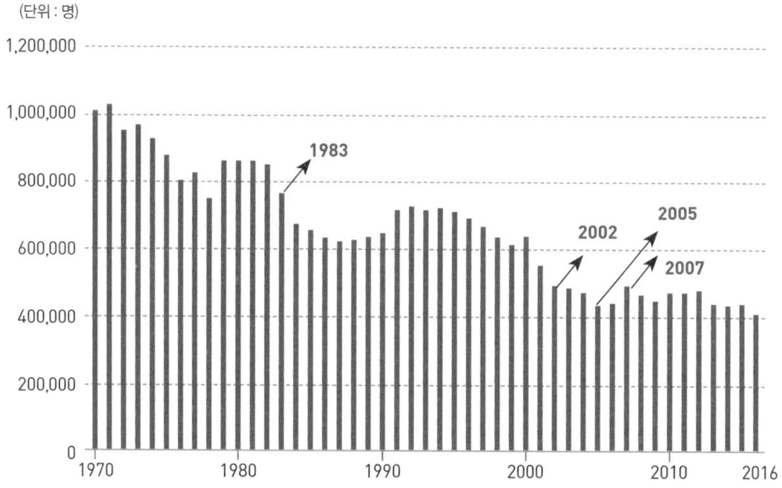

자료 : 통계청 국가통계포털

부터 1990년 전반까지 60만 명 선에서 70만 명으로 출생아 수가 증가한다. 이후 1990년대 중후반에 다시 60만 명대로 회귀한다. 그러다 2001년 50만 명(55만 4,895명)을 딱 한번 찍은 후 2002년부터 40만 명대로 급격하게 떨어진다. 이후로도 마찬가지다. 2005년에 43만 5,031명으로 바닥을 찍은 후 2007년 재차 49만 명대까지 수복했다가, 다시 감소세로 40만 명 초반대에 안착했다. 이후 2015년까지 최저 43만 명대로 유지됐다.

2002년 50만 명 출생라인의 하향 돌파는 합계출산율로도 확인된다. 합계출산율은 2001년에 가까스로 1.3명을 유지했으나, 2002년

들어 결국 1.17명으로 내려앉았다. 1.3명은 초저출산의 기준이자 인구위기의 데드라인이다. 즉 1.17명을 기록한 2002년은 후속세대의 출산 지체가 저지라인을 넘긴 역사적인 분기점으로 해석된다. 출산 위기의 감도는 과거 통계(주민등록+인구조사)[1]에서 극명해진다. 통계가 존재하는 1931년 출생자는 13만 명에 불과했다(12만 5,609명). 이후 1954년 62만 명까지 늘었다. 그리고 1971년 100만명(102만 4,773명)을 넘겼다. 이게 재차 절반으로 줄어든 게 2002년이다.

결국 2002년 출생자 50만 명 하향 돌파를 추세흐름으로 이해하기는 어렵다. 매년 꾸준한 규모의 출산 증감을 확인할 수 없기 때문이다. 앞서 13만 명의 출생자(1931년)가 100만 명으로 9배(1971년) 늘어나는 시간은 40년밖에 걸리지 않았다. 그런데 100만 명이 50만 명으로 반감하는 기간은 30년이 소요됐다. 출생자가 10만 명 감소하는 기간을 봐도 시대별로 들쭉날쭉해 일정한 패턴을 찾을 수 없다. 늘었든 줄었든 간에 변화추세로만 본다면, 적어도 2002년의 출산 감소는 수학적인 정합성을 갖춘 비례관계로 보기 힘들다.

그렇다면 2002년 출산환경이 유독 다른 해보다 나빴는가? 이를 면밀히 검토한다면 인구 증가에 보탬이 되는 힌트를 얻을 수도 있지 않을까? 출산을 결정짓는 변수는 숱하게 많다. 개별적인 출산 주체인 가계 사정부터 이를 감싸는 거시적인 환경 변화까지 다양한 요인들이 영향을 미친다. 가장 유력한 건 경제 상황이다. 실제로 출산율과 경제성장률은 밀접한 관계를 갖는다는 게 정설이다.

대개 성장이 더딜수록 출산은 줄어들고, 역으로 출산이 줄어들면 성장도 더뎌진다는 게 상식이다.[2] 하지만 이 맥락에서도 2002년의 인

[그림 2-4] 성장률과 출산율의 장기 추이

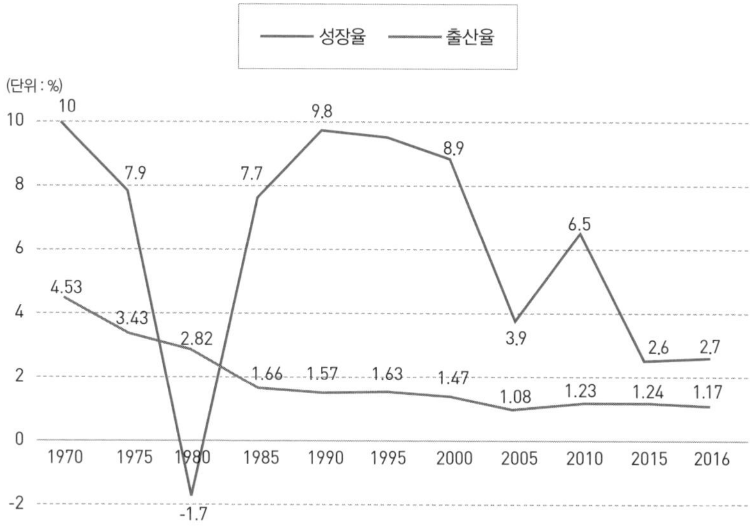

자료 : e나라지표

구 변화가 주는 시사점을 찾기는 힘들다. 2002년(1.17명) 당시의 성장률은 7.4퍼센트였다. 전후인 2001년(4.5퍼센트)과 2003년(2.9퍼센트)보다 오히려 더 높은 수치다. 추정대로라면 출산율이 급락할 환경은 아니었다. 최초로 마이너스 성장이었던 1998년(-5.5퍼센트)의 출산율(1.45명)도 그 전후 연도의 추세 범위 안에 있다.[3]

결과적으로 출산율과 성장률의 전체 방향은 비슷하다 해도 엇박자가 존재하는 등 완전한 형태의 정합성은 설명하지 못한다. 즉 단기적으로는 둘의 관계가 명확하지 않다. [그림 2-4]에서 확인되는 것처럼 성장률과 출산율은 짧게 볼 경우에는 유의미하지 않다. 1970년대 이후 성장률은 널뛰기를 했지만, 출산율은 하락세를 반복했다. 다만 성장이 한창일 때 출산율이 소폭 오르거나 하방경직성을 갖는 등 장기적으로 보면 둘은 인과관계를 보인다. 그러나 출산율과 성장률로 출산 충격을 안겨준 2002년을 설명하기에는 다소 부족하다.

그들은 왜 출산을 포기하는가

인구위기선인 1.3명을 최초로 깨고, 출생자 수도 정점 대비 절반으로 쪼그라든 2002년 출산 충격의 본질은 과연 무엇일까? 앞서 살펴봤듯 성장 환경이 좋았다는 점까지 감안하면 더욱 의문스럽다.

성장 환경을 제외하고 나면 다음의 추정을 제기하는 사람들이 있다. 가임 여성의 절대 규모가 줄어들었을 개연성이다. 설득력 있는 접근이긴 하지만 2002년 출생자 수의 급감을 설명하기는 어렵다. 2002년을 기점으로 가임 여성(20~39세)의 출생연도를 따져보면 1963~1983년 시점이다. 해당 기간의 출생자는 연평균 ±90만 명가량으로 다른 시기와 비교해 결코 적은 수가 아니다. 게다가 100만 명 출생 시점인 1970~1971년도 여기에 속한다. 인구유지선(2.1명)을 깬 것도 1983년부터이며, 해당 기간은 상당 수준의 인구공급이 이뤄졌다.

한편, 1997년 외환위기의 후폭풍이 2002년 출산환경의 악화로 연결됐을 가능성을 제기하기도 한다. 일촉즉발의 국가 부도 상황에까지 내몰린 초유의 경제 위기가 출산 감소를 낳았을 수 있다는 뜻이다. 1997년 당시 사회 진입 연령대(고졸 20~23세, 대졸 23~26세)가 고용환경의 악화로 좋은 일자리를 못 찾거나 늦게 찾는 바람에 결혼과 출산 자체가 줄어들었을 개연성 말이다. 이 상황에서 5년이 흘러 2002년 결혼적령기에 들어섰다면 일정 부분 출산 감소의 원인으로 작용했을 수 있다. 하지만 이 역시 '2002년'을 설명하기에는 부족하다. 실제로 이때부터 신자유주의의 도입으로 유연한 고용환경이 조성됐고, 이는 아이러니하게도 양질의 취업 기회를 축소시켰지만, 앞서 살펴봤듯 그럼에도 불구하고 성장 자체는 악화되지 않았다. 1999년 성장률(11.3퍼센트)이 두 자릿수까지 치솟는 등 기저 효과를 감안해도 경기 상황은 꽤 개선됐다.

이제 남은 유력한 요인은 바로 체감적인 심리 지표다. 여기서 제기하고 싶은 가설 역시 같은 맥락이다. 바로 출산 포기가 경제 사정과 무관하게 진행될 것이라는 경고다. 경제력과 무관하게 출산하지 않겠다는 후속세대의 (숨겨진) 의지가 최초로 확인된 시점이 바로 2002년일 수 있다는 얘기다.

후속세대의 판단 자세는 치밀하다. 단편적으로 잠깐 경기가 좋아진다고 해서 출산을 결정하지 않는다. 지속적으로 환경이 개선되고 나아질 것이라는 확신 없이는 섣불리 출산을 결심할 수 없다고 판단한다. 그리하여 2002년의 출산 충격은 급작스런 현상이 아니라 오랜 기간에 걸쳐 축적된 후속세대의 출산 동기의 저하가 집중적으로 표출된 해라고 할 수 있다. 경기 변동에 휘둘리지 않고 출산 연기(또는 출산 포기)를 할 수 있다는 경고의 해란 얘기다. 나아가 이것은 2002년 이후의 회복되지 않는 출산 감소세도 설명해준다.

2002년 출생자 50만 명 및 출산율 1.3명의 하향 돌파, 요컨대 후속세대의 출산파업에 따른 출산충격의 최초 발현은 뒤늦게나마 대응모색의 발판이 됐다는 점에서는 고무적이다. 인구문제의 레드라인 접근을 확인한 후 출산정책이 중앙정부의 공식 의제에 오르는 기회를 제공했기 때문이다. 이로써 제2기(1996~2003년)의 인구 자질 향상기가 종료되고, 2004년부터는 제3기 저출산고령사회 대응기가 시작됐다.

문제의 심각성을 통감하고, 본격 대응하기 위한 정책 전환에 착수한 것이다. 대통령 직속기관으로 설정되고, 법률(2005년 저출산고령사회기본법)까지 제정되면서 장기적인 비전을 내놓는 출발점이 됐다. 다만 너무 늦었다는 점이 아쉽다. 버스는 이미 떠난 뒤였기 때문이다.

현재 일본은
취업 천국

"취업 천국 일본으로 가자!" 2016년 이후 대학가엔 '일본 취업 설명회'가 성황이었다. 취업 시즌이 본격화되는 2학기엔 곳곳에서 일본 취업을 권유하는 현수막을 볼 수 있다. 일본 취업 전문기관을 필두로 어학원 등은 관련 문의가 줄을 잇는다.

인터넷은 더 뜨겁다. 모집요강 등 취업 정보와 함께 경험담을 나누는 공간이 상당히 많다. 한국에서의 실업난을 극복하는 대안으로 일본 취업이 떠오른 결과다. 그래서 일본의 개선된 고용지표가 발표되면 언론은 경쟁하듯 관련 뉴스를 쏟아낸다.

[그림 2-5] 일본의 GDP 관련 통계의 추세

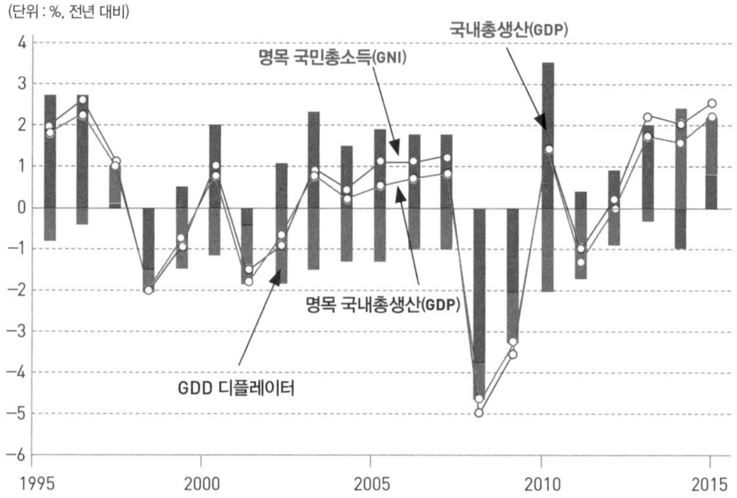

*GDP 디플레이터 : 명목 GDP / 실질 GDP
자료 : 경제재정백서, 2016년

인구 감소가 불러오는 최대 호재

확실히 일본 청년의 취업환경은 확연하게 개선됐다. 일본은 경제공황으로 잃어버린 20년을 보냈는데, 그중 1997년은 취업빙하기로 불렸다. 그때에 비하면 지금은 격세지감을 느낄 만큼 달라졌다. 일본의 취업률은 거의 100퍼센트에 달하는데, 완전고용이라 봐도 무방할 정도다.

일본의 문무과학성에 따르면 2017년 봄에 졸업한 이들의 취업률은 대졸과 고졸 각각 97.6퍼센트, 99.2퍼센트를 자랑한다.[4] 한국 청년의 2배 수준이다. 대졸자의 취업률이 98퍼센트에 육박하는 건 1997년 이후 최고치다. 100명 중 2~3명을 빼고는 대졸자 전부가 취업한다는 얘기다. 특히 그중에서도 여성 대졸자의 취업률은 98.4퍼센트로, 96.9퍼센트인 남성대졸자보다 더 높다. 산업구조가 서비스업으로 재편되면서 여성 대졸자의 취업이 더 유리해졌기 때문이다. 뿐만 아니라 고졸자의 취업률도 97.6퍼센트에 달한다.

다른 수치도 마찬가지로 취업 천국을 뒷받침한다. 가령 2017년 6월 유효구인배율은 1.51로 기록됐다(후생노동성).[5] 일자리 대 구직자의 비율이 각각 151대 100이란 얘기다. 2016년 유효구인배율이 1.36이던 데서 더 좋아졌다. 20년간이나 복합불황으로 고전했기에, 꽤 신중한 입장인 일본 정부도 "경제가 살아났고, 일자리가 늘어났다."고 공식적으로 평가[6]한다.

이처럼 취업시장에 온기가 확산되면서 신新풍속도를 낳고 있다. 무엇보다 청년 구직자를 놓치지 않으려는 기업의 구애 작전이 대표적이다. 사람이 없어 속을 태우는 기업일수록 더 그렇다. 구직자 우위 시장으로 재편된 덕에 기업 인사팀의 희비는 청년 사원을 얼마만큼 확보했느냐에 따라 엇갈린다. 입사 혜택은 갈수록 좋아진다. 기숙사 무료 제공(월세 지원)과 교통비 전액 지원은 기본이고, 그 외의 각종 부가적인 복리후생이 뒤따른다.

심지어 '오와하라'[7]란 신조어까지 나왔다. 이는 '오와레'おわれ(끝)라는 일본어에 'Harassment'(괴롭힘)가 합쳐진 말이다. 풀이하자면 '당신을 채용할 테니 다른 곳엔 원서를 넣지 말라'는 의미다. 협박으로

[그림 2-6] 일본의 유효구인배율과 실업률 추이(1996~2016년)

자료 : 후생노동성(일반 직업 소개 상황)

느껴질 만큼 각종 수단을 동원해 구직자를 잡아두려 야단법석이다. 사상 최대의 구인난답게 일본 기업은 인재 채용에 골머리를 앓고 있다. 어쨌거나 한국으로선 일본의 뜨거운 구인 열기가 부러울 수밖에 없다.

그렇다면 구조적인 불황이 고질적으로 만연했던 일본은 어떻게 해서 취업 천국으로 바뀐 걸까? 도대체 그동안 어떤 일이 있었기에 일본화로 요약되는 불치병의 딜레마에서 벗어날 수 있었던 걸까?

크게는 노동공급과 노동수요의 변화로 압축된다. 인구 감소로 노동공급은 줄어든 반면 경기 회복으로 노동수요가 늘어난 게 주효했

[그림 2-7] 생산가능인구 등 일본의 인구 변화 장기추계

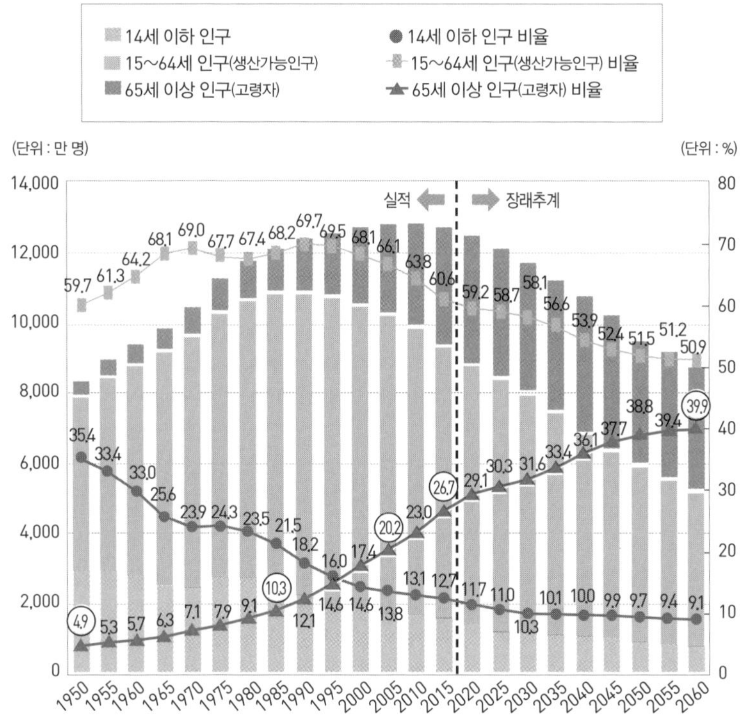

자료 : 후생노동백서, 2016년

다. 덕분에 구직난은 사라지고 구인난이 발생한 것이다. 후속세대의 출산 감소가 뚜렷해지는 와중에 모처럼의 경기부양책이 효과를 발휘했고, 노동수급을 역전시켰다. 경기는 좋고 일할 사람은 적으니 일자리가 남는 건 당연한 일이다.

결국 일본이 취업 천국이 된 핵심에는 인구 변화가 자리하고 있다. 자세히 알아보기 위해 노동공급의 하락추세, 즉 생산가능인구의 반전부터 살펴보자. 생산가능인구의 경우 일본은 1995년 클라이맥스(8,717만 명)를 찍고 사상 최초의 하락 반전을 경험했다. 지금은 해당 규모가 7,728만 명까지 줄어들었으니 약 20년에 걸쳐 무려 1,000만 명의 노동력이 사라진 셈이다.

이 추세대로라면 2040년엔 6,000만(5,978만 명) 라인까지 깰 전망이다. 쉽게 말해 일할 수 있는 일본인이 앞으로 매년 70만 명씩 사라진다는 의미다. 1960~1980년대 일본의 경제 전성기, 전체 인구의 70퍼센트대까지 육박하던 생산가능인구의 비율도 2015년 60.6퍼센트에서 2020년에는 50퍼센트대(59.2퍼센트)까지 떨어질 예정이다. 이는 생산가능인구의 진입을 앞둔 후보 그룹인 유소년인구가 1995년 16퍼센트에서 2015년 12.7퍼센트까지 하락한 결과다. 1990년대 이후 유소년인구는 2,000만 마지노선마저 깨버렸다([그림 2-7] 참조).

이 포인트가 한국에겐 희망 신호다. 지금은 고용 절벽이지만, 청년인구의 공급이 계속해서 줄어들면 인력 부족이 생기고 일본처럼 일자리를 골라 가는 취업 천국이 펼쳐질 수도 있다는 얘기다.

1995년부터 시작된 일본의 생산가능인구의 감소추세, 즉 후속세대의 공급 부족은 2010년 초중반부터 점차 구인난으로 연결됐다. 넉넉하게 잡아도 감소추세에 들어선 지 약 20년 만의 일이다. 그전까지는 일본도 유례없는 청년실업으로 악전고투를 반복했다. 그렇다면 왜 20년 만일까? 그 20년간 어떤 변화가 있었던 것일까? 유력한 추론근거는 2010년 초중반에 사회 진출이 시작된 20세(고졸), 24세(대졸)의 출산 감소다. 즉 1990년생부터 시작된 출산 저하로, 이들이 20세가 됐을 때 상대적으로 취업 경쟁이 덜해졌을 거라고 추정하는 것이다.

다만 출산 감소는 1990년대가 아니라 1980년대부터 추세적으로 이뤄졌다. 생산가능인구의 하락 반전이 시작된 것은 1995년부터지만, 그 시기 생산가능인구의 나이인 15세를 기준으로 보면 1980년생부터 후속세대의 공급 축소가 심화된 셈이다. 따라서 1980년대부터 본격화된 출산 감소가 1995년 생산가능인구의 하락 반전에 이어 2010년 초중반 청년취업의 경쟁 약화로 연결됐을 수 있다.

그래도 의문은 남는다. 노동공급이 줄어 취업 경쟁이 약화됐다는 논리는 해당 기간에 노동수요가 일정하다는 전제가 있어야 완성된다. 만일 노동수요가 줄어들었다면 취업 천국은 잘 설명되지 않는다. 그 정도로 일본 경제가 좋았던 것일까?

다들 기억하겠지만 1990년대부터 20년 이상 일본 경제는 침체 터널에 갇혀 있었다. 마이너스 성장까지 경험하며 사실상 제로에 근접한 성장률로 버텨냈다. 노동수요가 늘어날 수 없는 상황이었다. 실제로 해당 기간 동안 실업률은 높아지고, 취업률은 줄어들었다. 일본 경제 시스템의 토대였던 종신고용과 연공서열이 무너졌고, 결국 고용약자였던 후속세대가 그 불황을 직격탄으로 맞았다. 경비를 줄여서라도 흑자를 내야 했던 기업들은 출구(기존 직원)보다는 입구(신입 직원)를 봉쇄하는 전략을 써서 숙련된 자원을 최대한 지켜내고자 했다.

반전이 일어난 것은 2010년 초중반에 이르러 본격적으로 경기가 회복하면서부터다. 정확히는 2013년 출범한 아베 정부의 경기부양책 '아베노믹스'가 취업 천국의 출발 지점이다. 제1차 아베노믹스의 3가지 화살인 금융 완화, 재정 투입, 구조 개혁 등에 정치적 불확실성의 해소 분위기(장기집권 기대 조성)가 더해지면서 에너지가 집중됐고,

나아가 디플레이션의 탈출에 큰 동력이 되었다. 그리하여 노동수요가 2013년부터 차근차근 늘어났다.

'설마' 하며 큰 기대를 갖지 않던 시장까지 인정할 정도로 과거 정부와는 차별적인 부양 카드가 총동원됐다. 그러자 그간 정부가 아무리 돈을 풀어도(유동성 공급) 한곳(함정)에 고인 채 돈이 돌지 않는 현상인 유동성 함정에서 드디어 벗어날 수 있었다. 그리고 물가와 성장이 개선되는 성적표가 나왔다. 물론 여전히 원하는 수준(소비자물가지수CPI 및 GDP 각각 2퍼센트 달성)까지 회복하진 못했지만, 2020년 도쿄올림픽까지 가세하며 경기 회복에 대한 기대는 여전히 희망적이다.

처음엔 미지근했지만, 갈수록 온도가 높아지고 있다. 아베 정권의 출범 이후 5년 차를 맞은 2017년, 열도의 경기는 확연하게 좋아졌다. 모처럼 회복된 경기는 기업 수혜로 직결되고 있는데, 기존 재고는 줄어들고 신규 투자는 증가하는 추세다. 이 과정에서 다시 노동수요의 증가가 발생했다. 최근 일부 업종의 경우 청년 인재들의 몸값은 부르는 게 값일 정도다. 이는 인구 감소의 끝이 보여줄 수 있는 최대 호재다. 덕분에 희소자원이 된 청년인구는 그 가치를 높게 평가받으며 재조명되고 있다.

청년증발은 부메랑이 되어 돌아온다

이처럼 청년이 희소자원으로 귀한 대접을 받는 풍경이 일본 곳곳에서 확인된다. 청년 착취가 임계점을 넘긴 한국으로선 부러운 대목이다. 청년 구인이 오죽 어려웠으면, 지금 일본에선 연중 무휴와 밤샘 영업을 포기하는 외식업계까지 속출하는 상황이다.[8]

로열호스트, 가스트, 일본 맥도날드, 요시노야 등 유명 외식 체인이 24시간 영업 폐지 또는 축소를 한다는 공식 입장을 내놓았다. 저녁이 있는 삶을 추진하자는 정부 방침도 있지만, 속내는 인건비를 올려줘도 여전히 일손이 부족하기 때문이라고 한다. 아르바이트생을 제때 뽑지 못해 출점 전략을 연기하거나 포기하는 사례도 있다.

경제 전체로 볼 때 청년 구인난을 마냥 반기기 어려운 딜레마가 여기에 있다. 후속인구의 공급에서 개선될 여지가 없으니 업계 전반에 구인난이 심화되고 있다. 특히 도쿄 등 대도시는 구인난으로 아르바이트 유효구인배율이 접객과 봉사의 경우 8을 넘겼다. 문제는 앞으로다. 부족한 아르바이트 인원은 2016년 248만 명에서 2025년 583만 명까지 늘어날 전망이다(파솔종합연구소).

후속인구의 지속 공급이 구인난을 해결할 원천 방법이지만, 뾰족한 해법이 없기에 대안을 모색 중이다. 그 대안 중 하나가 사람을 대체할 로봇 기술에 의존하는 것이다. 유명 덮밥 체인이 이미 시간당 스시 4,300개를 만드는 로봇을 배치한데 이어 생산 현장의 로봇 활용은 노동공급의 부족 문제를 해결할 일등공신으로 여겨진다.[9]

일손 부족으로 벼랑 끝에 몰린 물류업계는 로봇 채택을 적극적으로 검토하고 있다. 일본 정부가 2014년 '로봇백서'를 세계 최초로 내놓으며 시장 장악에 나선 것도 이와 같은 맥락이다. 세부 용도는 일상생활, 오락·대화, 생활복지, 교육, 의료, 시설, 호텔·외식, 이동, 유통·물류 등 다양하다. 후속인구의 공급 여부와 무관하게 생산성을 유지하자면 로봇 대체는 불가피하다. 일본 정부는 생산가능인구가 감소하고 있음을 근거로, 향후 노동공급의 49퍼센트가 자동화될 것으로 내다보고 있다.

지금 일본의 취업 현장에서 벌어지는 일들이 한국에 던지는 시사점은 적지 않다. 후속인구의 출산파업을 방치하면 언젠가 낯설고 괴로운 환경에 봉착할지 모른다는 위기의식이 대표적인 문제다. 다행이 일본은 경기 회복으로 체감 충격을 줄였지만, 한국은 어떨지 알 수 없다. 이대로 청년증발이 반복되지 않도록 선행적인 예방법을 찾아야 할 때다.

직장을 골라가는 미래가 올까

다소 극단적인 표현이긴 하지만 한일 양국의 청년 취업 실태를 상징적으로 비교하자면 이렇게 말할 수 있을 것이다.

취업 천국 vs. 고용 지옥.

아르바이트 자리라도 구하겠다며 한국을 등지고 일본으로 가는 청년들이 증가하고 있고, 일본에서는 배울 게 없다며 눈을 감던 기존 여론은 일본 부활의 원인을 재조명하는 시도를 하고 있다.

일본의 오늘이 한국의 내일이라는 이야기처럼 실제로 한국도 일본처럼 앞으로는 청년의 취업난이 조금씩 해소될 거라는 목소리가

[그림 2-8] 대학 입학 정원 추이

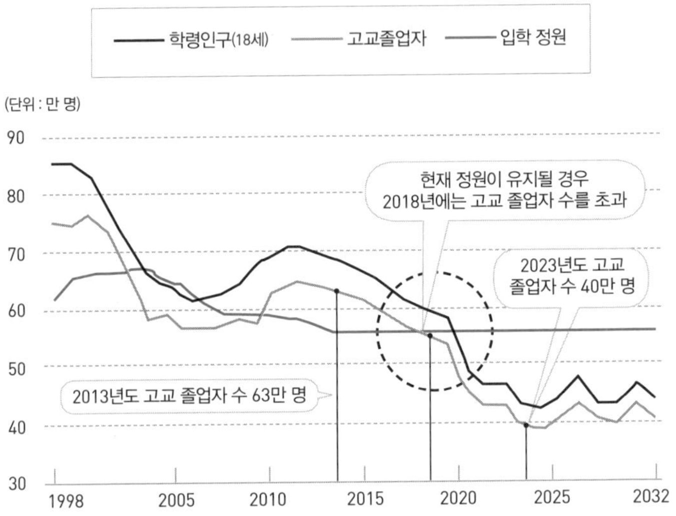

자료 : 교육부

있다. 일본에서 생산가능인구의 하락 전환과 청년 대상의 취업이 개선된 해는 1995년, 2013년이다. 이를 기계적인 계산으로 한국에 대입하면 2017년, 2035년 즈음이 된다. 같은 맥락에서 흥미로운 얘기도 떠돈다. 후속인구가 줄어든 만큼 대학 경쟁률 역시 나아지지 않겠냐는 것이다.

올해부터 '고교 졸업자 < 입학 정원'이 펼쳐질 것이란 통계가 이를 뒷받침한다(교육부). 입학 자원(고교 졸업자)은 계속해서 축소돼 2023년 39만 8,000명, 2030년 40만 5,000명으로 떨어질 전망이다([그림 2-8] 참조). 그러나 경쟁률은 나아질 것으로 보이지 않는다. 교

[그림 2-9] 학령인구 장기추계(1965~2065년)

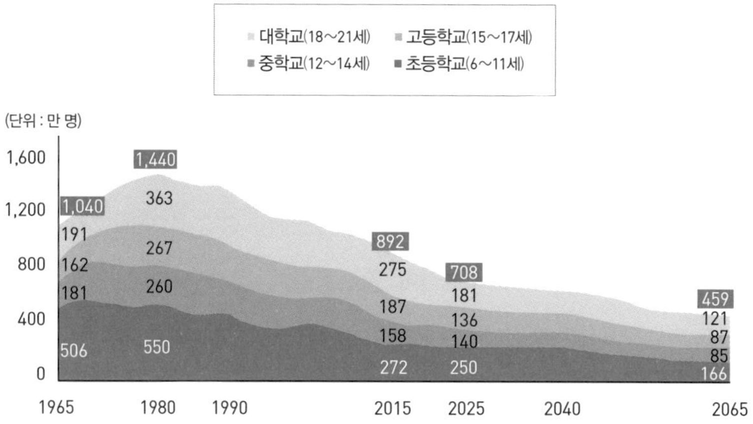

자료 : 통계청(장래인구추계, 2015~2065년)

육 당국은 이미 선제적인 조정을 준비하고 있다. 56만 명이라는 대입 정원을 고려해 부실 대학을 정리하고 전체적으로 축소할 예정이다. 2021까지 대입정원을 3만 명으로 감축하는 고강도 구조 개혁을 선언했다. 앞서 3년간 실제 4만 4,000명의 대입정원을 감축했다.[10]

그에 비해 취업 구멍은 어떨까? 기업이 지금처럼 고용을 유지하고 확대하면서 유효하게 실천할지는 미지수다. 일본 사례처럼 선행 투자를 단행할 정도로 과감하게 불확실성을 해소하고, 호황이 지속된다는 보장이 있을 때 취업난 해소가 가능하다. 불황이 한창일 때 일본 기업이 종신고용 대신 인원 해고를 선택했다는 사실을 생각한다면 신중해야 한다. 청년이 희소자원으로 대접받자면 경기 회복이 먼저 이뤄져야 한다.

어떤 식으로든 가능하면 청년 감소가 취업 개선으로 이어지도록 유도할 필요가 있다. 적어도 지금의 고용수준을 유지할 수 있도록 해야 취업이 용이해지는 때가 온다(고용 유지 → 청년 감소 → 경쟁 하락 → 취업 용이).

저성장이 불가피하다고 해서 그대로 수용해서는 안 된다. 그보다는 최대한 성장 파이를 키워내는, 청년인구의 감소가 취업 개선으로 이어지도록 하는 각고의 노력이 필요함을 강조하고 싶다. 지금의 청년들은 좌절감과 상실감이 다른 어느 세대보다 더 깊고 크다. 이것은 단순히 개인의 취업 고통에 그치지 않고 한국 사회의 지속가능성을 훼손하는 패배의식으로 만성화될 수도 있다.

체념과 포기에 익숙해진 청년

한국 청년이 일본의 상황을 부럽게 인식하는 데는 그럴 만한 이유가 있다. 그 어떤 통계치를 봐도 한일 양국의 취업 격차는 현격하게 벌어지기 때문이다. 그만큼 한국이 청년취업을 옥죄며 안 좋은 상황에 놓여 있다. 지금 세태를 풍자하는 신조어와 유행어만 모아봐도, 한국 사회가 후속인구를 어떻게 대하는지 그 민낯이 고스란히 드러난다.

청년그룹의 절대다수는 '개미지옥'으로 불리는 취업난과 그것을 돌파하기 위한 무한경쟁에 내몰린다. 그러니 삼포를 넘어 N포세대가 등장한 것이다. 최근에 발표된 자료에 따르면 한국 청년(15~29세)은

[표 2-1] 한국 청년의 취업 상황 관련 통계

구분	내용	통계
경제활동	경제활동 참가율	47.9%
	고용률	43.4%
대학 졸업자 (3년제 이하 포함)	평균 졸업 기간	4년 2.4개월
	평균 휴학 기간	2년 2.9개월
재학 중 직장 체험	직장 체험 비율	41.9%
	직장 체험 형태	시간제 취업 70.5%
		전일제 취업 15.6%
최종 학교 졸업(중퇴)자 취업활동	취업 경험 있음	86.8%
	취업 경로	신문, 잡지, 인터넷 등 29.9%
		공개채용시험 18.8%
졸업(중퇴) 후 첫 취업	첫 취업 소요 기간	11.6개월
	첫 직장 근속 기간	1년 6.7개월
	첫 직장 퇴사 사유	근로 여건 불만족 51.0%
	첫 직장 평균임금	100만~150만 원 37.5%
		150만~200만 원 29.6%
비경제활동인구 취업 준비	취업시험 준비자 (지난 1주간)	14.5%(71만 명)
	취업 준비 분야	일반직 공무원 36.9%

자료 : 통계청('청년층 부가조사 결과', 2017년 5월 경제활동인구조사, 2017. 7. 19)

최초 취업까지 평균 11.6개월이 소요된다([표 2-1] 참조). 취업 이후 월급은 150만 원 미만을 받는 경우가 37.5퍼센트다. 힘들게 취업해도 15개월 안에 퇴사하는 비율은 62.2퍼센트에 달한다. 그러다 보니 안정성을 가장 중요시 여기는데, 취업준비생 10명 중 4명이 공무원이 되기를 꿈꾼다.

선배세대가 취업할 때도 쉽지는 않았지만 지금의 청년세대가 처한 힘겨움은 차원이 다르다. 선배들과 비교해 지금이 훨씬 심각하다. 지금의 청년세대는 애초 호황을 경험해보지 않았거나, 경험했다 해도 잠깐에 그쳤을 것이기 때문이다. 불황에 더 친숙하다는 말이다. 1990년대 초반 출생자라면 초등학교 입학 이후 외환위기를, 취업 시점에 가까워진 2000년 이후에는 경기 악화를 온몸으로 겪었을 것이다.

이들은 초등학교 입학과 취업 시기에 잠시나마 직간접적인 호황을 경험했던 선배세대와는 다르다. 은퇴 연령에 접어들어서야 구조적인 저성장을 경험하고 있는 1차 베이비부머와는 그 격차가 상당하다. 더구나 지금의 청년세대는 본격적인 학력 인플레를 겪으며 이전 세대에 비해 월등히 양질의 고등교육[11]까지 받았다. 적잖은 교육비를 들여가며 대부분이 대학까지 졸업했음에도 불황은 계속되고, 취업은 어려우니 고용지옥을 떠올리지 않을 수 없다. 비용편익으로 따지면 손해 보는 장사인 셈이다.

더 문제가 되는 건 취업 대상 후속인구의 심리적 박탈감과 패배감이다. 앞으로 나아질 것이란 희망이 있다면 조금 힘들어도 현재의 절망은 참을 수 있다. 선배세대는 참고 버티면 볕들 날이 올 것이라 여겼기에 미래의 행복을 위해 오늘의 힘듦을 참을 수 있었다. 돈이 부족해도 미래에는 소득이 향상되거나 지속적으로 소득을 유지할 수 있을 것이란 믿음이 있었기에 비싼 집을 살 엄두를 낼 수 있었다. 하지만 지금은 그렇지 않다.

후속세대는 상황이 좋아질 것이란 기대 자체를 품기 어렵다. 태어날 때부터 불황이었고, 그 후로도 상황이 좋아진 적이 없기 때문이다. 긍정과 낙관보다는 체념과 포기가 익숙하다. 이는 훗날 삶의 경로를 설정할 때 악영향을 미칠 수밖에 없다. 현실의 격차가 희망의 격차를 만들면서 청년 특유의 향상심向上心 내지는 도전 정신을 발휘하는 것 자체가 어려워졌다. 좋아지기 힘든 상황이니 미루고, 가질 수 없으니 포기하는 패턴에 익숙해진다.

처음엔 소리치며 적극적인 상황 개선을 요구했다. 그러다 희망의 불씨가 보이지 않자 태도를 바꾸었다. 이제 그들은 사회에 치명적인 복수를 하고 나섰다. 연애·결혼·출산을 거부하기 시작한 것이다. 한국 사회의 출산 감소는 어쩌면 청년인구의 집단 복수라 할 수 있다. 그것도 가장 치명적인 복수.

취업 천국의 속사정

이쯤에서 하나 짚고 넘어가자. 청년문제에 접근할 때 취업난 해소 측면에만 핵심을 둬서는 안 된다. 이 역시 일본의 사례를 통해 그 시사점을 얻을 수 있다.

인구 감소와 성장 지체가 한번 발현된 이상 어지간한 경기 회복으로는 한 세대의 처지(청년)가 순식간에 나아지지 않는다. 구조적이고 장기적인 저성장 흐름 앞에서 단기적인 변동만으로 금방 취업의 문호를 넓힐 만큼 시장과 기업의 대응이 단편적이거나 안이하지는 않기 때문이다.

그리고 저성장 기조에서 실패를 감수하면서 혁신적인 도전에 임하는 기업가정신이 크게 훼손되었다. 기업들 사이에서도 위험보다 안전을 택하는 공기가 지배적이다. 탄력적인 고용 조정으로 그때그때의 시장 상황에 대응하려 한다. 그런 측면에서 보면 청년 고용 역시 기업에게는 큰 부담이다.

단순히 지금 시점만 두고 보면 일본의 취업 상황은 매우 호황이지만, 과거와 비교해보면 꼭 그렇지만은 않다. 일본의 취업빙하기였던 1997년조차 청년취업률이 90퍼센트 대에 육박했다. 그러니 지금의(2017년 4월) 97.6퍼센트라는 통계는 신뢰성이 떨어진다.[12]

결정적으로 완전고용에 가까운 청년 취업은 그만큼 소비 확대로 이어져야 하는데 그런 모습을 찾아볼 수 없다. '취업개선≠소득증가'의 딜레마다. 경기는 좋은데 소비가 나쁜 연유를, 취업은 잘 되는데 소득은 나쁜 걸로 치환해 설명할 수 있다. 일본 정부는 '경기부양 → 실적 회복 → 임금 증가 → 내수 회복'의 순환을 기대했지만 낙수효과를 보기는커녕 2단계 실적 회복에서 멈춰진 상태다.

다시 말해 실적 호전은 확인되는데 임금은 증가하지 않는다. 정부가 워낙 임금 인상에 드라이브를 거니 일부 업종에서만 제한적으로 소득 증대가 이뤄지고 있지만, 평균적으론 여전히 가처분소득이 정체 상태다. 일자리가 늘어났다고 하지만 예전처럼 장기적이고 안정적인 정규고용이 늘어난 게 아니다. 가처분소득의 증대와 무관한, 단기적이고 주변부적인 저임금 취업 기회가 늘어났을 뿐이다. 달리 말해 비정규직의 기회가 확대된 것이다. 반대로 대기업·공기업 등 고용안정성이 높고 보수수준도 좋은 일자리는 변함없이 경쟁률이 높다. 취업 천국의 내면에는 심각한 구직난도 한창이라는 점을 알고 넘어갈 필요가 있다.

게다가 일본의 사례를 곧이곧대로 따르고자 하는 생각도 위험하다. 일본에는 일자리가 많을 수밖에 없는 문화적 특수성이 있기 때문이다. 이에 대해서는 〈인구 감소가 한국 취업 희망자들에게도 축복이 될까〉[13]라는 보고서가 유용하다. 일자리와 사람(노동력)의 관계성에 대한 일본 특유의 문화를 잘 설명해준다.

예를 들면 이렇다. 일본에선 교통유도원 등 안전관리를 위한 인원 배치가 필히 요구된다. 한국처럼 기계적인 손동작을 하는 로봇이 아니라 교차로마다 실제 인력이 배치된다. 제품 생산에 있어서도 장인정신에 대한 값어치를 인정하는 문화가 깔려 있다. 그래서 장인이 만든 제품에는 차별적인 가격을 설정한다. 기업의 조직문화 역시 개인의 역량에 좌우되기보다는 매뉴얼과 시스템으로 이뤄진다. 조직원은 책임 범위 안에서만 일하는 문화로, 그 범위 밖을 커버하기 위해서는 별도의 인원이 필요하다. 능력보다 경험을 중시하는 분위기로 노련한 기존 인력의 고용을 최대한 유지하려고 한다. 필요 인력을 최소화하려는 한국과는 극히 다른 모습이다.

또 한국은 일본처럼 일자리가 많지 않다는 점도 이 추론을 거든다. 일본은 GDP의 85퍼센트를 내수가 도맡는 내수 중심의 국가다. 내수 회복이 최종적인 경기부양의 도달지란 점에서 해외 수출이 경기 상황을 결정짓는 한국과는 다르다. 일본처럼 내수의존도가 높으면 고용 기회는 상대적으로 확대된다. 85퍼센트의 GDP를 열도 안에서 만들어내니 자동화·기계화 추세 탓에 인력을 절감하려는 생산현장이 늘어난다고 해도 전체적인 고용 기회는 확대될 수 있다. 더욱이 의료와 간병 등 제조업에서 서비스업으로의 방향 전환이 이뤄졌다는 점도 꾸준한 인력 필요로 연결된다.

정리하면 일본의 취업 천국은 통계분석 및 고용 관행의 차이 때문에 만들어진 표면적인 호황 상황일 뿐이다. 뜯어보면 수치는 좋아도 청년세대의 임금 증가와는 무관하다. 안정적인 일자리보다는 비정규직 등 불안정한 일자리만 늘었다. 그래서 취업률이 개선됐음에도 결혼이나 출산 증가로 연결된다는 징후가 없다. 언제든 해고될 수 있으며, 저임금을 받으며 개별 부품으로 취급되는 일자리는 아무리 확대된들 '비용 〉 편익'의 출산을 담보할 수 없기 때문이다.

하지만 일본 정부는 여기에 멈추지 않고 낙수효과 대신 분수효과를 기대하며 다음 사항을 계획하고 있다. 즉, 청년정책으로 인원과 예산을 집중적으로 투입하는 아베노믹스 2.0(2015년 2기)을 채택한 것이다. 그들은 청년세대의 고용안정, 직주 구조, 지역 부활 등이 완성될 때 비로소 일본이 희망하는 1.8의 희망 출산율이 현실이 될 수 있다고 본다.

일본이 맞이한 취업 천국이 훗날 한국에도 유효할지는 미지수다. 분명한 것은 청년인구의 감소가 불러올 타격을 줄이기 위해서는 경기 반등을 위한 노력이 필요하다는 점이다. 그래야 체념과 포기에 익숙한 그들을 조금이라도 희망의 방향으로 돌릴 수 있다. 그리고 일본과 한국의 차이를 인식하고 신중히 대처할 때 일본의 통계처럼 허망한 숫자 변화에 그치지 않는 진정한 변화를 기대할 수 있다.

인구 오너스를 부추기는 선택들

'경쟁자가 줄면 좋아지지 않겠어?'라고 생각할지도 모른다. 하지만 앞에서 살펴봤듯 좋아지긴 어렵다. 예단은 금물이지만 현재 추세를 감안해보면 상황은 한층 꼬일 가능성이 크다.

취업 천국인 일본조차 속사정을 파고들면, 경기 회복과 무관하게 청년들의 좌절은 상존한다. 따라서 상황이 좋아졌는데도 왜 출산하지 않느냐는 반문은 통계착오가 불러온 속 모르는 소리일 뿐이다. 실상 청년세대의 상대적 박탈감과 좌절감은 더 넓고 크고 깊다. 사정은 한국도 마찬가지다. 청년세대가 처한 상황에 대한 이해 없이 '앓는 소리 하지 마라'며 질타한다. '이해해 달라'고 외쳐본들 소용없다. 기성세대는 헝그리 정신이 없다는 식으로 단정하며 청년세대를 가르치려 들지만 그러면 그럴수록 두 세대는 완벽하게 이종異種 갈등으로 치닫는다.

이뿐인가? 국민의 삶 구석구석을 돌봐야할 정치인들은 자신의 생명 연장을 위해 여전히 고령층에만 무게중심을 두고 있다. 선거 시즌에 잠깐 청년세대에 관심을 갖는 척하며 요란한 홍보를 할 뿐, 실제로 효력 있는 지원을 장담하지 않는다.

아무리 노력해도 부모처럼 돈을 벌기 어려운 것이 한국 청년의 현실이다. 기성세대와 출발부터가 다르다. 부모보다 가난해질 것으로 예상되는 최초의 세대이기도 하다. 그런데도 이런 변화가 왜 생겼는지, 원인 분석조차 제대로 이뤄지지 않고 있다. 기득권이 그들의 직접적인 생존과 거리가 있어서, 무엇보다 청년정책으로 인해 예견되는 자원의 양보가 그들에게 해악으로 다가올까 염려되어 보고도 못 본 척하는 측면이 크다. 그러나 지금의 위험 신호를 계속 무시한다면 청년세대를 넘어 한국 경제의 발목을 잡는 문제로 확대될 것이다.

청년증발을 암시하는 경고 양상은 다각적이고 구조적이다. 선배세대는 공부를 끝낸 후 '취업 → 연애 → 결혼 → 출산 → 양육 → 교육'의 연결고리를 마치 컨베이어벨트 시스템의 자동공정처럼 자연스럽고 무난하게 걸어왔다. 그와 달리 청년세대는 1차 관문인 취업부터 막혀버림으로써 이후의 생애주기에 올라타기 힘들어졌다. 일본처럼 경기 회복과 취업 기회의 확대를 기대할 수 있다면 좋겠지만 당장의 상황 개선을 기대하기는 어렵다. 장기간에 걸쳐 성장률과 무관한 하

[그림 2-10] 성장률과 출산지표의 장래추계

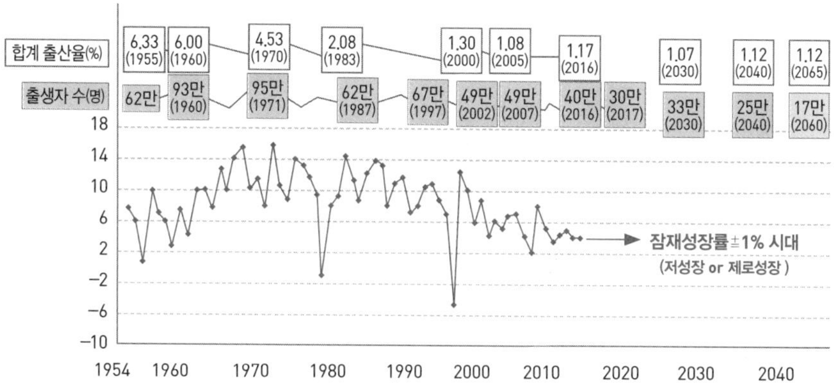

락 일변도의 출산지표가 이를 증명한다([그림 2-10] 참조). 출산율은 1954년 6.33명에서 2016년 1.17 명까지 급속도로 줄어들었고, 출생자 수도 등락의 부침은 있지만 1970년대까지 정점을 찍은 이후 내리 하락세다.

시대를 잘못 타고났다기엔 그 대가가 너무 혹독하다. 선배세대는 기초적인 생명연장의 복지체계로 굶어죽을 일이 거의 없다. 대한민국의 눈부신 경제 성장에 일조했다는 공훈 때문에, 사람으로서는 몰라도 인간으로서는 살아갈 수 있게끔 복지가 마련되어 있다. 즉 자아실현을 비롯한 여유로운 삶은 힘들어도 기초적인 생필품이 부족해 굶어 죽지는 않는다. 하지만 청년들은 시작부터 다르다. 취업도 취업이지만 취업 직전까지도 매서운 경쟁전선에서 분투한다. 취업해도 장벽은 또 있다. 쥐꼬리만 한 월급에 반복되는 야근과 경쟁은 사람다운 삶을 불가능하게 한다.

가까스로 결혼했다고 해도 크게 달라지지 않는다. 예전처럼 외벌이로 가족을 구성하거나 가계를 유지하지 어렵다. 그리하여 출산을 포기하기 십상이다. 결국 청년세대는 대학 졸업 이후 갈수록 심화되는 생애 문제를 떠안고 계속 살아간다. 그래서일까? 그들의 지향점은 '사람답게 사는 것'이다.

다행스럽게도 청년세대는 똑똑하다. 시대의 세파에 휘둘리며 일방적인 충격과 상처를 받고만 있지는 않다. 나름의 돌파구를 찾고 전략을 짜며 학습하고, 경로를 탐색해서 효과적으로 배워간다. 학력 인플레의 수혜로 독자적으로 생존할 수 있는 지식과 의지는 물론 자질과 공분公憤까지 갖췄다. 기성세대가 기획, 주관, 주최, 협찬하며 만들어 놓은 무대의 꼭두각시로 살아가지는 않을 것이다.

그들이 고안해낸 생존카드는 현실타협적인 행복추구권이다. 물리적 시대의 한계에 맞춰 그들만의 화학적 생존 모델을 구축해냈다. 선배세대가 걸어온 전통적인 인생 흐름을 거부하고, 본인들만의 새로운 생애 모델을 찾기 시작한 것이다.

기성세대와는 다른 삶의 궤도

청년세대는 삶의 궤도를 이전 세대와는 다르게 수정한다. 이들은 결혼적령기에 맞춰 결혼하지 않는다. 결혼을 염두에 두고 있지 않으

[그림 2-11] 집값 상승률 추이

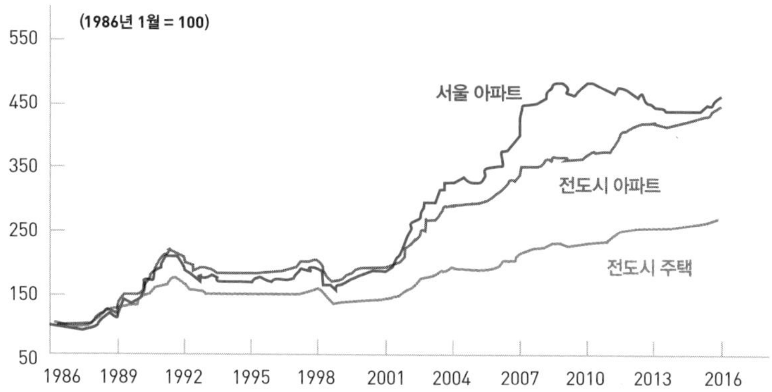

자료 : 국민은행

니 시간과 노력을 들여가며 배우자감을 찾지도 않을 필요도 없다. 출산은 더더욱 강 건너 불구경이다. 가족을 이루지 않으면 지킬 게 적으니 사회문제에 무관심해진다. 집단에 소속되기보다는 혼자인 게 익숙하다. 직장도 굳이 힘듦과 부당함을 참고 다니지 않는다. 어차피 그들에겐 '평생직장'도 아니지 않은가.

생활은 점점 덜어내고 줄이는 쪽으로 바뀐다. 집은 잠을 자는 곳이지 돈을 불려주는 공간이 아니다([그림 2-11] 참조). 천정부지로 치솟는 주거비용을 감내하기 어려워지면 수도권으로 떠난다. 소비는 철저히 본인 효용의 극대화로 집중된다. 그들은 과시욕과 허영심을 위한 명품 구매보다는 본인의 가치를 증명하는 것에 지갑을 연다. 자가용과 술의 소비도 다른 세대와 달리 확연하게 적다. 그들이 거액의 내구소비재를 구매할 때 중요시 여기는 건 사용 가치다.

이 전략이 그들에게 최선책이자 비용 대비 최대 효과를 누리는 방법이라 할 수 있다. 일부는 이들을 안타깝게 또는 한심하게 보기도 할 테지만 현명한 사람라면, 특히 기성세대라면 연민과 질타를 하기 전에 청년세대의 궤도 수정이 자신에게 어떤 영향을 미칠 것인지 계산해야 한다. 청년세대의 생존전략은 세대 교류의 정지(예를 들면 자신이 낸 연금이 부모세대에게 지급되는 상호부조시스템의 거부 등), 즉 고령세대의 방식을 지지하지 않겠다는 것을 의미하기 때문이다. 후속세대가 사회 전체의 생산과 소비의 주체로 1인분의 역할을 다할 때 기성세대의 지속가능성도 높아진다. 그런데 이들이 기업과 가정에서의 맡은 바 경제활동을 포기하고 최소한의 생산소비 주체로만 남으면 기성세대의 생활 지지는 유지되기 어렵다.

출산파업이라는 역습

이로써 청년세대는 출산파업을 선택한다. 자의에 의한 것인지 타의에 의한 것인지 분명히 알 수 없지만 결과적으로는 청년세대가 기성세대, 나아가 한국 사회에 가한 가장 효과적인 역습이라 할 수 있다. 출산파업이 가져온 인구 감소가 있기 전까지 기성세대는 청년세대의 외침을 인식하지 못했다. 심각성을 대변하는 통계와 사건이 등장해도 대체로 무관심했다. 그렇게 출산율 1.3명의 초저출산 사회, 생산가능인구의 하락으로 인한 인구 오너스 시대에 직면했다.

청년세대의 개인적인 선택이 동시다발적으로 이뤄지면서, 예측하지 못했던 사회 전체의 위기를 야기했다. 합리적으로 각자가 택한 카드는 사회의 유지비용을 높이는 결과를 낳았다. 개별적인 최선책이 외부불경제External Economy처럼 의도하지 않은 비용 유발로 전가된 것이다.

청년세대의 출산파업은 다른 세대에도 연쇄적인 반응을 일으켜 종국에는 선배세대의 삶에도 부정적인 영향을 미친다. 출산파업으로 가족부양을 위한 소비지출이 줄어들면 성장은 지리멸렬해질 뿐만 아니라 세원 확보도 힘들어지고, 결과적으로 이는 선배세대를 위한 복지공급을 제한하는 것으로 연결될 수 있다.

행복한 인생을 위한 청년세대의 컨베이어벨트 시스템은 멈춰 섰다. 후속세대는 개선과 희망보다 포기와 절망을 택했다. 기성세대가 후속세대를 위해 자원을 양보하고 배려할 수 없음을 깨닫기 시작했기 때문이다. 그래서 택한 새로운 생존전략이 출산파업이다. '기득권을 위한 노예 공급은 거부할 것'이란 낯선 카드에 선배세대가 어떤 반응을 보일지는 미지수다. 그토록 많은 신호를 줬음에도 여태껏 이렇다 할 반응이 없었으나, 계속 무시하기는 어려울 터다. 청년세대의 출산파업이 결국 기성세대들을 옥죄는 올가미로 다가올 게 분명하기 때문이다. 2018년 문제는 이런 상황을 공유한 상태에서 해법을 논의해야 한다.

이런 문제를 해외 다른 나라들은 일찍이 예견하고 경고했다. "돈만 더 주면 출산할 것이라는 정책은 굉장히 잔인하고 모욕적인 판단."이라 주장하는 옥스퍼드인구문제연구소 교수 데이비드 콜먼David Coleman[14]은 출산파업이 심화되면 한국이 세계 최초로 인구제로가 될 것이라고 말했다.

그는 "2006년 처음 이 말을 할 때는 농담처럼 얘기했는데, 상황은 더 나빠졌다."고까지 덧붙인다. 고정관념을 깬 파격적인 문화혁명이 아니고선 지금의 출산파업을 막을 방법은 없다는 게 그의 설명이다. 그가 제안한 '코리안 신드롬'Korea Syndrome은 출산 감소에 따른 인구소멸 1호 국가로 한국을 지칭하면서 널리 알려졌다.

하상욱의 단편시집《서울시》에 실린 '지옥철'이란 제목의 시는 작금의 한국 청년의 심리가 어떤지를 단적으로 반영한다. 이 시는 짧고 강렬한 메시지로 주목받았다. 이 네 줄의 시에 공감하는 이들이 적잖은데, 대개는 청춘들이다. 제 돈 치르고 맘 편히 앉을 수도 없는 지하철을 바라보는 이 시대 청춘의 속내가 고스란히 반영돼 있다. 지하철을 지옥에 비유할 수밖에 없는, 강요당한 절망감과 박탈감 탓이다. 이를 춥고 배고픈 이들로 가득한 영화 〈설국열차〉의 꼬리 칸에 탑승한 인생 탈락자와 동일시하면 지나친 억측일까?

다음은 하상욱의 시 '지옥철'이다.

착하게
살았는데
우리가
왜 이곳에

어떻게 청년증발을 막을 것인가

청년인구가 증발하는 원인은 셀 수 없이 많지만 결정적인 원인은 고용불안이다. 당장 돈이 없고 앞으로도 소득이 더 늘어날 것 같지 않은 데다, 제 한 몸 살아내기도 만만찮다 보니 연애와 결혼이 사치가 된 것이다. 역으로 생각하면 취업과 일자리, 결혼이 해결되면 청년증발의 속도와 범위를 어느 정도 통제할 수 있다는 말이다.

결혼장벽

출산문제는 학계의 관심 이슈[15]다. 토머스 맬서스Thomas Malthus의《인구론》발표 이후 인구학의 관심사는 적정인구를 분석하는 것으로 요약된다. 인구와 경제의 상호관계가 궁극적으로 후생 규모를 결정짓는다는 가설을 검증하기 위해서다. 실제로 현대 경제학에선 소득수준이 인구 규모를 정한다는 논리가 보편적이다. 아이를 많이 낳아도 적게 낳아도 문제인데, 이때 적정인구는 비용 대비 편익극대의 시점에서 정해진다는 식이다. 출산을 철저하게 후생 획득과 관련된 수급 논리로 설명한다는 게 특징이다. 효용 최대화를 위해 출산은 물론 결혼, 이혼 등의 인구현상을 바라본다.

'출산력＝경제력'은 불가피한 관계다. 그리고 여기에 한국적 특수성을 반영할 필요도 있다. 한국 특유의 문화 인식이 출산력에 상당한 영향을 미치기 때문이다. '취업 → 결혼 → 출산'의 연결고리 중 결혼이란 허들에 한국적 특수성이 있다. 서구 선진국은 취업에서 출산으로 연결되는 구조가 희귀하지 않지만, 한국은 결혼을 통과하지 않으면 출산을 포기하거나 거부되는 문화적 통제 기제가 존재한다. 유교문화의 영향으로 동거 문화를 인정하지 않는 것이 한 원인이라 할 수 있다. 우리나라에서 동거를 할 경우에는 출산해도 혼외자婚外子로 구분돼 법적 권리가 제한된다. 이는 공식적인 결혼이 필수라는 인식이 강하게 깔려 있는 탓이다.

문제는 결혼에 높은 장벽이 존재한다는 것이다. 단 몇 시간의 부부공증 이벤트에 천문학적인 돈이 필요하다. 결혼식 없이 혼인신고를 해도 되지만, 역시 한국적 유교문화에선 이해받기 어렵다. 반대로 결혼하면 출산은 훨씬 쉬워진다. 통계를 봐도 그렇다. 미혼 여성까지 출산율 분모로 들어가니 전체 출산율이 낮아지는 것이지, 기혼 여성만 따로 계산하면 당연히 평균 이상의 출산율을 기록한다(부부완결출생아수 〉 미혼합계출생아수).

지금의 결혼장벽이 지속된다면 청년증발은 가속화될 게 불을 보듯 뻔하다. 가뜩이나 돈이 없는데 허례허식을 위해 값비싼 지출까지 해야 한다면 곤란하다. 한 매체는 청년세대의 결혼 양상을 '무전불혼'無錢不婚[16]으로 요약했다. 풀어 쓰면 '돈이 있으면 결혼하고, 돈이 없으면 결혼하지 못한다'는 얘기다. 그러니 고용이 불안한 가운데 넉넉지 않은 청년들의 결혼 의지가 줄어들 수밖에 없다. 결혼관도 예전과는 확실히 달라졌다. 옛날엔 동네잔치처럼 인륜지대사의 필수 코스였다면 지금은 선택 사항일 뿐이다.

무전불혼의 이모저모를 통계로 살펴보자. 1996년에 43만 5,000건이었던 혼인 건수가 20년 후인 2016년에는 28만 2,000건으로 줄었다. 조혼인율(1,000명 당 혼인 건수)은 2016년 5.5건까지 떨어졌다. 관련 통계가 취합된 1970년 이후 최저 수준이다.

인식도 변했다. 결혼이 꼭 필요한지 물었더니 20~29세 중 58.1퍼센트, 30~39세 중 59.3퍼센트가 부정적으로 답했다. 2010년 각각 40.7퍼센트, 45.5퍼센트로 절반 이하가 결혼할 필요가 없다고 답했던 것과 비교하면 상당히 증가한 수치다(2010~2016년 한국의 사회지표, 통계청). 공증장소인 예식장 숫자도 줄어들었다. 2000년 1,375개였던 그 수가 2014년에는 917개였다.

소득수준과 결혼율이 비례한다는 연구도 있다. 20~39세의 소득수준별 혼인율을 보면 10분위(82.5퍼센트)와 1분위(26.8퍼센트)의 격차가 현격하다. 특히 중간층인 5분위부터 10분위까지는 뚜렷한 비례관계다. 5분위(29.5퍼센트)와 10분위(82.5퍼센트)[17]는 천양지차다. 이는 결혼의 자본주의화를 단적으로 보여주는 수치다.

그렇다면 결혼 의향이 없는 이유는 뭘까? 1순위는 '혼자 사는 게 편해서(27퍼센트)'다. 2순위가 '경제적인 부담 때문(24.2퍼센트)'이다. 혼자 사는 게 편하다는 답변 안에는 당연히 경제적인 고단함에서 탈출하고 싶다는 의지가 반영돼 있다. 이혼 사유를 대개는 성격 차이로 설명하지만, 뜯어보면 금전 갈등이 절대다수인 것과 같다. 동시에 혼자 사는 게 편하다는 건 아예 짝을 짓는 귀찮고 고달픈 생애 경로를 택하지 않겠다는 의지의 표시다.

혼자 살아도 큰 불편함이 없는 환경과 독신을 둘러싼 인식의 변화도 한몫했다. 성별로는 비율이 조금 다르다. 역시 남자는 경제적인 부담(29.5퍼센트)이 홀로 사는 편안함(26.8퍼센트)보다 더 높다.[18] 결혼을 할 경우 남성이 주거를 마련해야 한다는 부담 등이 작용한 결과라 볼 수 있다.

결국 최대 장벽은 결혼비용이다. 최근 2년간 결혼한 500쌍의 평균적인 결혼비용은 2억 6,332만 원으로 나타났다. 세분화하면 주택 마련(1억 8,640만 원, 71퍼센트), 혼수비용(5,478만 원, 21퍼센트), 예식비용(2,214만 원, 8퍼센트) 등으로 집계된다. 남녀 분담률은 각각 65퍼센트(1억 7,116만 원), 35퍼센트(9,216만 원)다.[19]

그럼에도 약간의 희망은 있다. 신혼부부의 74퍼센트가 부모 지원

[그림 2-12] 신혼부부 결혼비용 세부 내역

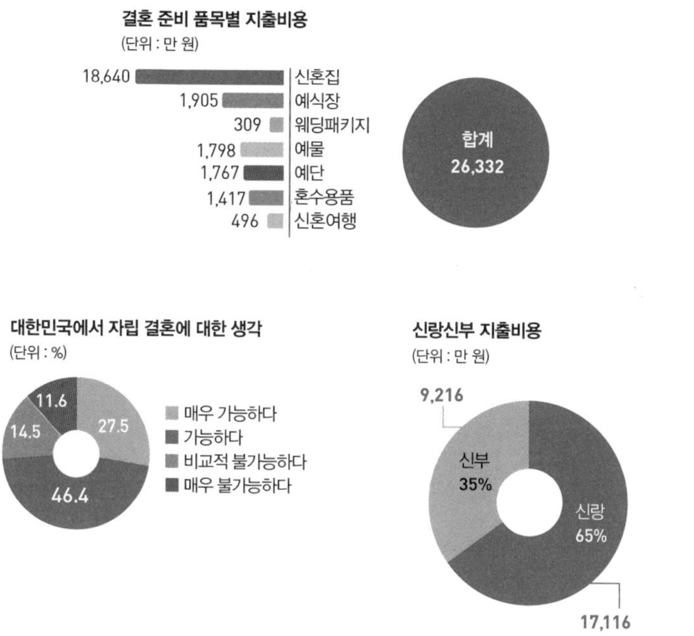

자료 : 듀오(2017 신혼부부 결혼비용 실태보고서)

없는 자립 결혼이 가능하다고 답했다. 단 비용을 최소화하는 결혼을 위해서는 불필요한 예단 문화, 고착화된 결혼 절차, 이목과 체면을 중시하는 관행, 양가 부모의 전통적인 사고 등의 제약 요인을 잘 해결해야 한다.

결혼비용은 갈수록 늘어나고 있다. 2003년엔 9,088만 원에 불과했으나 그 후론 상당히 늘었다. 2003년을 100으로 보면, 결혼비용은 2017년 290퍼센트나 폭등했다. 동일 기간 1인당 GDP가 190퍼센트 증가한 것과 비교하면, 결혼비용이 소득보다 더 빨리 상승했다는 얘기다. 결혼비용이 폭등한 최대 원인은 집값이다. 집값은 2003년 6,226만 원에서 2017년에는 1억 8,640만 원으로 급등했다(선우부설 결혼문화연구소).

고용이 결혼을 결정한다

결혼의 선택은 취업 여부와도 직결된다. 20~39세 취업자 및 실업자의 혼인율을 비교하면 실업자의 혼인율은 취업자의 절반에도 못 미친다. 취업자와 실업자의 기혼 비율은 41.5퍼센트, 15.0퍼센트로 구분된다. 직업이 없다면 결혼을 하기란 더욱 어렵다는 얘기다.

결혼이 가능한 경제적 여건을 마련하기 위해 필요한 기간을 물었더니, 응답으로 4~5년 후(19.6퍼센트), 5~6년 후(18.4퍼센트)가 많았다. 다행히 생각보다 기간을 길게 잡지는 않았다. 비관적으로 판단해 10년 이후로 답한 비율은 16.0퍼센트였다. 이를 반영한 결혼 시점은 공식 통계와 거의 일치한다.

초혼 연령은 2016년 남녀 각각 32.8세, 30.1세다. 졸업 이후 ±5년 시점이면 결혼하는 것이다. 다만 서울은 이보다 좀 더 늦다. 서울 거주자의 초혼 연령은 남녀 각각 33.2세, 31.0세다. 2006년 초혼 연령이 남자 31.3세, 여자 28.8세였던 것과 비교하면 남녀 모두 연령이 늦춰졌다. 연애가 아닌 중매의 경우, 결혼 연령은 더 늦다.[20]

취업을 했는지 여부뿐만 아니라, 어떻게 취업했으며 고용 형태는

[그림 2-13] 성별 초혼 연령 추이

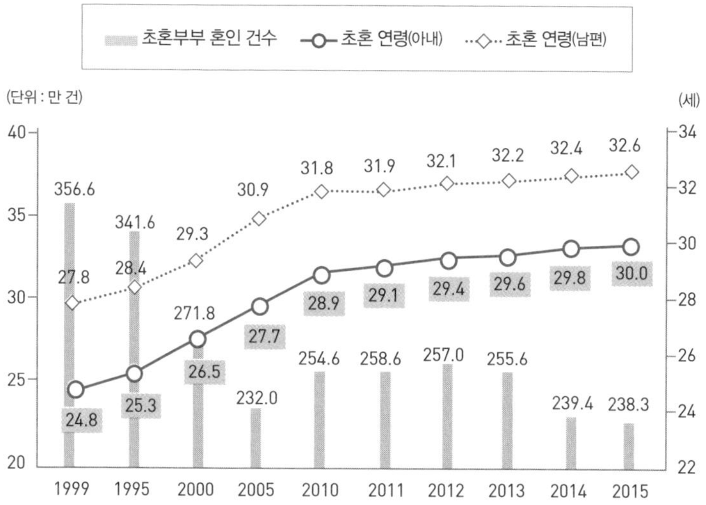

자료 : 통계청(인구동태통계연보, 혼인 · 이혼편)

[표 2-2] 성인이 될 때까지의 자녀양육비용

자녀의 연령	양육비용(%)
영아기(0~2세)	3,063만 6,000원(9.9%)
유아기(3~5세)	3,686만 4,000원(11.9%)
초등학교(6~11세)	7,596만 원(24.6%)
중학교(12~14세)	4,122만 원(13.3%)
고등학교(15~17세)	4,719만 6,000원(15.3%)
대학교(18~21세)	7,708만 8,000원(25.0%)
전체(출생 후 대학졸업 시까지)	3억 896만 4,000원

자료 : 보건복지부, 한국보건사회연구원

어떤지도 결혼을 결정하는 주요 변수다. 취업의 관문을 넘었다 해도 직업의 귀천이 또다시 결혼장벽이 된다는 얘기다. 취업을 했어도 비정규직이라면, 결혼이란 꿈은 멀어진다.

2016년 기준 비정규직 근로자는 전체 근로자의 32.8퍼센트를 차지한다. 통계가 커버하지 못하는 감춰진 비정규직은 빠져 있는 수치다. 정규직 혹은 자영업자로 분류되는 사내 하청 및 특수 형태 근로자(보험설계사, 학습지 교사 등) 등 실질적인 비정규직까지 아우르면 50퍼센트가 넘는다는 게 통설이다. 이렇게 되면 2명 중 1명은 비정규직일 확률이 높고, 그만큼 결혼할 수 있는 사람은 더 줄어든다는 결론이 나온다. 취업자 중 고용 형태별 혼인율을 보면 기혼자는 정규직 52.9퍼센트, 비정규직 26.0퍼센트다. 안정적인 직업인지 여부에 따라 결혼 비율이 달라진다. 취업을 했다손 쳐도 비정규직이면 4명 중 3명은 결혼하기 어려워진다.

직업의 귀천이 결혼장벽이 되는 이유는 소득격차 탓이다. 고용 형태별 월평균 임금 격차를 보면 정규직은 2004년 177만 원에서 2016년 279만 원으로 늘었지만, 비정규직은 115만 원에서 149만 원으로 증가하는 데 그쳤다(비정규직 고용동향, 고용노동부). 결혼생활 유지를 위한 최소비용이 통상 300~400만 원임을 감안하면 부부가 맞벌이를 해도 비정규직이면 생활비를 충당하기 어렵다.

청년세대의 부채 상황은 소득격차를 더 벌린다. 원래 청년과 빚은 어울리지 않은 조합이었지만, 이건 옛날 얘기다. 빚을 진 채 학력기를 마치고 사회에 진입하는 청년세대가 상당하다. 20대는 평균 1,297만 원의 대출을 보유한 상황에서 사회에 발을 내딛는다. 학자금 대출

(33퍼센트)이 가장 부담스럽다.[21]

그럼에도 고용불안과 단기 취업으로 소득수준은 낮다. 결과는 연체율로 확인된다. 금융권별 신용대출 비중을 보면 20대는 제2~3금융권의 대출 비중(38.5퍼센트)이 가장 높다. 30대(23.6퍼센트), 40대(20.8퍼센트)와 큰 차이를 보인다. 그만큼 빚의 품질 자체가 좋지 않다는 얘기다.

취업해도 빚을 갚기 버거우니 결혼의 전제 조건인 연애는 힘들어진다. 일상용어가 돼버린 취업난을 떠올리면 무리도 아니다. 2017년 1분기 체감실업률(공식실업자 + 아르바이트 + 고시생 + 경력단절녀 등)은 23.6퍼센트까지 치솟았다. 청년실업률은 2017년 4월 11.2퍼센트로 1999년 통계 작성 이후 최고 수준이다.

장벽을 무너뜨릴 해법

그렇다면 해법은 없는 걸까? 결혼장벽이 해소되면 청년인구가 증발하는 현상을 저지할 수 있다. 물론 장기적이고 안정적인 고용을 위한 노력이 전제된 이후 가능한 논리다. 일자리는 꽤 복잡한 변수들이 개입되기에 문제해결이 쉽지는 않다. 게다가 정부의 재정 투입보다 시장의 고용환경의 개선이 더 실효적인 사인인데, 아쉽게도 당장 고용환경이 개선될 가능성은 기대하기 어렵다. 그렇다면 다른 대안을 모색해야 한다.

본격화된 청년증발의 흐름을 저지하기 위해서는 고용안정을 확대하는 시도와 함께 결혼장벽을 해소하는 노력이 절실하다. 허례허식에서 비롯된 판단 착오를 깨닫고, 혼외자녀의 법적 인정을 통한 숨통 틔우기도 시급하다. 결혼장벽의 최대 항목인 주거 안정을 위해 공공주택을 장기 공급하는 실효성 있는 정책도 필수다. 독일처럼 임대료 상한제를 통해 청년세대의 주거비용을 절감해주는 방식도 고려해볼 만하다.

청년세대의 생애 모델과 지향점은 선배세대와 다르다. 일자리를 대하는 태도에서 알 수 있다. 선배세대처럼 일자리가 인생 성적표를 좌우하는 결정적인 변수라 여기지 않는다. 열심히 직장생활에 매진한다고 장기 고용이 보장되는 시대가 아님을 청년세대는 알고 있기에, 회사를 위해 충성하면 보답을 받으리라는 기대도 하지 않는다.

청년세대가 그들만의 새로운 행복 기준을 설정하고, 나름의 인생 지향을 품는 건 시대 변화가 강제한 당연한 결과다. 그렇기에 부모세대의 눈높이에 자녀세대를 끼워 맞춰봐야 서로가 고달플 따름이다. 다름을 이해하고 길을 열어주는 게 먼저다. 어떤 선택지든 청년이 행복하게끔 비교적 손쉬운 것부터 시작하는 게 옳다.

고려할 사항이 많고 오랜 시간이 걸릴 과제지만 근본적인 해법은 장기적이고 안정적인 일자리를 제공하는 체계를 구축하는 것이다. 저성장이 대세라면 노동시간의 단축을 통해 일자리를 나눔으로써 청년인구에게 안정적인 취업의 기회를 제공하는 것도 방법이다. 이런 일이 선배세대에게 그저 고통분담만을 요구하는 것은 아니다. 멀리 내다보면 한국 사회의 지속가능성을 높여 은퇴생활의 버팀목이 될 수 있는 선택지다. 그런 측면에서 본다면, 선배세대에게도 도움이 되는 일이라 할 수 있다.

물론 반론도 있다. 인건비 부담을 경계하는 기업 반발이 대표적이다. 문재인 정부가 공공일자리를 대안으로 내놨지만, 지속가능성은 따져볼 일이다. 정부가 일자리를 제공하는 게 맞는지, 재정 압박을 줄일 방안이 지속가능한 것인지 등 고려 사항이 많다.

소득격차를 줄이는 것도 대안이다. 동일노동 동일임금의 구축 확대가 필요하다. 시장친화적인 마인드를 내세워 집권에 성공한 일본 정부마저 이 안을 지향점 삼아 적극적으로 움직이고 있다는 건 분명 시사하는 바가 있다.

현재의 결혼장벽이 완화되지 않으면 청년증발은 막기 어렵다. 값비싼 심리적·경제적 성장통이 수반되는 생애 이벤트라면 지금처럼 거부하거나 포기하는 게 청년세대에겐 가장 합리적이다. 효용극대화의 측면에서 보면 무전불혼이 선택 카드일 수밖에 없다. 결혼장벽이 완화될 수 있다면, 이는 부모세대에게도 더할 나위 없는 반가운 일이다. 살 길은 멀고, 모아둔 돈마저 한정적인데 자녀 결혼으로 은퇴 이후 써야할 돈을 저당 잡히면서까지 금전 지원을 하는 건 합리적인 선택이 아니기 때문이다.

동거를 권하는 사회로 변신을 꾀하는 것도 바람직하다. 출산율을 2명 이상으로 끌어올린 프랑스의 출생자 중 57퍼센트(2014년)가 혼외자(사실혼)다. 동거 커플에게도 동일한 법적 권한과 복지혜택을 부여한 덕분이다. 참고로 한국의 비혼 출산율은 1.9퍼센트로 OECD 국가 중 가장 낮다.[22] 결혼을 안 하는 게 아니라 못하는 것이다. 만일 이에 동의한다면, 동거야말로 청년세대에게 가장 문턱이 낮고 부담이

[그림 2-14] 비혼 출산율(동거부부)의 국제 비교

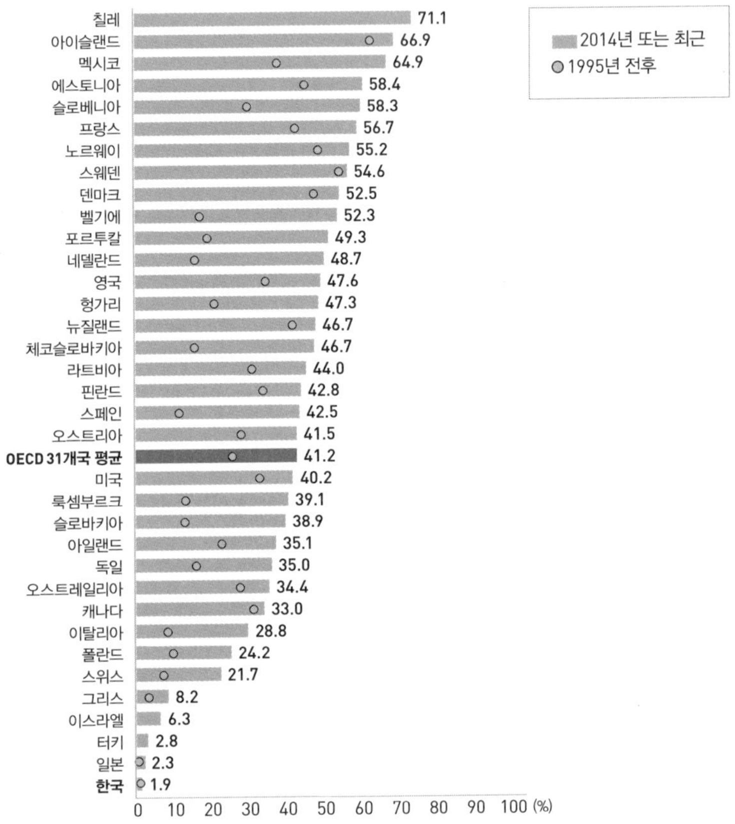

자료 : OECD

적은 새로운 가족구성의 형태다. 급변하는 시대에 어울리는 세심한 정책 배려가 필요하다.

'결혼은 미친 짓'이란 판단이 더 이상 통용돼선 곤란하다. 각종 장벽으로 성징과 본능을 스스로 거세하는 움직임이 늘어나고 있는데 이것 역시 청년증발을 야기한다. 방치하면 연애·결혼자체가 청년들의 머릿속에서 잊어질 수 있다. 그래서 적극적인 중매 노력은 어느 정도 유효한 포석이다. 일찌감치 청년증발을 경험한 일본은 중앙정부·지자체는 물론 기업과 시민조직까지 청년중매에 나서기도 했다. 결혼상대를 찾을 때 연애보다 중매가 성공확률이 높고 체감행복도 증대된다는 연구결과도 있으니 의아하기만 한 대안은 아니다. 원만한 결혼생활이 출산 의지를 높일 수도 있기 때문이다. 참고로 한국의 중매결혼은 5퍼센트까지 떨어졌다. 1940년대엔 70퍼센트였다니 청년증발과 아예 관련이 없다고 치부하기엔 섣부르다.

더불어 출산 이후도 중요하다. 아이를 낳지 않는 또 다른 이유는 출산 이후 필요한 막대한 양육비와 교육비 부담 때문이다. 결혼과 출산이 어렵다지만, 더 힘든 건 출산과 양육 환경이다. 상당한 희생을 치러야 하고 거액의 비용이 든다. 결혼시장처럼 치맛바람의 기세가 드높은 사교육시장의 불안도 출산 포기를 부추긴다.

출산과 함께 맞벌이를 포기해야 하는 것도 원인이다. 실상 신혼 가구 대다수가 아이보다 회사를 택한다. 일과 가정 중 하나를 포기해야 할 때 영리해진 고학력 가임 여성은 당연히 비용 대비 편익산출이 낮은 가정을 포기할 수밖에 없다. 출산효용과 기회비용의 정확한 계산결과도 뒤따른다. 청년세대가 공무원을 1순위 희망 직업으로 두는 이유는, 다른 직종에 비해 출산 이후의 양립 조화가 최고 수준이기 때문이다. 결국 출산 이후의 양육 및 교육 환경을 대대적으로 개혁하고 비용을 절감할 수 있는 대안의 마련이 시급하다.

청년은 바보가 아니다. 본능까지 거스르면서 결혼과 출산장벽 앞에서 새로운 길을 찾는 데는 그럴 만한 이유가 충분히 있다. 과거의 잣대로 청년을 재단해선 곤란하다. 이들이 왜 아픈지 근본 원인부터 하나하나 살펴볼 필요가 있다. 그러나 아픔만 공유하는 건 무의미하다. 아픔의 치유를 위해 함께 노력하는 선배세대의 존재가 청년증발을 막아낸다.

청년증발의 원인은 삼척동자도 다 안다. 인구 충격이 미래 한국의 건강한 지속가능성을 훼손할 것이란 점도 마찬가지다. 바꿔 달라는 청년세대의 비명소리는 이제 포기 단계다. 목청껏 울부짖는 것도 상황 개선이 기대될 때나 가능하다. 일말의 희망조차 없다면 울부짖기를 멈춘다. 그렇게 되면 후속세대의 은밀한 복수는 한층 복잡해지고 다난해질 수밖에 없다.

해가 지면
서울이 멈춘다

아무래도 난 돌아가야겠어
이곳은 나에게
어울리지 않아
화려한 유혹 속에서 웃고 있지만
모든 것이 낯설기만 해

1994년 발표돼 인기를 모은 노래 '서울 이곳은'의 가사 중 일부다. 시골 태생이 이리저리 치이며 악전고투를 반복하는 고단한 서울 생활에서 느끼는 애환을 그려낸 노래다. 지금 이 순간에도 서울 어느 변두리에서는 노랫말처럼 외로움에 길들여진 채로 약한 모습을 보일 수밖에 없는 수많은 이들이 존재한다.

그렇다면 이 노랫말의 주인공은 정말 고향에 내려갔을까? 상상을 발휘해 추측해보면 아쉽게도 여전히 서울 어딘가에 살고 있을 듯하다. 내려가고 싶지만, 그럼에도 내려가기 힘든 복잡한 사정이 떠오른다. 여전히 지방에서 서울로 올라온 많은 이들이 희망의 끈을 움켜쥐고, 어떻게든 잘 살아보려 애쓰고 있다. 잡힐 듯 잡히지 않는 기회와 언젠가는 성공할 것이라는 막연한 희망을 품으면서 말이다.

거식도시 서울

서울은 노력하면, 경쟁에서 이기면, 1등이 되면 성공할 수 있다는 꿈과 욕망이 넘실대는 도시이자 최후 공간이다. 상장기업의 약 42퍼센트, 시가총액의 약 49퍼센트가 서울에 몰려 있다. 수도권까지 포함하면 집중도는 어마어마하다.[23] 앞서 살펴봤듯 인구도 2명 중 1명이 서울과 수도권에 거주하고 있다. 사람은 물론 돈까지 한국에서 통용되는 대다수의 경제자원이 이곳으로 향한다. 거식巨式도시 서울은 무서운 기세로 먹잇감을 집어삼킨다. 국토균형발전론을 내세워 행정도시까지 만들며 집중된 힘을 빼려는 시도가 계속 있지만, 여전히 가장 크고 강한 도시는 서울이다.

'그래서 서울'이다. 꿈을 찾아 성공을 좇아 수많은 젊은이가 서울로 향한다. 같은 맥락에서 '서울 = 청년'은 자연스레 완성된다. 역으로 '농촌≠청년'은 공고한 상식이다. 무한한 경쟁이 도사리고 소수의 승자만이 모든 것을 독식하는 곳인데도 수많은 청년들이 서울행을 택한다.

과거에도 그랬지만 청년인구가 서울로 계속 유입되는 이유는 무엇일까? 정말 서울에 가면 성공할 수 있기 때문일까? 어느 정도는 맞는 말이다. 성공스토리를 쓰자면 서울이 제공하는 다양한 사회경제적 효율에 올라타는 것이 유리하기 때문이다. 실제 청년인구를 위한 교육 시설과 고용환경은 타지역에 비해 압도적으로 우수하다. '교육 → 취업 → 소득'의 순환을 감안하면 서울 이외의 선택지를 찾기 힘들다. 갈수록 정규고용의 장벽이 높아지고 취업 경쟁이 심화되겠지만, 역설적이게도 바로 이 점이 도시 유입을 부추긴다. 양질의 일자리가 서울에 집중되어 있기 때문이다.

과거와 다른 점이 있다면, 상대적으로 서울 생활의 품질이 악화되고 있다는 것이다. 소득이 같아도 지방에서 사는 데 드는 비용보다 서울에서 사는 데 드는 비용이 크기 때문이다. 서울에서 살려면 이른바 스태그플레이션의 희생양이 되는 걸 감내해야 한다. 이대로라면 생존원가의 지출 압박은 갈수록 더 거세진다. 그로 인해 결혼이 지체되고 출산을 포기하는 악순환이 벌어진다. 살아내기 위해 어쩔 수 없이 취한 정합적이고 효율적인 선택의 결과인데, 서울 입성에 성공해 고용 승자가 되도 생활 지출의 압박으로 생활수준이 나빠지고 실질적인 소득이 하락하면 결국 자연스레 출산 포기로 이어진다.

또 하나의 문제, 인구 이동

청년인구의 사회 이동은 인구추계를 종종 혼돈에 빠뜨린다. 정확하게 말하면 자연증감에 초점을 맞춘 인구추계가 청년 이동에 따른 출산 감소를 정확하게 반영하지 못하고 있다(이는 기초지자체의 문제로 광역지자체는 사회 이동도 반영한다). 그러니 청년증발이 늘 예상을 깰 수밖에 없다. 청년의 도시 지향은 당연한 흐름이며, 서울 집중도가 거세질수록 이 경향은 더 심화된다는 점에서 청년그룹의 사회 이동은 중요한 결정 변수다.

왜 그럴까? 추세적으로 자연출산 자체도 줄어들고 있지만, 서울로 유입된 청년들의 수가 통계에 반영되기 힘들기 때문이다. 출산율이 그나마 높은 지방 청년이 그대로 지방에 잔류한다면 추계대로 되겠지만, 이들은 끊임없이 출산율이 낮은 서울로의 진입을 꿈꾼다. 즉 지금의 통계상으로는 지방에서 2~3명을 낳을 것이라 예상되는 청년인구가 실제 거주지를 서울로 옮김으로써, 1명도 채 낳지 않는다. 그런데 인구추계에서 이런 현실이 배제되니 통계가 전부 틀릴 수밖에 없다.

따라서 지금의 인구추계는 실제보다 꽤 낙관적이다. 실제로 후속인구는 실제보다는 많게, 고령인구는 실제보다 적게 추계되어 엄중한 현실 상황을 제대로 반영하지 못하고 있다는 지적이 많다. 앞서 언급했듯 이런 이유로 생산가능인구의 하락 반전도, 고령사회의 도달 시점도 모두 틀렸다. 뿐만 아니다. 2031년에야 출생자 36만 시대가 올 것이라는 2016년 인구추계 결과도 틀렸다. 1년도 안 된 2017년에 이

[그림 2-15] 국제순이동 추이

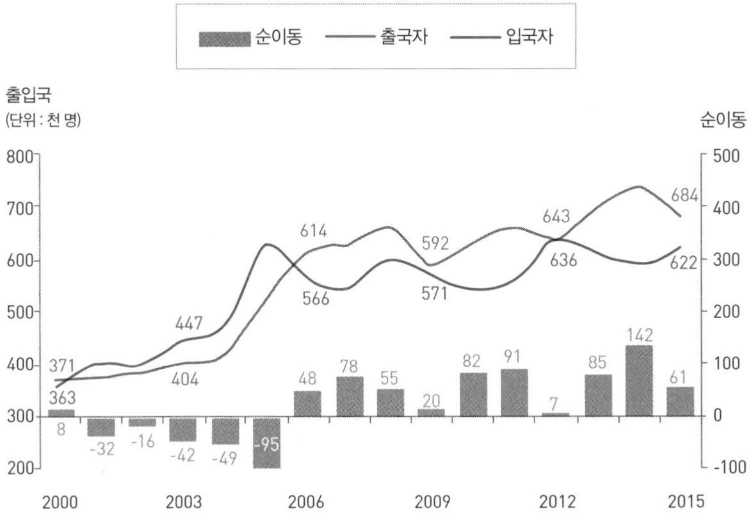

자료 : 통계청(장래인구추계, 2015~2065년)

미 36만 시대가 되었기 때문이다.[24] 예측보다 14년이나 앞당겨진 셈이다. 계면쩍은 건 통계청이지만, 실은 누구도 이런 급락세를 제대로 설명하지 못하는 현실이 더 멋쩍다.

기대수명을 낮게 보면서 고령추세 역시 과소평가하는 경향이 짙다. 실제 0세 기대수명 예측은 번번이 적게 예측하는 방향으로 일관되게 틀렸다는 분석이다.[25] 따라서 매번 추계 발표 때마다 위기 시점의 도달 속도가 빨라지는 현상이 반복된다. 물론 예상을 뛰어넘는 국제이동의 유입 덕분에 인구 감소 시점이 2030년에서 2031년으로 1년 늦어지는 효과도 있지만([그림 2-15] 참조), 순수한 의미의 이민보다는 단기 노동력의 유입이 많다는 점에서 박수 칠 일은 아니다.

인구통계는 복지개혁은 물론 주택, 환경, 교육정책 등 중앙정부의 미래 준비, 나아가 민간기업의 사업 재편에도 결정적인 기초 자료다. 이런 점을 감안한다면 상황은 심각하다. 인구추계가 현실을 왜곡하는 책상머리 통계라면 미래 대응은 무의미하다.

일본은 현실 상황을 반영하지 못하는 인구추계의 딜레마에 솔직하게 대응했다. 왜 청년증발이 매번 예측을 넘어서며 심각해지는지를 사회 이동이라는 변수를 넣어 시산했다. 그리고 이 문제를 인구 블랙홀처럼, 청년인구를 무섭게 흡수해버리는 도쿄 및 수도권의 사회 전입으로 규정했다. 이른바 '소멸 리스트'[26]의 탄생 배경이다. 이는 2014년 일본창성회의日本創成會議가 '자연증감+사회증감'을 모두 고려함으로써 기초지자체별로 실질적인 사회전출입을 반영한 세계 최초의 분석 시도로 소개된다. 분석 결과는 충격적이었다. 2040년이면 1,799개 기초지자체 중 896개가 사라지는 걸로 나타났기 때문이다 ([그림 2-16] 참조).

일본 열도는 발칵 뒤집어졌다. 과장하면 A4 한 장의 인구지도가 청년증발을 넘어 지방소멸의 구체적인 위기감을 증폭시켰고, 이후 실시된 지방선거에선 뜨거운 감자로 부각됐다. 어떻게 하면 기초지자체의 소멸추세를 극복할지가 초미의 관심사였으며, 2040년 사라질 걸로 지목된 해당 지자체는 발등에 불이 떨어졌다.

이는 지금까지 일본 정부(국립사회보장인구문제연구소)의 공식추계와는 아주 다른 결과로, 그간의 낙관적인 시나리오를 둘러싼 재해석 요구가 빗발쳤다. 사람이 줄어 위험하긴 해도 이 정도로 심각한지는

[그림 2-16] 일본의 소멸 리스트

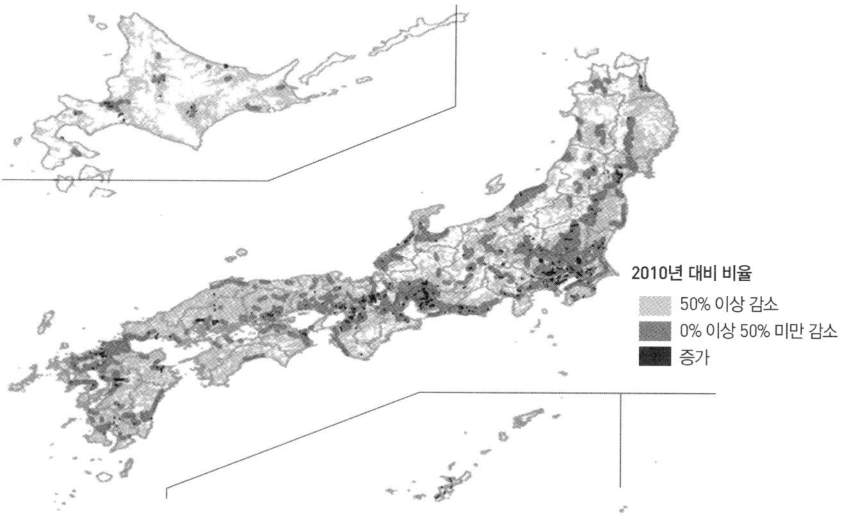

자료 : 일본 내각부

인지하지 못한 결과다. 특히 대부분의 해당 공간이 지방 농촌으로, 집권 자민당의 텃밭이란 점도 직업 정치인의 목줄을 잡는 계기가 됐다. 인구지도 한 장의 파급 강도는 대단했다.

인구지도는 또 한 명의 유명인을 탄생시켰다. 바로 지방소멸의 실증추계를 소멸 리스트로 발표한 연구팀의 좌장인 마스다增田寬也[27]다. 그래서 그 소멸 리스트가 담긴 보고서를 '마스다 보고서'라고도 부른다. 그에 따르면 청년증발의 원인은 2가지다. 청년 자체의 자연감소와 사회 이동이다. 그의 팀은 현재의 출산율(2013년 1.43명)이 지속되는 상태를 전제로, 20에서 39세 사이의 인구 30퍼센트가 지방에서 도시로 계속 유출되는 경우를 실증해봤다. 그랬더니 2040년 해당 연령대 여성인구가 지금보다 50퍼센트나 줄어드는 걸로 나왔다. 사실상 지속가능성이 떨어진다고 보고 소멸이란 단어를 사용한 것이다. 참고로 소멸이란 단어를 빼려면 2.8~2.9의 비현실적인 출산율이 전제돼야 한다.

이는 위험 수위를 넘긴 도시와 농촌 간의 격차, 그리고 그 속에서의 활로 모색을 위해 도심부로 집중이 심화되는 '극점極點사회'가 출현하는 배경이 된다. 인구의 재생능력을 뜻하는 단순지표로 20~39세 여성(가임기)을 설정하고, 특히 2010~2040년에 걸쳐 50퍼센트 감소지역을 소멸로 규정한 것 등 논란거리가 없지는 않다.[28] 그렇다고 충격적인 결과가 달라지는 것은 아니다.

마스다 보고서는 실제보다 더 나빠지는 통계착오를 깨닫는 계기가 된 데다 인구정책의 실행 의지를 높이는 기회가 됐다. 해법은 단호해졌다. 근거 없이 공유되던 안이하고 낙관적인 인구정책이 2015년부터 시작된 아베 정권의 2차 국정운영 슬로건의 핵심의제로 채택된 것이다. 인구지도 한 장으로 고령정책에 비해 우선순위에서 늘 밀렸던 청년정책이 관심을 받으며 상황이 역전됐다. 이대로 방치했다간 엄청난 시련이 닥칠 것이란 너무도 위험한 소멸 공포를 안긴 결과다.

2016년 일본의 출산율은 1.44명을 기록했다. 1989년 '1.57명 쇼크' 이후 계속됐던 추가적인 청년증발은 2005년이 돼서야 1.26명으로 바닥을 쳤다. 희망적인 건 이후엔 조금씩 회복추세에 올랐다는 점이다. 소멸 리스트 발표 이후 아베 정권의 경기부양책과 청년을 우선시하는 정책도 최근의 뚜렷한 출산 회복과 관계가 있다. 장기간에 걸

[그림 2-17] 일본의 출산율 장기 추이

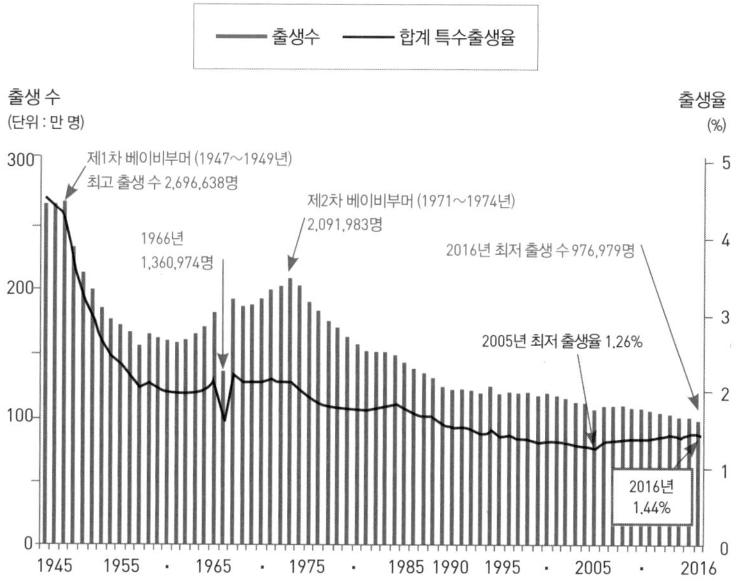

자료 : 후생노동성(인구동태통계, 2016년)

친 종합적인 대책이 아니고선 인구문제와 국토 이용이라는 2가지 불균형을 회복시킬 수 없다는 위기감에서 비롯됐다.

아베노믹스의 3가지 화살도 자연스레 수정됐다. 2013년부터 진행된 아베노믹스 1.0(금융완화, 재정투입, 구조 개혁)이 끝나고, 2015년부터 아베노믹스 2.0(GDP 600조엔, 희망 출산율 1.8명, 간병 이직 제로)이 시작됐다. 인구정책 전담 장관을 신설(1억총활약장관)하는 등 정책 방점을 '1억총활약사회'로 변경했다. 2016년부터 시작된 지역 창생 4대 목표는 지방 고용, 지방 이주, 청년 직주(가족구성), 지역 부활(도심단절)로 요약된다.

이는 청년증발을 저지하기 위한 강력한 정책 세트로 이해된다. 도시를 찾아 떠돌지 않고 지역 단위에서 생활의 품질을 높이고 가족구성을 도모해 자생력을 높이려는 세부적인 장치다.[29]

지방소멸

그렇다면 한국은 어떨까? 일본의 소멸 리스트 추정모델과 최대한 동일하게 한국적 해석을 시도해봤다. 2013~2048년(35년)에 걸쳐 자연증감과 사회증감을 함께 반영·추정해봤더니 통계 잡음이 있는 기초지자체를 제외하고 유효한 결과가 도출된 222개 기초지자체 중 167개(75퍼센트)가 인구 감소로 표시됐다([그림 2-18] 참조). 특히 정주定住인구 5만 이하로 사실상의 소멸 지역이 74개로 나타난 것이다.

소멸 지역은 경상·전라권역에 집중되었는데, 이 지역들은 대체로 지금도 한계취락이지만 청년 이동이 가속화될 경우 소멸 우려가 구체적인 지역이다. 특히 −55~70퍼센트까지 인구 감소가 예상되는 지역도 10개에 달한다. 특이한 건 서울 종로구와 부산 서구, 광주 동구, 대구 서구 등 대도시권역에서도 인구 감소가 목격된다는 사실이다.

지방권역은 고령화율이 극단적으로 치솟고 있다. 반대로 인구 증가는 대부분 수도권에서 일어나며, 다른 증가 지역보다 현격하게 늘어날 것으로 전망돼 증가 격차도 상당하다. 100퍼센트 이상 증가 지역이 19개인데 비해 30~100퍼센트에 해당하는 증가율을 보인 지역

[그림 2-18] 한국판 소멸 리스트(전국 상황)

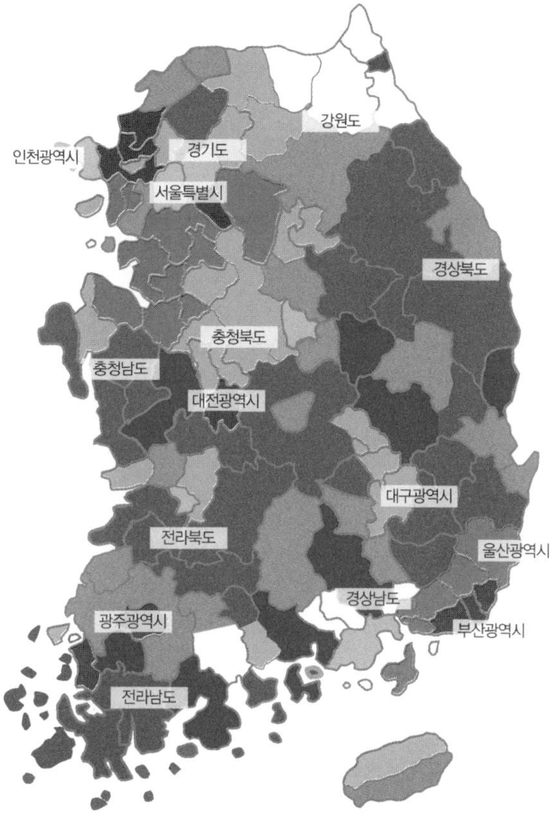

*황색이 진할수록 인구 감소(0~-10%, -10~-30%, -30~-50%, -50~-70%의 4구간),
먹색이 진할수록 인구 증가(0~30%, 30~100%, 100~200%, 200%~의 4구간)
자료 : 통계청 자료를 토대로 재분석

은 13개에 그친다.

이로써 청년증발(자연감소+사회유출)이 소멸 지역을 낳는다는 가설은 한국에서도 유효함을 확인했다. 특히 그간 고려하지 않은 지방

[그림 2-19] 한국판 소멸 리스트(서울과 수도권 비교)

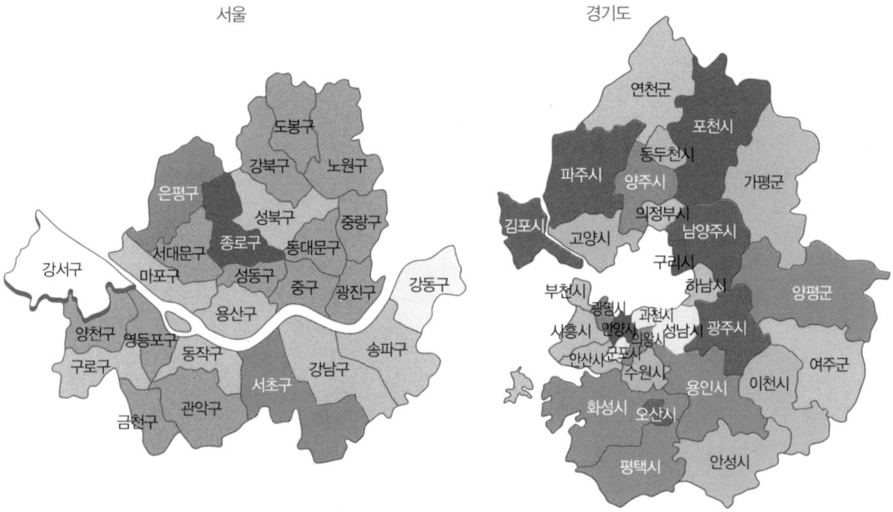

*2013년 대비 2048년 추계로 자연증감뿐 아니라 사회증감까지 반영한 분석결과임. 이때 사회증감의 반영 지표는 지방 거주 20~39세 가임기 여성(인구재생산력)의 사회전출로 가정함. 참고로 일본은 이 비율이 0.5 이하로 줄어들면 한계취락으로 명명함.

청년의 도심 유입이 청년증발을 한층 가속화시킨다는 점도 이해된다. 그렇다면 도심 유입의 기대 효과를 낮춰주는 게 정책적인 고려 대상이 돼야 한다.

일본 사례처럼 지역 부활이 꽤 유력한 방안이 될 수 있다. 대안카드로서 농촌 정주의 점검이 필요하다. 아니면 도시에 인구가 집중되어 한국적 인구 블랙홀 현상이 심화될 것이다. 고용의 기회가 서울에 집중되어 청년인구의 서울 쟁탈전 역시 반복될 수밖에 없다. 그것은 다시 한정된 자원을 둘러싼 무한 경쟁과 패배감에 순응하고 익숙해지는 분위기를 양산할 것이다. 이는 다시 청년인구의 서울 거주가 힘들어지는 것을 의미하며 재차 다른 지역으로 이동할 수밖에 없다. 그렇게 되면 서울은 공동화 현상을 피하기가 더 힘들어진다.

나아가 경제력에 비례해 서울에서 경기로 빠져나가는 청년 행렬을 방치해서는 안 된다. 빗장 도시의 추방계획[30](서울이 경제력을 갖추지 못한 사람들을 다른 지역으로 추방하는 트렌드)에 자비란 없듯 이대로라면 경기권의 서울화는 시간문제다. 지금도 서울과 경계가 맞닿아 있는 가까운 경기권은 살인적인 생활비용을 요구한다. 이렇게 되면 공식처럼 정착된 '서울＝성공'의 연결고리에서 그들의 삶은 점점 멀어지게 된다.

먹고 살자면 서울을 떠날 수 없기에 일은 서울에서 하되, 경제력에 맞는 생활을 하기 위해서는 다소 거리가 있는 경기권, 혹은 그보다 더 먼 곳으로 이동해 생활하는 패턴이 심화되는 것이다. 집과 직장의 거리가 먼, 직주職住 이격이 반복해서 벌어지면 인구 감소에도 치명적인 영향을 미친다. 출퇴근에 2~3시간을 써야 한다면, 이는 후속잉태의 의지를 허무는 이유가 될 수 있다.

기성세대와는
다른 삶이 필요하다

상황이 변화하면 전략은 수정된다. 한국 사회는 변했다. 호재와 악재가 바뀌고 기회와 위기가 뒤섞이면서 기존 이론은 타당성을 잃었다. 새로운 패러다임이 지배하는 것이다. 통계를 봐도 미래는 읽히지 않는다. 통계적 유의성을 말하기엔 간섭 거리가 넘쳐난다.

이런 상황에서 주의 깊게 봐야 할 것은 사람의 마음, 즉 심리 변화다. 위기가 장기간 축적되면서 수면 아래 감춰졌거나 일부 사례에 불과했던 개별 심리가 게임의 원칙을 바꿀 만큼 강력하게 떠올랐다. 커지는 불확실성 속에서 생존하기 위한 개별적인 움직임, 과거부터 유지되던 사회 전체의 이론을 깨버린 것이다.

가늘고 길게 가는 삶

지금 청년그룹은 과거와 달라졌다. 생각도 행동도 부모세대와는 현격하게 구별된다. 교육·취업·연애·결혼·출산·양육 등과 같은 인생 경로의 전반 트랙은 물론 주택·직업·부양·자녀·노후·자아 등의 후반 트랙까지 관심 정도와 자원 배치, 설계 내용 모두 달라진 결과다. 통용되는 상식이 다르며, 앞날의 희망에 대한 인식 태도도 부모와 구분된다.

물론 그들에게도 부모세대의 인생 경로는 본보기로 삼는 평균적인 모델이다. 때로는 조언의 형태로 때로는 강제로 부모의 경험이 전제가 됐을 것이다. 상위권 대학을 졸업하고 대기업에 취직해 거액의 연봉을 받는 삶이 이상적인 모델로 손꼽혀왔다. 다만 갈수록 입구 봉쇄가 거세지면서 저런 인생 경로를 밟을 확률 자체가 낮아졌다.

고도성장을 경험하지 못한 청년세대에게 부모의 성공 코스는 더 이상 실현 가능성이 없다. 그럼에도 대안으로 삼을 만한 모델이 나오지 않고 있다. 지금처럼 청년의 몸값이 헐값이었던 때가 없었으니 상황 타개를 위해 본보기로 삼을 만한 방법이 마뜩잖은 것이다. 일본처럼 청년세대를 영입하려는 지자체 간의 인구쟁탈전이 부러울 따름이다.

청년세대가 지금 모색 중인 새로운 인생 경로는 여전히 실험 단계에 있다. 그리고 그들의 실험을 두고 반드시 성공해야 한다는 당위론과 현실적으로 결과가 밝지 않다는 현실론의 첨예한 대결이 예고된다. 2018년 문제란 게 아이러니컬하게도 2018년부터 본격화되는 이슈인 까닭이다. 즉 2018년은 청년증발의 본격적인 위험이 공식통계로 나타난 원년이다. 출산 기조의 회복세가 없다면 최장 65년 동안 계속될 청년증발의 첫해란 얘기다.

이렇듯 엄중하고 살벌한 앞날을 살아가자면 그만큼 고민의 폭과 깊이가 심화될 수밖에 없다. 지금은 일부의 대안 사례지만, 비용 대비 편익 효과의 정합성이 확인되면 생각보다 신속하게 확산될 여지는 충분하다.

달라진 청년인구의 생활전략은 미래 풍경을 뒤바꾼다. 절대 규모는 줄어들어도 중년, 고령과 함께 3대 시장을 형성할 유력한 인구집단이 청년그룹이기 때문이다. 더욱이 '청년 → 중년 → 고령'의 연결패턴을 볼 때 지금의 청년인구가 채택한 생활전략을 잘 검토하면 이후의 기회를 모색하는 데 우호적일 수밖에 없다.

따라서 당장 필요한 건 개별 차원이든 범용 대응이든 청년세대의 달라진 생활전략을 제대로 이해하는 것이다. 다음은 이런 생활전략이 발현되는 채널로서 소비심리, 무대로서 시장 변화를 분석하는 일이다. 일부는 이미 유력한 청년세대의 소비 트렌드로 안착된 사례도 있지만, 아직은 2018년 문제의 거대 조류가 초기란 점에서 세세한 심리 변화는 시작 단계다. 축적 이후 표준 패턴으로 완성되면 그 자체가 청년세대를 이해하는 근거이자 시장과 기업으로선 새로운 기회의 확보일 수 있다.

작은 사치의 대두

갈등은 또 다른 기회일 수 있다는 점에서 청년이 줄어드는 현상을 새롭게 바라볼 수 있다. 이를테면 새로운 소비 지점이다.

청년세대의 생존전략은 한마디로 빈곤 대응으로 요약된다. 그들은 일해도 놀아도 가난이라는 숙명을 짊어져야 한다. 저성장 시대, 일자리를 찾아도 안정적인 소득과 장밋빛 미래를 손에 쥐기 어렵다. 일자리 자체 역시 불안하다. 그래서 부모세대처럼 회사형 인간을 지향하지 않는다. 회사 생활에 온몸 다 바치기보다는 '가늘고 길게' 가는 전략을 추구한다. 소비를 줄이는 건 당연지사다. 점심으로 편의점 도시락을 먹는 일이 허다하고 택시, 술, 연애는 사치에 가깝다. 집은 없어도 차는 사겠다지만, 여기에도 용기와 포기가 필수다.

성징은 사라진다. 성징 발현이 큰돈을 요구하기 때문이다. 비용 대비 산출효율도 떨어진다. N포세대는 이성과의 교류를 피해 은둔하고 본능을 억제하는 식으로 방어기제를 나타낸다. 이성친구가 사라진 자리에 인터넷이 등장한다. 전체적으로 남성의 여성화, 여성의 남성화가 되는 중성추세를 보인다. 제조업보다 서비스업이 유망해 남성보다 여성의 고용환경이 개선돼서다. 참고로 일본은 20대 성별 임금이 2010년을 기점으로 여성이 더 높아졌다.

취업이 힘드니 청년 남성은 존재감이 약화된다. 일본처럼 우리 대학가엔 벌써부터 '초식남성'이 넘쳐난다. 공무원처럼 일과 가정생활을 병행할 수 있는 환경이 아니면 결혼은 어렵다. 이런 분위기 속에서 여성은 '육식계열'로 넘어온다. 요조숙녀, 현모양처는 사라진 단어다.

'고령사회 = 모계사회'를 뒷받침하듯 청년 여성이 적극적인 소비 행태를 보이며 성장 상실의 남성시장을 하나둘 장악한다.

결혼은 비즈니스로 볼 때 사양 항목이다. 가족구성이 힘들어졌기 때문이다. 가족구성의 비용과 노력이 증가하자 독신카드가 대세로 작용한다. 합쳐진 삶보다 쪼개진 생활이 편한데, 이는 청년증발의 원인이다. 캥거루족처럼 부모에게 의존하는 이들도 있다. 무연사회의 고독사망은 아주 먼 미래의 일만은 아니라 슬슬 겁이 난다. 그래서 불안한 이들끼리 뭉쳐서 가족 효용을 누리려는 가족 재구성의 거주 형태도 목격된다.

틈새시장으로 혼자 사는 청년을 겨냥한 사업도 활황일 것으로 보인다. 취미와 직업을 필두로 가족을 대체할 인연 아이템, 보험 등이 대표적이다. 상시적인 비용 압박이 피곤해지면 일부 항목에선 사치에 가까운 소비 의지도 내보이게 된다. 본인의 가치를 증명하는 곳이면 다소 무리를 해서라도 만족을 위한 비용을 치르는, 일종의 '작은 사치'다. 소유보다는 이용에 가치를 둔다. 따라서 내구소비재를 비롯해 자동차나 부동산은 소유를 포기한 상태다.

아쉽게도 미래 준비는 부족하다. 어쩌면 처음부터 불가능한 미션에 가까웠는지도 모른다. 청년의 현실을 비춰보건데 노후난민 딱지 예약은 불가피하다. 고령인구가 아파트를 사들이며 노후 준비에 한창인 것과는 대조적이다. 청년세대에게 기존의 투자 이론은 먹혀들지 않는다. 위험자산의 적극 투자는 부모세대로 끝이다. 그들에게는 투자해볼 자금도, 의지도 없다. 허리띠를 졸라매는 것이 유일한 방법이다. 월급은 줄어들고 세금은 늘어나니 절약은 필수 선택지다.

청년세대의 이런 상황은 금융·투자 업계의 파격 전략을 유도한다. 지금도 미래를 위한 축적보다 당장의 지출을 유도하는 소비마케팅이 있지만, 청년 심리를 자극하는 시도는 더 늘어날 전망이다. 엄청난 파격 할인도 예상된다. 직접적인 저가 구입부터 추가적인 절감 혜택까지 없어진 틈새상품도 출현할 것이다. 재정 불안과 부실 운용 탓에 연금 가입 의지는 갈수록 줄어들 수밖에 없다.

청년세대가 추구하는 모델은 이런 각종 생활전략이 확대, 반복되면서 표준화된다. 잃어버린 가치 회복을 통해 삶의 질을 높이려는 시도도 마찬가지다. 현대화·도시화·분업화가 낳은, 기성세대의 '소비가 곧 행복'이라는 행복 모델은 퇴색된다. 대신 '행복 → 소비'의 행복을 얻는 소비행위가 중요해진다. 욕심은 줄이고 작은 것에 행복해하는 최소한의 인생살이와 소비 행태가 주목 받는다.

행복경제학의 상징은 '부탄 스토리'다. 소비 탐욕을 경계하자는 부탄의 행복 관념이 청년인구들 사이에서 관심사로 부각되고 있다. 물건을 소유하지 않는 생활전략과 자연 파괴를 줄이는 공유 소비로 잃어버린 공동체와 연대감을 회복하려는 시도다. 무리한 주택 구입과 이후의 갈등에 노출되느니 차라리 눈높이를 낮추고 잊어버린 일상생활의 행복을 찾자는 취지다.

가족구성에 들어섰을 경우 교육비 등 자녀투자도 신중한 편이다. 일각에선 4류 정치와 청년 배제에 대항해 현실 정치에 도전하는 청년그룹도 존재한다. 기득권·세력화·고령화에 편향된 사회구조를 개혁함으로써 지속가능성을 담보하기 위해서다.

2018
2020
2030

제3장

2020년 사상 최대의 인구 변동

1,000만 중년이 움직인다

2020년은 2018년과 함께 인구 변화의 중대 기점이 될 확률이 높다. 2018년에 청년세대를 필두로 한 인구 변화가 예견된다면 2020년은 중년 세대의 이동으로 거대한 변화가 시작되기 때문이다.

왜 2020년일까? 740만 명에 이르는 제1차 베이비부머(1955~1963년생)의 선두세대인 1955년생이 2020년이 되면 딱 65세에 진입이 시작된다. 그리고 2020년부터 2029년까지, 이 9년 안에 제1차 베이비부머 세대가 모두 65세에 진입한다. 이것을 평범한 인구 현상으로 볼 수 없는 이유는 그 수가 어마어마하기 때문이다. 무려 1,700만 인구가 다음 생애주기로 이동한다.

그렇다면 왜 하필 65세일까? 65세가 현역과 은퇴의 갈림길이기 때문이다. 정년제도가 존재하는 조직을 보면 은퇴 연령이 60세, 최대한 늦춰도 65세다. 국민연금의 수급 연령도 65세부터 적용된다. 연금수령 시점 또는 은퇴로 지정된 나이라는 점에서 65세는 일할 가능성이 그 이전보다 현저히 낮고 그래서 고용불안이 현실화되는 나이라고 할 수 있다.[1] 샐러리맨이라면 제아무리 일하고 싶어도 최대 65세가 마지막이란 얘기다.

결국 2020년은 740만 명의 중년인구가 은퇴를 맞이하는 첫 해인 것이다. 이는 출발에 불과하다. 제2차 베이비부머까지 포함한 거대한 인구 보너스 집단인 광의의 베이비부머(1955~1975년생)가 중년위기의 바통을 이어받는다는 점에서 문제는 더 심각하다. 2020년에 1955년생이 65세가 되듯 1960년생은 60세, 1965년생은 55세, 1970년생은 50세, 1975년생은 45세가 된다. 그리고 1980년생이 40세에 진입한다. 그리고 이들 모두 비슷한 중년 인식을 공유하고 있다([그림 3-1] 참조).

한국 경제를 돌이켜보면 베이비부머 세대이자 중년인구인 이들에 특화된 정책이나 경제 대응이 있던 때는 없었다. 어떻게 보면 한국 사회가 방치했던 집단이 바로 이 중년인구다. 동시에 한국 경제의 중추를 담당하던 집단이다. 그러나 2020년을 기점으로 이들의 생존 또는 부양 문제가 대두되면서 한국 사회는 엄청난 변화의 파도에 휩쓸릴 것이다.

[그림 3-1] 2020년 문제(중년 30년)의 위기 배경 흐름도

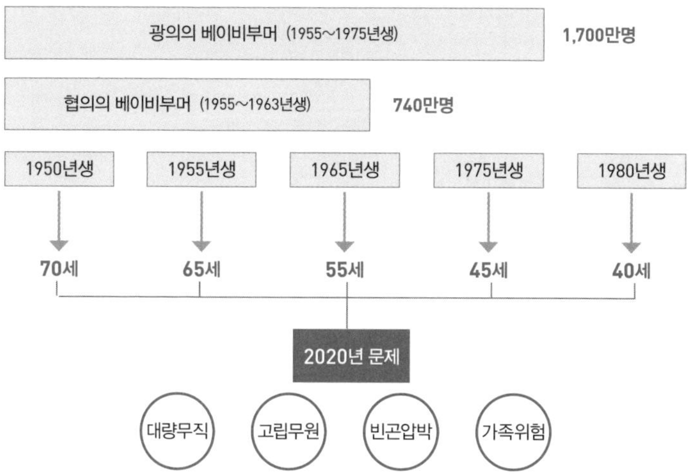

중년, 그들은 누구인가

중년인구의 개념은 어떻게 정의를 내려야 할까? 명확한 범주의 구분은 없으나, 전통적으로는 대략 4060세대를 중년으로 보는 인식이 보편적이다. 청년이나 노년과 달리 중년의 정의 구분이 모호한 것 역시 그간 정책 수혜의 대상으로 여기지 않은 인식 탓이 크다. 사회경제적 약자인 앞뒤 세대를 지원하는 세대로 여겨질 뿐 복지의 수혜 집단은 아니었기에, 면밀한 연령 구분이 불필요했다. 동시에 복지자원의 대상으로 여겨지지도 않았다.

하지만 중년의 정의는 최근 조금 달라지는 추세다. 그 이유는 크게

[그림 3-2] 신新중년의 범위와 취업 현황

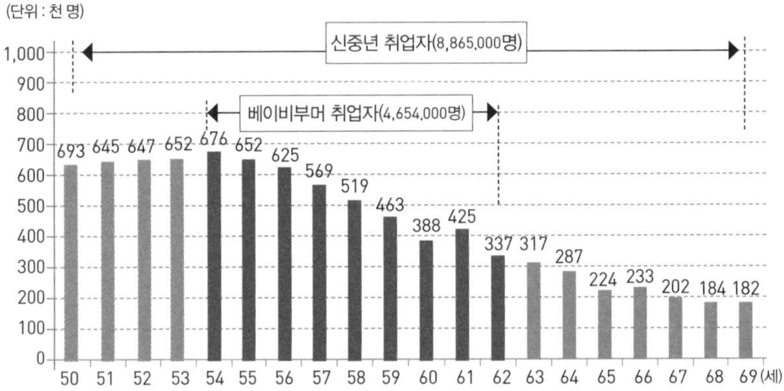

자료 : 통계청(2016년 경제활동인구조사)

2가지 때문이다. 하나는 중년인구가 정책 대상의 고려 범주에 들어왔기 때문이고, 다른 하나는 중년인구의 연령 규모가 확대됐기 때문이다. 먼저 문재인 정부는 중년이 한국 경제성장의 주역임에도 노후 준비가 부족하다는 문제 인식 아래, 중년그룹을 정책 대상으로 품었다. 일자리위원회에서 발표한 것처럼 전체 인구의 4분의 1, 생산가능인구의 3분의 1을 차지하는 5060세대([그림 3-2]참조)를 신新중년으로 명명, 맞춤형 고용지원[2]을 실시하겠다는 계획이다. 이때 채택한 중년그룹이 50~60대로 20년 나이 터울(50~69세)을 아우른다.

다음은 중년인구의 연령 확대다. 어디까지를 중년으로 볼 것인가 하는 문제다. 관건은 60대다. 60대를 중년으로 보느냐, 고령으로 보느냐에 대해서는 의견이 엇갈린다. 고령추세가 심화된 선진국의 경우 대체적으로는 60대를 중년으로 보는 인식이 일반적이다.

한국적 고정관념에 따르면 환갑은 고령인구로 들어가는 개시 시점이지만, 시대 상황이 달라졌음을 감안하면 중년인구로 보는 게 타당하다. 따라서 정부의 신新중년 적용 인구는 소극적이다. 고령고용이 70세 초반까지 이뤄지고 있고, 건강한 초기 은퇴자가 많으며, 노인 유병이 70세부터 본격화된다는 점 등도 60대를 중년으로 편입해야 할 이유로 거론된다. '환갑은 곧 노인'이라는 과거의 시선으로 60대를 보기엔 여러모로 불편한 지점이 많다.

따라서 여기서는 새로운 연령 구분법을 제안한다. 10~39세를 청년, 40~69세를 중년, 70~100세(100세 이상 포함)를 고령으로 보자는 얘기다. 0~9세는 일방적인 보호 대상이면서 양육·취학 그룹이며, 경제활동과는 무관하기에 제외한다. 고령추세와 건강수준, 사회활동, 사회인식 등의 변화 흐름을 반영하건데 이 3대 연령 구분은 꽤

[표 3-1] 연령대별 인구구성의 변화

(단위 : 명, %)

	1990년		2015년		2035년	
	인구	구성비	인구	구성비	인구	구성비
청년(10~39세)	31,261,793	73.0	24,797,365	48.6	18,709,187	35.4
중년(40~69세)	**10,313,257**	**24.1**	**21,782,135**	**42.7**	**23,118,549**	**43.8**
고령(70세~)	1,294,233	2.9	4,435,447	8.7	11,005,986	20.8
합계	42,869,283	100	51,014,947	100	52,833,722	100

자료 : 통계청(중위추계)

정합적이다. 취업·결혼적령기가 늦어져 자녀 독립이 사실상 부모 나이 ±70세라는 점도 60대를 중년으로 보자는 논리를 뒷받침한다. 70세부터를 본격적인 고령·은퇴생활자로 보면 숙련된 노동력 활용과 재정 절약 등 현존하는 갈등도 일정 부분 감쇄된다. 각각 30년씩 배당함으로써 균형감각도 얻어진다.

중년이 넘친다

2020년부터 가속화될 1,000만 중년의 위기는 해당 그룹의 인구규모를 볼 때 결코 안심할 수 없다. 중년인구의 덩치 자체가 2020년 제1차 베이비부머의 은퇴 진입과 맞물려 급격하게 불어나기 때문이다. 청년(10~39세), 중년(40~69세), 고령(70~100세 이상)의 각 30년 터울을 동일그룹으로 볼 때 중년그룹은 압도적인 존재감을 자랑한다([표 3-1] 참조). 3대 인구집단 중 증가추세가 가장 큰 중년인구가 제자리를 못 잡고 우왕좌왕하며 불행에 빠진다면, 개별 가계는 물론 사회 전체에 엄청난 충격을 줄 수밖에 없다. 바로 이것이 2020년 문제의 핵심 논리다.

1990년 중년인구의 덩치는 2위(24.1퍼센트)에 불과했다. 청년인구가 73.0퍼센트로 주력을 차지하고 있었기에 당시에 인구 보너스가 안기는 마지막 열매를 맛볼 수 있었다. 당시 고령인구는 2.9퍼센트였기에, 낮은 출산율에도 불구하고 인구 변화의 체감 위기가 적을 수밖에 없었다. 2015년에 이르면서 상황은 확연히 달라진다. 청년인구의 규모

[그림 3-3] 한국의 중년인구(40~69세) 증감추세

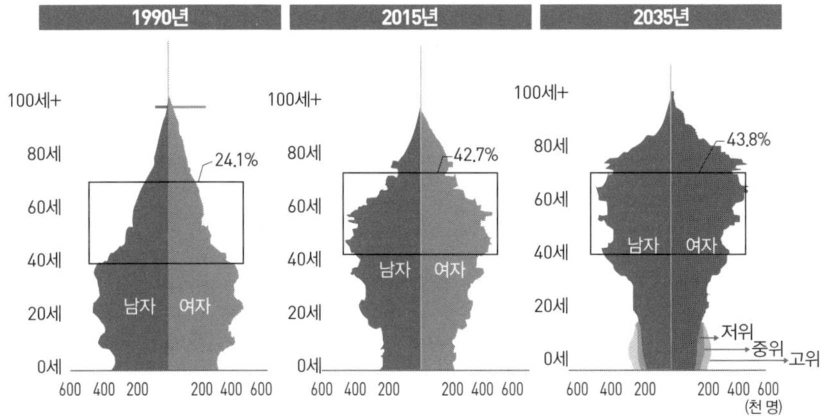

자료 : 통계청 자료를 토대로 재분석

가 급속도로 축소(48.6퍼센트)되면서 중년인구의 상대 비중이 42.7퍼센트까지 올라간다. 청년증발이 본격화되는 와중에 광의의 베이비부머 중 막내 그룹인 1970년대 중반 출생자까지 40대 중년인구로 편입된 결과다.

문제는 앞으로다. 2035년이면 중년인구의 덩치는 3대 인구집단 중 단연 1위에 랭크된다. 증가세는 주춤하지만 절대규모 자체는 확대돼 2,300만 명을 거느리며 비중도 무려 43.8퍼센트를 차지한다. 반대로 중위추계임에도 청년(35.4퍼센트)의 수는 2,000만 명 아래로 떨어진다. 기세 등등한 고령인구는 1,000만 명을 돌파하지만, 그럼에도 절대비중은 20.8퍼센트에 그쳐 한계를 드러낸다. 중년인구의 규모를 인구 피라미드로 살펴보면 증감 추이를 단적으로 확인할 수 있다([그림 3-3] 참조).

1990년, 2015년, 2035년의 인구 피라미드는 얼핏 봐도 왜 우리가 중년인구의 덩치 확대에 주목해야 하는지를 잘 알려준다. 최대 비중의 인구집단에게 닥친, 지금껏 겪어보지 못한 상황 변화는 사회 전체의 인식 전환과 제도 개혁의 연결고리일 수밖에 없기 때문이다.

은퇴가 사라지는 한국

한 사회에서 40~60세에 이르는 중년세대는 국가의 기둥이자 허리로 중추를 담당한다. 개별적으로도 인생의 최전성기라 하는 연령대다. 부담도 큰 반면 성과와 금전적인 과실도 크게 얻는 때다. 중년세대가 갖는 가장 큰 화두는 거의 비슷하다. 주택, 교육, 승진, 노후 등 가족구성을 유지하는 것이다. 열심히 일해서 자녀들을 공부시켜 대학 보내고, 저축을 열심히 하면 전세에서 벗어나 내 집 마련의 꿈도 이룰 수 있다. 옛날엔 물 흐르듯 지나갈 생애 단계였다.

국가적으로 성장이 한창일 때 중년을 맞았다면 큰 고민이 없었을 것이다. 열심히 일하면 자녀양육은 무난히 할 수 있었고, 저축을 열심히 하면 전세에서 자가로 옮겨가는 것도 가능했다. 은행에만 묻어둬도 두 자릿수 이자에, 부동산은 1~2년에 연봉 정도의 불로소득을 안겨줬다. 인플레의 힘이었다. 하지만 더는 그런 세상이 아니다.

청년 시절부터 나라 경제와 가계 살림을 도맡아왔던 중년세대는 은퇴 시점이 되면 무거운 짐을 내려놓을 줄 알았다. 전부는 아니라도 대부분의 선배가 그 경로를 따라 걸었기 때문이다. 잃어버린 꿈을 찾든 여유를 즐기든 은퇴생활을 기다려왔는데, 어찌된 일인지 은퇴 시점에 이른 후에도 주어진 임무가 너무 많다. 은퇴할 때지만 더 일해야 하는 것이다. 최소 ±70세까진 말이다. 이들에게 환갑 은퇴는 그야말로 꿈이다.

저출산, 저성장의 시대에 이 중년그룹이 직면한 문제 상황은 청년세대의 상황과 또 다르다. 청년세대는 사회 진입부터 가시밭길에 내몰렸다. 태어난 이후 청소년기까지는 빈곤을 모르고 자랐지만 20대 이후부터 불황에 익숙해졌다. 반면 중년세대는 출생 직후 극한 빈곤을 경험하며 고생했으나 그 후로 5060대까지 쭈욱 호황 경제를 맛봤다. 경제활동의 주역으로 있으며, 호황 경제만 경험한 탓에 급변하는 상황에 취약하다.

특히 경제적인 부분에서 그렇다. 호황 경제 속에서 흑자 인생을 유지해왔었지만, 50대부터는 적자로의 전환이 불가피하다. 빠른 이들은 50대 직후, 늦어도 60대 직전이면 대부분 적자 인생에 빠진다. 이유는 2가지다. 먼저 고용 단절 탓이 크다. 퇴직 후에도 돈이 필요해 일해야 하지만 일할 자리가 없다. 그리고 50대부터 본격적으로 가계

[그림 3-4] 58년생 개띠의 표준적인 인생 경로와 상황 논리

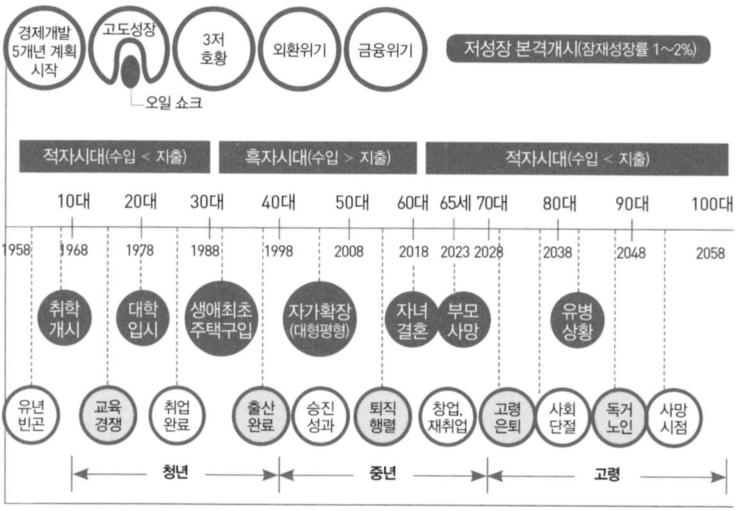

비용이 증가하기 때문이다. 자녀 결혼(교육 포함), 부모부양에 본인들의 노후 대비와 의료 대응 등 돈 달라는 곳이 부지기수다. 퇴직과 함께 적자생활이 시작되는데 가계살림의 유지 임무는 그대로니 갈등은 커질 수밖에 없다.

이는 예기지 못한 일이었다. 중년인구의 인생계획표에 없던 변수다. 가족구성을 유지하는 데 드는 비용이 중년을 넘어 고령시기(70~100세 이상)에도 영향을 미칠 공산이 크다. 자녀는 독립하지 않고, 연장된 평균수명만큼 부모부양의 기간도 점점 길어지기 때문이다([그림 3-4] 참조). 말년(70~100세 이상)은 빈곤한 은퇴로 점철되며 누구도 살아보지 못한 백세시대의 실험 대상이 된다.

58년 개띠의 인생

2017년 출생자 수는 겨우 40만 명에 그쳤다. 그러나 베이비부머가 태어났을 시기는 그 출생자 수가 매해 100만 명에 달했다. 그게 무려 15년이나 지속됐다.[3] 입시정책부터 주택정책, 복지정책 등 백만 출산의 생애주기에 맞춰 수정됐을 정도로 그 규모가 엄청 났다. 다가올 2020년에는 한국 경제를 이끌었던 1,700만 명의 인구(1955~1975년생)가 생산가능인구에서 빠지게 된다. 문제의 심각성을 인지했다면 다시 그들을 인식하고 검토해야 한다. 먼저 '58년 개띠'를 대표로 상정하여 중년인구의 삶을 조명해보자. 그들의 삶을 먼저 살피고 이 변화로 타 세대와 한국 전반에 닥칠 변화를 차근차근 살펴보자.

1958년생 개띠는 현재 59세에서 60세에 걸쳐지며, 이들 중 80만 9,640명(2017년 7월, 59세 기준)이 생존해 있다.[4] 100만 명을 훌쩍 넘긴 출산인구를 볼 때 현재 기준으로 대략 20퍼센트가 사망하거나 해외에 거주하는 것으로 추정된다. 어쨌든 상당 규모의 인구집단인 건 분명하다.

1958년 개띠는 고학력 노동공급의 주체답게 고도성장과 맞물려 취업, 결혼, 출산에 이르는 생애 흐름을 문제없이 지나왔다. 그리고 그들이 승진하면서 소득이 오르자 소비가 늘어났고 이에 경제가 성장하는 자연스런 선순환을 이끌었다.[5]

취학 연령부터 그랬다. 콩나물 교실이란 비유처럼 초등학생 시절엔 2~3부제 운영이 일상적이라 친구들끼리 살을 맞대며 공부했다. 사람이 많으니 경쟁도 치열했다. 당시 졸업정원제가 채택돼 발효 중이었는데, 1978년 58년 개띠들이 대학생이 될 당시에 졸업정원의 1.3배가 넘는 학생들이 합격돼 경쟁 상황은 당연했다. 이들은 산업화와 함께 민주화도 거들었다. 1987년 6월 항쟁 때 58년생 개띠들은 넥타이 부대를 이루며 민주화를 위해 힘을 모았다. 이들의 자부심은 하늘을 찔렀다. 세부적으론 이질적인 인생 경험이겠지만, 외부적으론 상당한 동질감을 공유하며 한국 사회의 변곡점과 시대 전환의 키워드로 부각됐다. 고교평준화의 첫 세대로 대학에 들어갔고, 독재 반대와 민주주의를 외치며 역사 격변을 이뤄냈다는 동류의식이 강하다.

매년 월급은 뛰었고, 평균만 유지하면 내 집 마련은 물론 평수를 넓혀가는 것도 가능했다. 가장 혼자 벌어도 4인 가족 정도는 무난히 교육·의료·주택 비용을 커버했다. 선배세대가 그랬던 것처럼 선행 모델만 좇아가면 파랑새를 잡을 수 있을 듯했다.

이들은 30세가 되면서 결혼 대열에 합류했다. 100만 출생자가 앞다퉈 가족구성에 뛰어드니 신접살림에 필요한 200만호 건설 계획은 당연지사였다. 그래도 집은 부족했고, 그래서 또 집값이 뛰었다. 58년생 개띠가 한국의 아파트 값을 정한다는 말은 이때부터 유용했다.

58년생 개띠가 40대에 진입한 1998년, 위기는 느닷없이 닥쳤다. 계속될 줄 알았던 성장 신화가 삐거덕거리며 외환위기에 노출된 것이다. 인플레는 상식이었기에 부채경제로 재산을 늘리는 데 주력해 왔는데, 외환위기로 상황은 꼬이기 시작했다. 구조조정이 시작됐고, 58년생 개띠도 일정 부분 실업충격에 맞닥뜨려야 했다. 다행스럽게도 위기 극복은 빨랐다. 2000년대 들어 벤처 열기까지 일어나자 58년생 개띠는 다시 새로운 희망을 품었다.

2000년대가 개막하며 기회는 무궁무진해졌다. 소득은 정점을 치달았고, 부동산 불로소득은 짭짤했다. 상당수의 사람들이 중대형 아파트에 살며 강남 진입을 목표로 더 열심히 일했다. 계층 상승의 사다리에 올라타려는 자녀교육의 열기는 부동산 차별화까지 낳았다. 그럼에도 58년생 개띠의 노후 불안은 현실화되지 않았다. 일할 수 있고 돈을 버는 데다 쟁여둔 부동산은 베이비부머를 포함한 58년생 개띠를 다른 연령 그룹보다 부유한 집단으로 이끌었기 때문이다. 물론 구조적인 압박이 있기는 했지만, 버텨낼 걸로 내다봤다. 그러나 2008년, 58년생 개띠가 50대에 진입하면서 그것은 오판이었음이 드러났다. 선배세대의 인생 경로처럼 무난할 걸로 기대했던 행복한 은퇴는 이들의 것이 될 수 없었다.

2018년 58년 개띠는 환갑을 앞두게 되었다. 그리고 사실상 정년연장 수혜도 곧 종료되는 상황에 임박했다. 대부분은 50대 초중반부터 퇴사했을 가능성이 높다. 설령 살아남았다 해도 환갑 은퇴를 피할 수는 없다. ±2000년의 40대 초중까지도 선배세대의 정년 은퇴를 부럽게 목격했지만, 정작 이들에게는 해당되지 않는다.

1958년생 개띠의 삶에 변화가 필요해진 건 이전세대와는 크게 달라진 상황, 그리고 그로 인해 일해야 하는 기간이 약 30년 정도 늘어난 탓이 크다. 선배세대의 인생 경로로 보자면 은퇴 시점이어야 할 60대에 이들은 새롭게 근로를 시작해야 한다. 게다가 2008년 금융위기 이후 상시적 구조조정이 고착화되면서 중년인구의 고용불안은 가속화됐다. 결국 58년생 개띠는 은퇴는커녕 일을 찾아 방황하는 신세가 됐다. 계속고용의 유통기한도 70세까지 늘어났다. 재산이 많다고

[그림 3-5] 58년생 개띠의 생애 경로별 금전 수요 시나리오

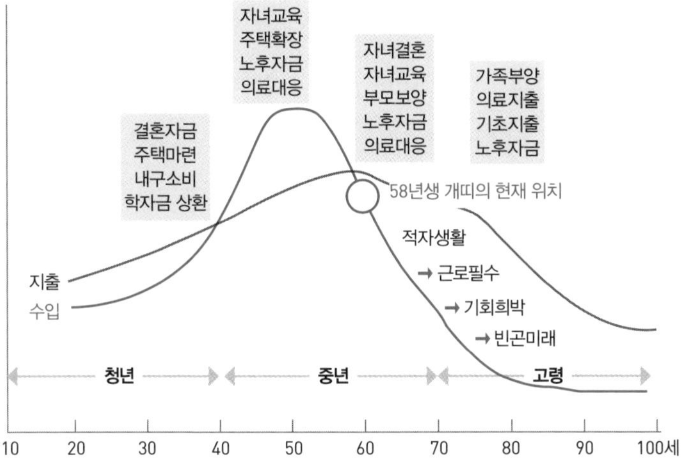

안심할 일은 아니다. 자녀의 독립은 요원하고, 부모부양은 다가온다. 쟁여둔 돈은 백세시대를 대비해 본인을 포함한 부부만 쓰기에도 부족한데 자녀와 부모까지 부양해야 하니 비용 부담은 천근만근이다.

아무리 둘러봐도 더 들어올 돈은 없다. 부동산을 움켜쥐지만 불안하기 짝이 없다. 연금은 받는다 해도 푼돈에 불과하다. 믿을 건 결국 근로소득뿐이다. 그럼에도 58년생 개띠까지 품어 안을 일자리는 없다. 더 젊은 중년실업자마저 수두룩하기 때문이다.

58년생 개띠의 중년 서사는, 비극적인 애사哀史가 될 가능성이 크다. 지금은 예고편이지만, 2020년은 본방이 개시되는 시점이다. 이때가 되면 한국 사회에서 단 한 번도 이렇다 할 주목과 관심을 받지 못

한 중년인구의 생활 갈등이 본격화된다. 1,700만 광의의 베이비부머가 30년 중년 시기의 한가운데(45~65세)에 들어선다는 건 결코 가볍게 볼 수 없는 이슈다.

2020년을 시작으로, 베이비부머 막내세대(1975년생)가 70세가 되는 2045년까지 이 갈등은 반복될 수밖에 없다. 정책 대상이 아니라고 소외시키기엔 인구비중이 너무 크기에 대응을 준비해야 한다.

3가지 위험인자

대응은 정확한 문제 진단이 선행될 때 가능하다. 지금 한국 중년의 위기를 야기하는 인자로 크게 3가지를 꼽을 수 있다([표 3-2] 참

[표 3-2] 중년(고령)위기의 남녀 비교

	중년 남성	중년 여성
건강 격차	•심리질병(우울증) 문제 •직장 고립과 자살 증가	•장수와 간병 및 노후자금 문제 •고령 생활보호수급자의 증가
고용 격차	•실업률의 상승 •무업無業자의 증가	•비정규직의 증가 및 고용환경 변화 •비정규직의 리스크 증가
결혼 격차	•생애미혼율의 상승 •숙년 이혼의 증가	•미혼·비혼·이혼 증가와 재혼율 저하 •일과 가정 양립 조화의 리스크 상승
대응책	•기업과 개인의 양립 조화 촉진 •기업복지에서 사회복지로 전환	•취업 지속 및 임금 격차 시정 •독신 우려 줄일 네트워크 수립

자료 : 닛세이기초연구소

조). 선배세대의 중년 시절과 확연히 달라진 '고용', '건강', '가족'이다.

먼저 고용을 살펴보자. 중년은 '고용'으로 어려움을 겪은 적이 없다. 일자리가 보장되니 소득에 대해서도 걱정하지 않았다. 고도성장 땐 '기업복지'란 말처럼 고용이 곧 의료·교육·육아·간병·노후문제까지 챙겨줬다. 그들에게 고용은 남자가 밖에서 일을 하고 여자가 집안일을 도맡는 가족 모델을 탄탄하게 하는 수단이었다.

회사에 충성하는 것은 당연했다. 그리하여 종신고용을 약속받고, 회사인간이 되었다. 그런데 일련의 모든 상황이 흔들리기 시작했다. 성장 신화가 붕괴되면서 사회 전체적으로 고용이 불안해졌다. 1997년 외환위기가 그 분기점이었다. 외환위기 이후 정년퇴직은 희귀해졌고, 비정규직은 늘어났으며, 상시 해고는 현실의 공포가 됐다. 한창 일할 나이에 실업을 걱정하게 됐다. 자녀양육과 부모부양의 압박과 무게는 갈수록 거세지고, 중년은 더 이상 그들의 임무를 완수하기 어려워졌다.

건강은 그나마 가진 것 없는 중년그룹의 최후 보루였다. 고도성장 시대에는 몸뚱이 하나만 잘 굴려도 먹고사는 데는 문제가 없었다. 상대적 격차는 있어도 가장 대접받으며 살 수 있었지만 지금은 그렇지 않다. 중년의 건강이 이후 생활 품질의 격차를 만드는 주요 변수로 부각됐다. 중년의 원천임무인 소득 획득이 힘들어지면서 받는 스트레스의 강도가 세지고, 이는 육체와 정신의 건강 악화로 직결된다.

'구조조정 → 고용불안 → 건강 악화'라는 흐름을 띠며, 빈곤할수록 아파지는 악순환이 벌어진다. 특히 중년은 감정(심리)장애로 불리는 우울증에 취약하다. 책임과 역할은 큰데 현실이 따라주지 않아서

[그림 3-6] 한국의 중위연령 변화 추이(1965~1965년)

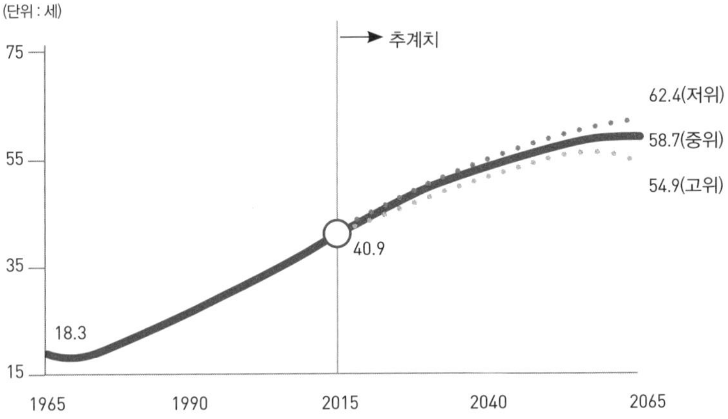

자료 : 통계청(장래인구추계 2015~2065년)

다. 출산 이후 양육 및 교육으로 전형적인 U자형 취업곡선을 그리는 중년 여성의 사회 복귀 실패, 그로 인한 스트레스도 질환이 심화되는 원인 중 하나다. 냉엄해진 현실은 경력단절 여성이 사회에 복귀할 기회를 좀처럼 주지 않는다.

고용과 건강처럼 가족도 중년붕괴의 도미노 패 중 하나다. 원래 중년은 청년이나 고령과 달리 혼자 거주하는 경우가 드물었다. 그런데 최근 한국 사회에도 언제부터인가 중년 독신이 뉴스거리로 떠올랐다. 애초부터 가족구성을 하지 않은 이들이 중년그룹에 가세하거나, 멀쩡하던 중년 가계가 가족 붕괴로 찢어지며 1인 가구를 구성한 것이다.

전자는 중년 실업과 맞물려 더 늙은 부모세대에게 의존하는 새로운 문제를 낳고, 후자는 고용불안이 만든 금전 갈등이 가족 해체로 직결된다. 가장의 휴업, 실업, 무업 등 고용위기가 장기화되면 가족이 버텨내기 힘들다. 생존을 위해 갈라서거나 단절되며, 이후는 뻔하다. 가정 해체, 가족 붕괴는 고스란히 사회비용으로 전가된다.

호황만 경험해본 세대의 딜레마

중년인구의 사회경제적 파급력은 여타 세대를 압도한다. 인구공급이 보너스를 안겨줬던 시절엔 상대적인 인구비중이 소수파에 머물렀지만, 베이비부머가 40대를 넘기면서부터는 독보적인 중심 인구로 부각된다. 2035년이면 청년인구(35.4퍼센트)를 따돌리고 선두 그룹(43.8퍼센트)으로 자리할 것이다. 다른 통계도 중년인구의 무게감을 증명한다. 한국인을 연령순서대로 세울 때 한가운데 있는 사람의 나이를 뜻하는 '중위연령'은 2015년 이미 마흔을 넘긴 40.9세[6]로 집계된다. 총 인구의 50퍼센트가 40세 이상 인구라는 뜻이다. 즉 한국 사

회는 중년사회로 접어들었고, 이는 부인할 수 없는 현실이다.[7]

'한국 사회'는 곧 '중년사회'라는 등치가 시작됐다. 워낙 고령사회란 말에 익숙해 동의하지 못할 수 있으나, 통계상으로는 그렇다. 그런데도 한국 사회는 중년사회를 건너뛰어 고령사회에만 초점을 맞추고 있다. 중년을 건너뛴 고령이 없듯 중년문제를 소외시킨 고령 대책은 사상누각이다. 중년이슈를 면밀하고 확실히 이해할 때 비로소 고령이슈의 문제해결을 위한 실마리도 찾아지는 법이다. 이런 점에서 볼 때, 2020년 중년위기의 본격 출현은 위기 신호를 취합·분석해 인식 기반과 제도의 토대를 재검토할 수 있는 둘도 없는 기회다.

장기적이고 안정적인 유형의 근로에서 제외된다는 것, 동시에 소득 단절로 인한 빈곤이 2020년 중년세대가 직면할 다양한 갈등을 유발하는 원인이다.

중년사회의 시작

무난할 걸로 내다봤던 정년 은퇴라는 희망의 상실이 중년위기를 가져온다. 일을 못하니 돈이 줄어들고, 가족은 싸우며, 스트레스는 쌓인다. 게다가 심신이 고달파지니 질병에 더 취약해지는 악순환의 반복이 펼쳐진다. 따라서 중년위기의 핵심은 '일'일 수밖에 없다. '일만 주면 뭐든지 할 것'이고 '못할 일은 없을 것'이란 말처럼 절체절명의 무직 공포에 노출된다. 일자리의 절박함은 모든 세대가 동일하지만, 중년인구의 간절함과 애절함은 더 심하다. 자녀양육과 부모부양 그리고 노후 대비 등 다른 나라에 비해 한국의 중년이 짊어져야 할 책임의 무게와 부담이 더 크기 때문이다. 책임질 것도 뒤치다꺼리 할 것도 늘었는데, 곳간은 비었으니 중년위기는 노후 난민으로 직결되는 출발 지점일 수밖에 없다.

정년 은퇴는 사실상 사라졌다. 경제활동의 주축이라 할 수 있는 중년이 은퇴할 시기가 되기 전에 실직하는 일도 나타났다. 이는 고도성장 때에 기획되고 실행된 경제 모델이 정합성을 잃으며 찾아왔다. 압축적인 고도성장, 이른바 '한국형 경제 모델'이 외환위기를 계기로 종료되면서 중년부터 실업을 맞는 일이 생기기 시작한 것이다. 고용보장은 구조조정으로 무너졌다. 중년이 체감하는 고용불안도 이때부터 심화되기 시작했다.

중년이 정년이 되기도 전에 직장을 잃는 일이 늘어나면서 그들이 그려왔던 생애 전체의 자금순환곡선도 뒤틀리고 말았다. 정년까지 버텨야 젊었을 때 고생한 대가로 생활급 수혜를 받는데, 중도에 퇴직하면 상당한 금전손실이 발생한다. 그들은 종신고용과 연공서열로 직장생활 기간이 오래될수록 임금을 올려주는 시기에 직장생활을 시작했다. 그들이 열심히 일해서 거둔 성과에 비해 월급은 적은 편이었다. 하지만 주거, 교육, 의료, 노후 등 4대 거대 지출이 기업복지 안에서 해결이 됐기에 감수할 수 있었다. 게다가 40대 이후 돈이 더 필요해질 시점에는 월급이 크게 오르는 구조였다. 그들은 중년이 되면 청년 시절의 강제출자(성과 〉 월급)가 고배당(성과 〈 월급)으로 환급되기를 기대하며 그것만 믿고 일했다.

그러나 청춘을 저당 잡힌 대신 받기로 한 중년 이후의 암묵적인 고배당(생활급)은 고용불안의 상황에서 날아가 버렸다. 그러면서 고배당을 받으면 해결하기로 했던 자녀교육, 부모봉양, 노후 준비 역시 모두 허망하게 무너졌다. 이런 상태에서 위기 상황이라도 발생하면 중산층에서 빈곤층으로 전락하는 것은 시간문제다. 중년인구는 실업 또는 실직할지도 모른다는 불안을 늘 껴안고 살아야 한다.

안타깝게도 저출산, 저성장의 경제 상황에서 기업은 중년의 직원을 품고 갈 여력도 의지도 없다. 고용이 곧 비용이라는 인식이 기업에 정착되면서 조기퇴직 현상 역시 확대되고 있다. 대부분의 회사에서 중년직원은 값만 비싸지 효용은 별로다, 그들 없이도 일할 사람은 넘쳐난다고 생각한다. 상당 기간 함께 직장을 다닌 동료이자 선후배지만 그들을 위한 예의와 위로는 찾기 힘들어진다.

특히 50대 전후의 그룹이 위험하다. 40대~50대까지는 만족스럽지 않더라도 일할 기회가 아직 많이 있다. 경험과 노하우를 갖추고 있으면서도 중년인구 중에서는 젊기 때문이다. 그러나 50세 이후부터는 일자리를 얻을 기회 자체가 현격하게 줄어든다. 이미 50세를 넘겨 장년그룹(50~64세)으로 들어간 사람을 대상으로 최장 근무처의 평균적인 근속기간을 물었더니, 14년 9개월에 불과했다(2015년 5월). 4년 전에 16년 6개월이었음을 보면, 장기근속이 갈수록 어려워지고 있음을 알 수 있다([그림 3-7] 참조). 30세 전후에 취업해 1~3곳의 기업을 경유(대략 5년)한 후 최장 근무한 직장이 15년이면, 50세 전후가 샐러리맨의 최후 라인일 수밖에 없다. 중년인구가 안정적인 일자리에서 본격적으로 강판되는 현상이 가시화되는 시점인 것이다.

[그림 3-7] 한국장년(50~64세)의 최장 근무처 평균 근속 기간

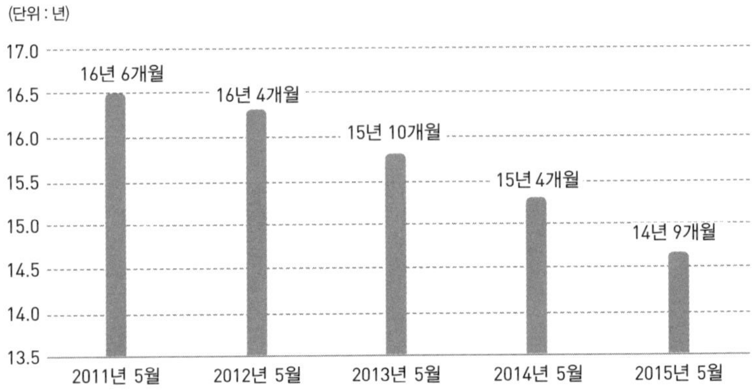

자료 : 고용노동부(통계로 보는 우리나라 노동시장의 모습, 2016년)

중산층이 빈곤층으로 전락하는 이유

샐러리맨이라면 누구도 구조조정의 칼날을 피하기 어렵다. '구조조정 → 실업 현실 → 구직활동 → 좌절 반복 → 지출 부담'의 시작이다. 뭐라도 하지 않으면 안 될 판이다. 재취업을 하려면 눈높이를 확 낮춰야 하고 그렇다면 가능한 일자리는 경력과 무관한 저임금의 주변부뿐이다. 이때 고용 형태는 자연스럽게 정규직에서 비정규직으로 전환된다. 가뜩이나 일자리가 없는데, 중년의 재취업자리가 정규직일 리 없다. 이때 자영업에 도전하기도 하는데, 이 역시 힘들긴 마찬가지다. 높은 폐업가능성을 감수한 채 더 치열한 경쟁무대로 들어서는 일이라 할 수 있다. 어쨌거나 다수에게는 재취업이 먼저다. 창업은

[그림 3-8] 장년인구의 실업자 및 실업률 추이

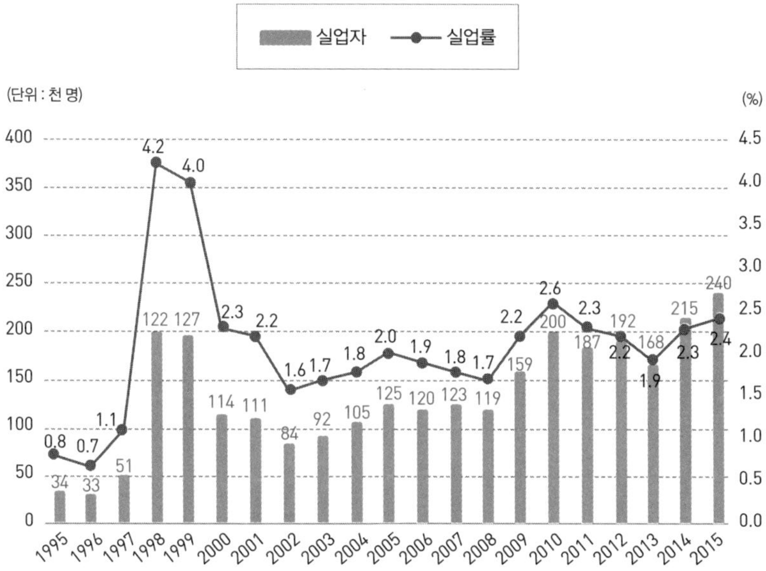

자료 : 고용노동부(통계로 보는 우리나라 노동시장의 모습, 2016년)

최후 카드다.

다음 단계는 '중산층 → 빈곤층'의 미끄럼틀이다. 사라진 일자리와 줄어든 소득원은 멀쩡히 잘 살아온 한국 중년의 후반인생을 얼룩지게 만든다. 통계도 이런 현실을 뒷받침한다. [그림 3-8]을 보면 ±50세부터 고용불안은 꽤 높아진다. 30~49세는 정규직 56.9퍼센트, 비정규직 36.6퍼센트지만, 50세를 넘기면(50~64세) 해당 비율이 22.6퍼센트, 29.8퍼센트로 줄어든다. 50대부터 '정규직'에서 '비정규직'으로의 하향 이탈이 본격화된다는 얘기다. 65세 이상은 정규직이

[그림 3-9] 장년인구의 비경제활동인구 증가 추이

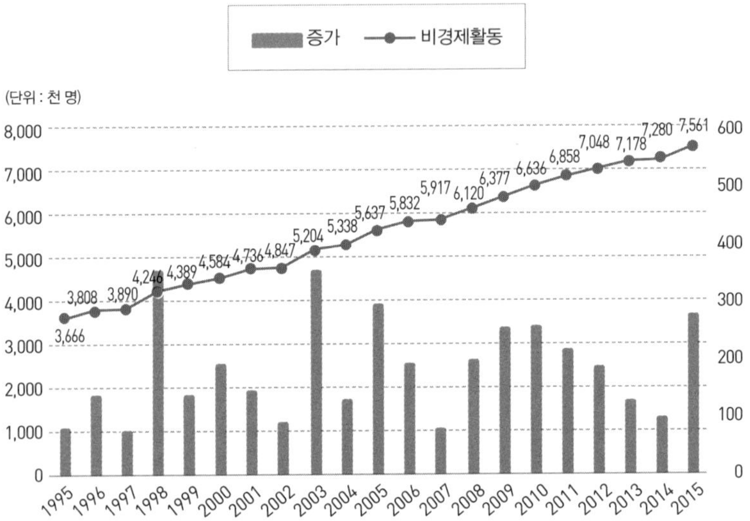

자료 : 고용노동부(통계로 보는 우리나라 노동시장의 모습, 2016년)

1.9퍼센트, 비정규직이 12.7퍼센트까지 더 나빠진다. 이는 중년인구의 임금하락과도 직결된다.

2016년 고용노동부의 발표에 따르면 정규직과 비정규직의 임금격차(중년인구)는 갈수록 악화되어, 2009년(6월) 56.3퍼센트에서 2015년(6월) 65.5퍼센트까지 벌어졌다. 그럼에도 중년인구의 고용비율은 OECD 평균보다 높다. 복지에서 소외된 채, 묻지도 따지지도 않고 일할 수밖에 없는 것이 한국 중년의 현실이다. 그럼에도 갈수록 중년인구(50~64세)의 실업 상황은 악화된다. 실업률은 오르고 실업자는 불어난다. 일자리가 없든가, 혹은 구직 의지가 희박해진 중년인

[표 3-3] 한국의 실질 은퇴연령 국제 비교

(단위 : 세)

		OECD	한국	미국	일본	독일	영국	프랑스	멕시코
남성	2004년	63.0	69.9	64.3	69.5	61.3	63.0	58.8	73.5
	2014년	64.6	72.9	65.9	69.3	62.7	64.1	59.4	72.0
여성	2004년	61.7	66.9	63.3	66.1	60.6	61.5	58.8	73.5
	2014년	63.2	70.6	64.7	67.6	62.7	62.4	59.8	68.1

자료 : 보건복지부(통계로 보는 우리나라 노동시장의 모습, 2016년 재인용)

구가 실업통계에 잡힌 결과다. 반면 중년인구지만 구직활동조차 없는 비경제활동인구(일할 능력은 있지만 일할 의사가 없는 경우)는 증가세다([그림 3-9] 참조).

어쨌든 중년은 길어졌다. 50대부터 고용불안이 시작되면 고령 원년인 70세까지 20년간 빈곤 압박이 불가피하다. 이런 근로 연장의 상황은 세계에서도 유례없는 수준이다. 저성장이 시작된 선진국조차 근로 연장은 대체로 60대까지인데, 한국은 유독 70세를 넘긴다. 한국의 실질적인 은퇴 연령은 OECD 국가 중 최고 수준이다. 2014년 현재 남녀 각각 72.9세, 70.6세로 OECD 국가 평균(64.6세, 63.2세)보다 7~8세가 높다. 10년 전인 2004년보다 남녀 모두 3~4세 늘어났다.[8] 고용 사정이 열악한 멕시코는 되레 은퇴 연령이 줄었다([표 3-3] 참조). 한국 중년에게 은퇴란 70대 언저리까지의 계속근로가 전제될 때 가능하단 얘기다. 단 중년에게 주어지는 것이 꽤 열악한 저임금 혹은 주변부 일자리라는 건 함정이다.

정부도 중년위기를 모르는 것은 아니다. 그래서 2014년에 그 해법으로 정년연장을 꺼내들었다. 기업에서 더 오래 고용하자는 정책을 채택한 것이다. 공식적으로 내세운 이유는 생산현장의 숙련 단절, 내수시장의 소비 감소, 해당 가계의 노후불안, 사회현장의 갈등 등이지만, 실질적인 이유는 비어 있는 정부의 곳간을 채워야 한다는 압박 때문이다. 65세부터 공적연금을 주자니 정년을 최대한 60세까지 미룰 수밖에 없는 것이다. 나머지 갭을 메우려면 불가피하게 65세까지 정년을 미뤄야 할지도 모른다.

다만 유념해야 할 것은 정년연장은 생각보다 실효성이 떨어진다는 점이다. 중년인구의 충격을 완화하기 위한 장치로 정년연장을 꺼내 들었지만, 정년에 도달하기 전에 이미 온갖 이유로 직장에서 내몰리는 게 현실이다. 특히 화이트칼라의 대부분은 50대 진입과 함께 암암리에 퇴직 압력을 받는다. 게다가 안정적인 정년연장보다는 매년 계약을 갱신하는 촉탁 근무의 형태도 늘어나고 있다. 임금피크제salary peak로 인해 기간은 늘어도 소득은 줄 수밖에 없다는 점도 한계다.

중년 심리에 주목하라

[1] 고용불안 → 해고강판 → 실업노출 → 소득감소 → 하류딱지

[2] 심리불안 → 가정파탄 → 은둔심화 → 질환노출 → 비용증대

위의 2가지 흐름은 2020년 문제의 악순환을 부르는 논리구조다. 전자는 중년인구의 금전적 갈등에, 후자는 중년인구의 생활 악화에 초점을 맞춰 맥락을 연결한 것이다. 중요한 건 [1]과 [2]의 연결고리다. 둘은 엇박자처럼 연거푸 서로를 자극하며 상황을 악화시킨다. 악순환이 끝도 없이 이어지다 마지막엔 도돌이표까지 등장해 상황을

반복하게 만든다. 즉 고용불안은 그 자체로 끝나지 않고, 중년인구의 생활 전반을 동시다발로 위협한다는 의미다.

앞에서 중년인구의 고용불안을 살펴봤다면 지금부터는 고용불안의 2차적 후폭풍으로, 가정 영역과 생활 전반에 걸친 중년인구의 위기를 알아보자. 주로 [2]에 해당하는 영역이다. [1]은 그나마 사태의 심각성이 알려졌지만 [2]는 그러지 못한 채 배제됐다. 그래서 제대로 짚고 넘어갈 필요가 있다.

그 출발인 중년인구의 심리불안은 흔히 사회 이슈가 아닌 개인의 문제로 치부된다. 안타깝게도 한국 사회에 만연한 문제들은 웬만하면 각자도생의 해법으로 귀결되는 일이 많다. 국가나 사회가 제대로 손을 쓰지 않기 때문인데, 중년의 심리불안과 거기서 비롯되는 파생 갈등도 스스로 풀어야 할 개인의 숙제로 남을 가능성이 크다.

그래도 이 지점을 간과해서는 안 된다. 누누이 강조하지만 2020년을 기점으로 한국 사회의 다수 집단이 중년이 되기 때문이다. 중년의 비중은 상당하기에 그들의 문제를 방치하면 사회 전체의 문제로 확대되고, 사회 전반에 악영향을 줄 수 있다. 그런 맥락에서 개인 차원이 아닌 국가나 사회 차원에서의 대안이 마련돼야 한다.

그렇다면 중요한 것은 어떻게 이 문제를 다룰 것인가이다. 이왕 해결하기로 했다면 단순히 불행과 갈등, 상처 요인을 제거하는 것에서 나아가 행복, 만족, 희망까지 제공할 수 있는 방식으로 이어져야 한다. 그러려면 좀 더 전략적으로 현명하게 접근할 필요가 있다.

그들이 무너지면 한국이 무너진다

중년은 헐떡이며 달려왔지만 삶은 의문투성이다. 지긋한 어른일 수도, 쌩쌩한 청춘일 수도 없는 애매한 나이. 본인조차 생소할 수밖에 없다. 낯섦으로 당황한 중년을 《저도 중년은 처음입니다》란 책[9] 이 화들짝 깨운다.

게다가 노화에 따른 신체적 변화까지 일어난다. 그럼에도 파업은 커녕 휴식조차 허용되지 않는다. 의지와 무관하게 해결할 일의 연속이지만, 인정은 박하다. 묵묵히 허리 역할을 수행하는 것은 당연한 일일 뿐 내세울 공덕은 아니라는 분위기다. 《어느 날 중년이라는 청구서가 날아왔다》에서는 파티를 즐긴 것 같지도 않은데, 꼭 치러야만 할 달갑잖은 청구서가 바로 '중년'이라 했다.[10] "욕망에 압도당해 풍요로움에 질식했고, 삶보다는 부를 사랑했다."는 문구처럼 지금까지의 경로엔 동의할 수밖에 없다.

그렇지만 딱 여기까지다. 넓은 아파트, 근사한 차, 아이의 성적 등이 중년인구가 가진 것을 평가하는 항목의 전부다. 거기에 정작 자신은 없다. 이는 타자의 시선에 함몰되고, 본인의 마음을 억누르며 살아온 중년의 모습을 단적으로 보여주는 예다. 중년은 특유의 신체·심리적인 변화가 나타나도 주변에 도움을 청하지 못하고 홀로 버텨낸다. 초기에 진화를 못하다 보니 이런 문제는 점차 확대되고 심각해진다.

가족의 사랑과 신뢰가 있다면 이런 심리적 문제가 완화될 수 있다. 하지만 회사인간이던 중년그룹은 그것을 기대할 만한 처지가 아니다.

직장에서의 생존에 몰입하느라 가정에서는 늘 부재였다. 그 대가는 생각보다 크다. 비빌 언덕, 토닥여줄 가족은 강 건너에 있다. 가족구성을 유지하기 위해 그토록 애써왔는데, 아이러니하게도 그 때문에 가족에게서 멀어지고 투명인간 취급을 받는다.

온갖 노력 끝에 한눈 팔지 않고 가까스로 지켜낸 가정이 균열을 일으키며 붕괴의 조짐을 보인다. 맘은 바쁜데 몸은 스톱 상태다. 멈춰선 김에 숨을 고르고 가라는 위로와 응원이 있긴 하지만, 곧 재기에 성공하라는 암묵적 부담으로 이어진다. 실질적인 해법 없이 토닥임으로 오래 버틸 수는 없다. 이렇듯 중년그룹은 직장에서도 가정에서도 안착하지 못하고 일촉즉발의 위기가 산재한 망망대해를 떠돈다.

앞서 그림으로 보여진 중년 시점에서 맞이하는 생활환경의 변화는 고용불안이나 실업에 대한 걱정 등 개별적 상황에서 시작되지만, 곧 확산되면서 가정을 넘어 사회로까지 불씨를 옮긴다. 그리고 그 문제는 2020년부터 본격화될 것이다. 더욱이 회사에서 밀려나거나 가정에서 제자리를 찾지 못하고 떠도는 중년그룹을 구해낼 유력한 구조장치가 고용안정이라고 볼 때, 향후 펼쳐질 구조적인 감축 성장은 이들의 희망을 퇴색시킬 위험이 농후하다.

중년위기의 장기 고착은 70세 이후의 말년 인생에까지 그대로 연결된다. 유유자적 살아가는 인생 후반전은 백일몽에 불과하다. 비유컨대 '표류중년'에서 '하류노인'으로 이어지는 현상은 조만간 한국 사회의 골칫거리로 떠오를 것이다.

한국보다 앞서 구조전환Regime Shift의 압박에 내몰린 일본에선 1990년대부터 어디에도 정착하지 못하는 중년의 불시착 갈등이 사회문제로 부각됐다. 정년 이전 퇴직 상황에 내몰린 중년 남자의 갈등 스토리를 담담하게 엮어낸 《코슈》孤舟[11]란 책은 회사인간에서 강판당한 중년그룹의 현실을 '코슈족'孤舟族이라는 신조어로 설명했다. 여기서 코슈는 '쪽배'라는 말로 혼자 타는 작은 배 정도로 해석된다.

가족에게 외면당하는 중년 남성의 상실감을 잘 드러낸 이 책은[12] 불황에 허덕이던 당시 출판계에 베스트셀러로 떠올랐다. 그만큼 많은 이들의 공감을 산 것이다. 외로운 중년남자의 고독감과 은퇴 이후의 처절한 압박감을 겪어본 중년 당사자는 물론 주변 가족과 지인의 공감을 얻고 극찬을 받았다.

한국도 예외는 아니다. 일을 잃은 중년 남성이 평일 대낮에 할 수 있는 것이라곤 방에 홀로 누워 있거나 산에 오르는 것뿐이다. 이들에겐 하릴없는 방황조차 낯설다. 이마저도 타인의 시선을 이겨낼 용기가 있어야 가능하다. 일이 사라진 중년인구의 휴대폰이 울리는 건 길어야 3개월이다. 소외와 고독은 금세 찾아온다.

그런데 이때 정말 심각한 것은 심리적으로 무너지는 것이다. 한번 주저앉은 심리는 회복이 어렵다. '중년의 실업위기'가 '심리 붕괴'로 연결되는 데는 그다지 많은 시간이 걸리지 않고 처음엔 온갖 노력을 다 해보겠지만, 실패가 반복되면 포기와 좌절은 시간문제다.

열악한 저임금의 고용 기회조차 쉽게 얻어지지 않고 그 기회를 잡았다 해도 지속된다는 보장이 없다. 2020년부터 실업 단계로 들어갈 제1차 베이비부머를 포함해 엄청난 수의 중년인구들 사이에서 전직·이직을 포함한 일자리 경쟁은 치열해진다. 이 현실에선 열등한 고용 기회조차 얻을 확률이 줄어든다.

중년인구 역시 앞서 살펴본 청년세대처럼 자신들의 역할과 임무를 포기하고 방치할 수 있다. 나아가 회사와 가정에서의 소외된 중년은 방황하다 장기적인 인생 표류로 전이될 수 있다. 개별적인 선택이 동시다발적으로 이뤄지면 사회 전체를 멈추게 하는 브레이크가 되듯 표류 중년이 대거 등장하면 사회 곳곳에 문제를 야기한다. 가정과 사회가 치러야 할 유발비용이 눈덩이처럼 불어나고, 추가적인 갈등은 점차 복잡하고 다난해진다.

불시착하는 중년

중년의 심리적 패배는 '회사인간의 불시착증후군'으로 명명할 수 있다. 고용위기에 봉착한 회사인간의 심리적인 폐색閉塞 한계는 불시착 당시엔 소극적인 개별 문제에 머물지만, 갈수록 가정과 사회로 확대된다. 더불어 갈등비용의 유발인자로 작용한다.

선배세대처럼 뒷방 퇴물로 전락해 쓸모없는 잉여인간이 되지 않도록 애쓰겠지만, 그건 초기 단계의 희망사항이다. 할 일이 없고, 갈 데가 없으며, 놀 친구도 없다. 그뿐인가? 벌어둔 돈조차 없는 '4무無의 하류인생'을 자각하는 건 순식간이다. 그렇게 되면 희망을 잃고 자포자기에 빠지는 건 자연스러운 수순이다. 한창 일해야 할 40~69세 중년인구의 심리적 패배선언은 심각하다. 이는 개인을 넘어 생활현장 곳곳에 불시착하며 위험한 불씨를 옮겨 나르게 된다.

회사인간의 불시착증후군은 먼저 개별적인 심리붕괴를 가져온다.

[그림 3-10] 연령대별 우울증 환자 비교

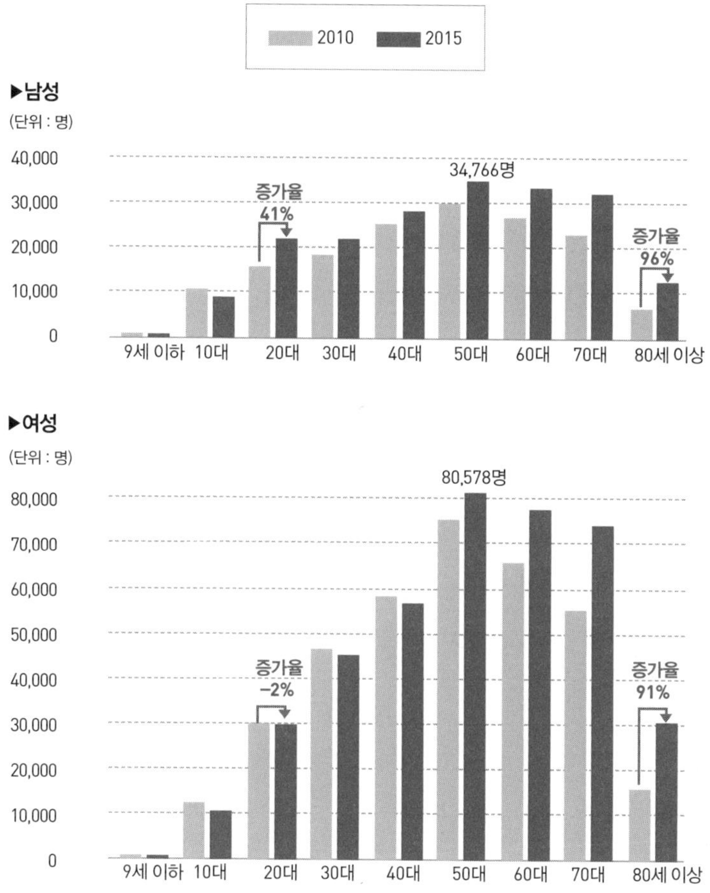

자료 : 국민건강보험공단

고용불안의 심리적 경착륙에 따른 각종 정신질환에 노출되는 게 대표적이다. 상황을 받아들이지 못하면 '포기 → 방치 → 분노'로 연결되고, 최초 단계는 우울증이다. 연령대별 우울증 환자를 보면 50대가 제일 많다. 40~69세의 30년 중년인구가 모두 상위에 위치한다. 증가율은 다른 세대보다 덜할지 몰라도 중년 남녀 모두 우울증의 비중이 다른 세대를 압도한다([그림 3-10]참조). 포기가 장기화되면 그 다음은 좌절감이 자리를 차지한다. 나아질 게 없다는 불행감이 삶에 들어오면 버텨내기 어렵다. 중년자살이 바로 그 증거다.

실업에 대한 불안으로 인해 자살이 증가하는 문제에서 중년인구도 예외가 아니다. 오히려 다른 세대보다 더 많다. 2010년 대비 2015년 자살률이 세대 불문 줄어들긴 했지만, 중년의 자살 규모는 적잖은 수준이다. 심리·금전·신체적인 불안심리가 일상적인 고령인구보다는 자살률이 낮다지만, 그렇다고 중년인구의 자살 현황을 대수롭잖게 여겨선 곤란하다. 중년표류가 본격화될 2020년부터는 상황이 악화될 게 분명하기 때문이다.

중년인구의 포기와 방치는 가정 영역을 넘어 사회 영역에까지 영향을 미친다. 분노 단계에서 발생하는 외적인 갈등이 개인을 넘어 사회로 번지는 것이다. 중년인구의 대량실업과 사회 부적응이 집 문턱을 넘어 사회문제로 비화될 가능성은 크다. 한국 사회의 주역이자 허리로 열심히 살아왔다는 자부심과 자긍심은 여전한데, 보상은커녕 직장과 가정에서 밀려났다는 상실감이 균열을 일으키는 것이다. 이는 현실과 괴리되며 증오범죄나 분노범죄로 연결될 위험도 있다.

범죄학에선 중년층의 높은 범죄율을 실업률과 이혼율의 상관관계에서 찾는 분위기다. 중년 특유의 스트레스가 범죄로 연결됐다는 분석이다. 2010년 통계지만 10만 명당 폭력범죄율은 40대(882명)가 가장 높다. 폭력범죄율이 1990년 30대 초반, 1995년 30대 중반, 그 이

[그림 3-11] 청년, 중년, 고령 인구의 자살률 추이 비교(10만 명 당)

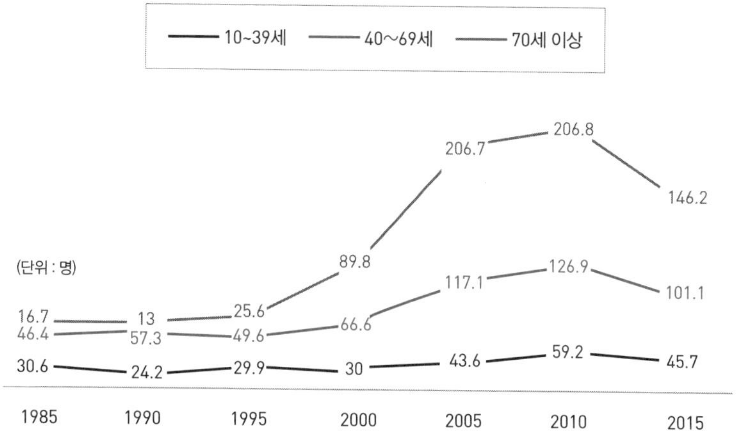

자료 : 통계청(사망 원인 통계)

후에는 40대가 가장 높아진다는 점도 독특하다.[13]

고령화가 심화된 선진국도 엇비슷한 추세다. 이렇게 가다가는 2020년 이후가 염려된다. 중년인구의 포기와 방치 그리고 분노 등에 따른 심리적 방어기제의 출현은 개별 불행을 넘어 사회비용을 야기할 것이다. 무너진 중년심리가 불러올 회사인간의 불시착증후군에 주목해야 하는 까닭이 여기에 있다.

가족 경제가 무너지지 않으려면

4인 가족은 줄어들고 1인 가족은 늘어난다([표 3-4], [그림 3-12] 참조). 더 이상 TV에서조차 단란한 3대 가족을 찾아보기 힘들다. 자본주의가 작동하며 가족 해체를 부추겼고, 살벌한 고용환경은 분가와 독립의 증가를 부추겼다. 이 시대를 살아내기 위해서는 '함께'보다는 '따로'가 오히려 생존에 더 적합하다.

감축 성장이 연애와 결혼을 막았으니 청춘세대를 필두로 홀로 사는 건 현실적인 선택이다. 파편화된 독신생활이 장기화되는 것이다. 시간이 지나면서 청춘 솔로는 싱글 중년이 된다. 동시에 금전문제에

[표 3-4] 1인 가구의 증가 추이

(단위 : 만 명)

	2000(A)	2005	2010	2015(B)	증가율(B-A/A)
20대 미만	56	72	81	95	69.6
30대	42	63	79	95	126.2
40대	**30**	**47**	**63**	**85**	**183.3**
50대	**25**	**37**	**59**	**88**	**252.0**
60대 이상	71	98	132	158	122.5

자료 : 통계청(인구총조사, 2015년, 단위 : 만 명)

[그림 3-12] 늘어나는 싱글세대의 규모 추이

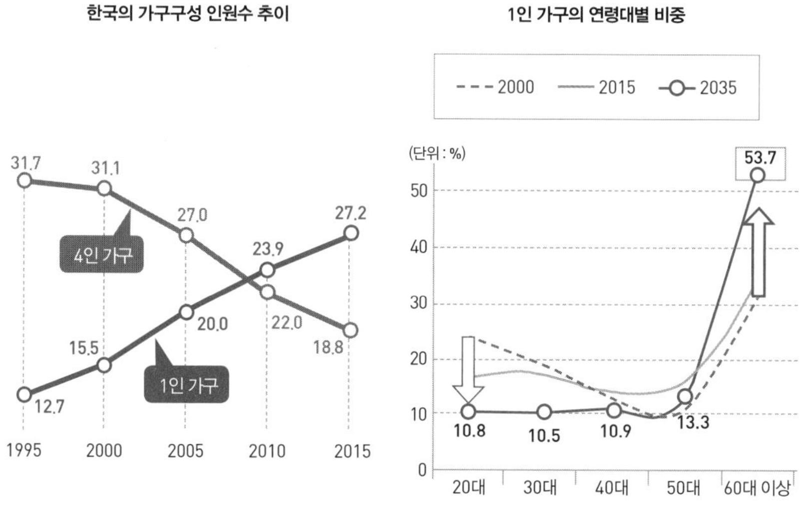

자료 : 통계청(인구총조사, 2015년)

서 비롯된 갈등 누적이 심화되면서 집을 나갔던 자녀세대가 본가로 복귀하는 일도 잦아진다.

개인의 문제가 어떻게 사회로 확산되는가

원래대로라면 중년인구가 맞닥뜨리는 가족문제나 위험은 그리 치명적이진 않다. 40~69세의 30년을 봐도 가족위험의 무게중심은 '자녀 → 부모'로 가중치가 옮겨가는 게 자연스러웠다. 그 전제는 무난한 자녀 독립이다. 빠르면 50대 초중반에, 늦어도 60대 중반이면 자녀의 출가가 완료되는 게 일반적이었다. 이렇게 자녀가 모두 출가하면 실질적인 가족 부담은 늙은 부모봉양만 남을 뿐이었다. 자녀 독립이 끝나고 부모를 위한 최후 지원까지 마치고 나면 비로소 부부만의 행복 은퇴가 시작됐다. 금전 부담도 고스란히 부부 둘만의 소비에서 오는 것뿐이었다.

이것이 과거 통용되던 전형적인 가족구성의 흐름과 경로다. 자녀 독립이 은퇴 시점과 겹치거나 늦어지면 경제적으로는 부담이 됐어도 참을 수 있는 수준이었다. 지금처럼 분가한 자녀를 위해 집까지 마련해주는 일이 별로 없었기 때문이다. 게다가 출가한 자녀들은 꼬박꼬박 용돈을 보내오기도 했다. 그래서 부모가 연로해도 지금과 달리 의료비를 감당할 수 있었다. 부부만 건강하고 화목하면 비록 근로소득이 단절되었다 해도 지금처럼 위기에 빠질 일은 없었다.

그런데 지금은 상황이 달라졌고, 그것이 가족위험을 높이고 있다.

우선 자녀 독립이 늦춰지거나 혹은 아예 독립하지 않는 경우가 늘었다. 수명 연장으로 부모봉양에 필요한 금전 부담도 예전에 비해 늘어났다. 이런 상황에서 자녀가 독립하지 않거나 혹은 독립했던 자녀의 재복귀는 중년부부의 새로운 골칫거리가 되었다. 고용불안으로 중년 본인의 앞가림조차 힘든 판에 자녀 부양의 부담까지 늘어났으니 말이다.

이런 상황에서 중년부부 본인들을 위한 노후 설계는 애초부터 무리다. '자녀부양, 부모봉양, 본인 노후'로 이어지는 삼중고(트릴레마)가 첫 단계부터 꼬인 것이다. 거기에 부모 간병을 위해 퇴사할 수밖에 없는 상황이라면? 어떨까? 실제로 부모의 치매를 이유로 퇴사를 선택하는 중년 자녀가 생겨나고 있다. 치매를 해결해줄 시설도, 비용도 충분하지 않기 때문이다. 소득이 없는데 부모 간병에 자녀 부양까지 해야 한다면 그야말로 악화일로다.

취업, 결혼, 출산, 승진의 바늘구멍을 내 자녀만큼은 잘 뚫기를 바라며 거액의 교육비를 지출했지만, 녹록지 않은 현실에 시대 탓이라는 핑곗거리를 찾을 뿐이다. 일부 중년은 자녀를 독립시키지 못할 정도로 실패했다는 원죄의식도 갖는다.

여기까지면 그래도 낫다. 성년 자녀의 뒷바라지가 교육비나 생활비를 대는 정도라면 허리띠를 졸라매서 해결된다. 하지만 자녀의 경제적 독립을 위해 사업자금까지 대준다면 위기 상황은 한층 증폭된다. 중년 부모와 해당 자녀의 인생 전체가 저당 잡힌다. 과거에는 별로 없던, 새로운 유형의 자녀위험이다.

그렇다면 부부는 어떨까? 무촌無寸인 부부 사이에 발생할 위험은 없을까? 아쉽게도 중년위기, 그중에서도 가족위험 안에는 부부관계의 단절과 파탄에 따른 불안요소가 많아졌다. 자녀위험만큼 아슬아슬한 갈등이 부부위험이다. 회사인간의 불시착증후군을 언제까지 이해하거나 응원해줄 배우자는 없다.

돈 쓸 곳은 많은데 벌 곳이 없다면 작은 불씨조차 금방 큰불로 번질 수 있다. 회사인간을 둘러싼 질책과 원망을 해소할 이렇다 할 묘안이 없다면 부부는 흔들린다. 남성이 직장에 다니고 여성이 가사를 도맡는 전통적인 모델이 이제는 '고립된 남편'과 '우울한 부인'으로 대체되어 집안 공기를 가라앉힌다. 소득과 연금의 분할까지 가능해지면서 더 늦기 전에 독불장군 남편에게서 탈출하려는 여성이 많고, 이는 중년 이혼이 증가하는 이유이기도 하다.

가족위기는 어떻게 형제위기로 확산되는가

가족위기는 부모, 자녀, 부부 등 3대에 국한되지 않는다. 2020년부터 중년표류가 본격화되면 전혀 생각지도 못한 새로운 가족위기까지 가세한다. 2020년 중년위기가 생각보다 심각해질 수 있음을 염두에 두고, 좀 더 구체적으로 살펴보자.

새로운 가족위기란 독립하지 못한 싱글의 형제(자매)를 부양해야 할지 모른다는 불안이다. 방치한다면 쓸쓸한 고독사망의 잠재 대상일 수 있는 싱글 형제가 문제 이슈로 떠올랐다. 홀로 청년 시절을 보낸 싱글 형제가 어느 날 불쑥 부양 청구서를 꺼내들 가능성 말이다.

짐작했듯 싱글 형제가 경제력이 있거나 건강할 때는 그럴 일이 없다. 하지만 경제적인 문제든 건강이든 상황이 악화되면 결국 가족을 찾아올 수밖에 없다. 형제야 한발 비켜선다지만, 부모는 그럴 수 없다. 이 모든 부담은 결국 상대적으로 형편이 나아 보이는 이들에게 집중된다.

형제가 있다면 남의 일이라 치부할 수는 없다. 싱글 형제(자매)뿐 아니라 중년 이후 부부관계의 파탄으로 홀로 된 경우도 골칫거리다. 생애미혼이란 통계로 이를 자세히 살펴보자.[14] 50세 시점을 기준으로 결혼하지 않은 사람을 집계한 통계다.

자의든 타의든 홀로 산다는 건 적잖은 문제를 동반한다. 젊을 때에 비해 질병, 빈곤, 고립의 함정에 곧잘 빠진다. 한국의 생애미혼은 안심할 수 없다. 2015년 기준으로 남성(10.9퍼센트)이 여성(5.0퍼센트)의 2배다. 2000년(1.8퍼센트)보다 6배나 늘었고, 여성도 1.4퍼센트에서 5.0퍼센트로 3.6배 증가했다. 지역별로는 농촌의 독신추세가 뚜렷하다. 농촌의 남성은 대체로 저학력·저소득이기에 중년 미혼이 많을 수밖에 없는 것으로 보인다.

버팀목은 1차 가족뿐이다. 부모와 형제에게 의존하는 것이다. 결혼과 출산으로 2차 가족을 못 꾸렸으니 피붙이라곤 이들뿐이다. 생애미혼자의 전형은 '부모 + 독신 자녀'로 구성된다. 독립의 계기가 없어 쭉 부모와 함께 살거나, 독립 후 단독 가구를 꾸렸다가 부모의 신변이나 자신의 직업적인 변화로 합가하는 게 보통이다. 부모의 질병이나 자녀의 실직 등 경제적인 이유가 합가의 주요 원인이다.

2차 가족을 구성한 독립 자녀로서도 독신 형제의 부모 동거는 반갑다. 서로 챙겨주면 아무래도 부모, 미혼 형제의 독거 염려가 덜해져서다. 문제는 다음 단계다. 싱글 형제가 중년이 되면 본격적인 골칫거리가 된다. '무직 → 비혼 → 고령'의 경로를 밟기 때문이다. 부모에게 얹혀 근근이 먹고살지만, 부모가 돌아가신 후에는 상황이 달라진다. 부모라는 안전장치가 사라지면 그들은 사회적 부양 대상으로 남는다. 외부 세계와 단절된 채 은둔적인 외톨이로 살아갈 가능성이 크다. 부모가 생존했을 때는 부모 연금을 가져다 쓰는데, 부모의 사망 이후엔 온전히 사회비용으로 연결된다.

부모가 사망한 후 이런 싱글 형제는 본격적인 가족위기로 전이된다. 집집마다 골치 아픈 형제 한둘 정도는 있기 마련인데, 이들의 고령화가 상황을 더 악화시킨다. 2차 가족을 형성해 분가한 형제로선 난감한 상황이다. 부모가 죽은 후 남겨진 형제가 버팀목이 되기보다는 삶을 갉아먹는 위험인자일 수 있기 때문이다. 바로 형제위험이다.

무능한 미혼 형제의 책임 여부와 범위 등을 다룬 책《나는 형제를 모른 척할 수 있을까》라는 책이 일본에서는 화제였다. 그만큼 형제위험에 노출된 사람이 많다는 의미다. 이 책은 혼자 사는 가난한 형제의 부양책임에 대해 묻는다. 부모봉양과는 또 다른 차원의 문제다. 한국과 달리 형제의 부양 의무가 법(민법 제877조)으로 규정된 것도 일본인에겐 실질적인 고민의 깊이를 더한다. 반면 한국은 생계를 같이하지 않으면 부양 의무는 없다(민법 제974조).

그만큼 일본에선 싱글 중년의 부양문제가 심각하다. 일본에선 이런 캥거루족을 '기생Parasite 싱글'로 부른다. 부모에게 기생하는 독신자녀라는 의미다. 주거와 경제적 문제를 부모에게 의존하는 경우다.

일자리가 변변찮으니 생활 부담은 부모 몫이다. 일본의 경우 기생 싱글은 버블붕괴가 가시화된 1990년대 중반부터 늘어났다. 이들이 지금 4050세대로 진입하면서 중년 독신이 됐다.

1990년대 청년 독신의 30퍼센트 정도가 여전히 홀로인 채 중년인구로 들어섰다. 45~54세 연령대 중 일본판 캥거루족은 1980년 18만 명에서 2016년 158만 명으로 급증했다. 예비그룹(35~44세)도 전체의 20퍼센트에 육박한다. 50세 일본인 3명 중 1명은 독신으로 나이를 먹은 것이다.[15] 그만큼 생애미혼율[16]은 수치가 치솟고 있다. 10~20년 전부터 본격화된 한국 청년의 결혼연기와 포기를 염두에 둘 때, 2020년 이후 한국 사회가 염려되는 것도 이런 이유다.

형제를 둘러싼 위험은 크게 2가지다. 경제적 무능과 독신 여부다. 결정적인 건 경제적인 무능이 독신을 가속화한다는 점이다. 앞으로 문제는 더 심각해질 걸로 보인다. 경제 사정이 갈수록 힘들어지기에 후속인구의 생애미혼도 안심할 수 없다. 최근 경기 회복과 인구 감소로 청년인구의 일자리가 넘쳐난다지만, 상당 부분 비정규직이라 실상은 또 다르다. 3명 중 1명이 비정규직이고 그 연령이 낮아지면서 더 확산된다는 점에서 2030세대도 안전지대는 아니다.

취업활동을 포기하고 일을 거부하는 청년세대도 적잖다. 이들 중 십중팔구는 결혼이 어렵다. 홀로 살아갈 수밖에 없다. 불가피한 선택이라지만, 훗날 이는 고스란히 다른 형제에게 부담으로 전이될 수 있다. 직업뿐 아니라 배우자마저 없이 늙어간다면 그 과정에서 발생하는 각종 문제는 결국 다른 형제에게 부담으로 돌아갈 수밖에 없다.

[표 3-5] 생애미혼율 한일 비교

(단위 : %)

구분	남성		여성	
	한국	일본	한국	일본
1980년	0.4	2.6	0.3	4.5
1990년	0.6	5.6	0.5	4.3
2000년	1.8	12.6	1.4	5.8
2005년	2.7	16.0	1.7	7.3
2010년	5.8	20.1	2.8	10.6
2015년	10.9	23.4	5.0	14.1

자료 : 한국보건사회연구원 및 통계청

부모 불행이 빈곤 형제로 이어진다

가장 많을 것으로 예견되는 가족위험의 유형은 '부모 불행'과 '빈곤 형제'의 결합이다. 부모를 부양하는 책임은 대개 바쁜 자녀보다 직업 없이 노는 자녀가 맡는 경우가 일반적이다. 처음엔 부모가 무직 자녀를 돌보지만, 부모 신변에 문제가 생기면 부모가 돌봤던 무직 자녀가 부모의 짐을 질 확률이 높다. 그나마 용돈 벌이로 하던 아르바이트조차 부모부양으로 포기하게 된다.

처음엔 쟁여둔 자금으로 부모의 병원비를 커버하지만, 갈수록 곳간은 말라갈 수밖에 없다. 이후 부모가 사망하면 남겨진 독신 자녀는 빈곤해진다. 형제 격차가 노골적으로 두드러지는데, 이는 부모 간병에 따른 형제끼리의 육체·정신·금전적인 부담의 비율이 달라서다.

부모의 간병을 위해 부양 형제가 일이라도 그만두면 2세대가 연속 빈곤에 빠진다. 이때 다른 형제는 부담을 고스란히 떠안을 수밖에 없다. 부모에 형제까지 이중부담이다. 형제 모두 경제력이 좋지 않다면, 혈연 의존은 연쇄 부도를 일으키는 족쇄로 작용한다. 우리 주변에 이와 유사한 사례는 의외로 많다. 결코 남의 일이 아니다.

한국의 앞날은 심히 염려된다. 결혼 연령대가 더 늦어지면서 잠재적인 중년 빈곤층이 확대되고 있기 때문이다. 현재는 부모가 죽고 나면 홀로 남겨질 싱글 중년의 숫자가 일본보다 적지만, 문제는 앞으로다. 고용환경은 나빠지는 상황이고, 복지제도도 허술한데 그나마 최후의 보루였던 부모세대가 사망하면 이들을 떠맡을 피붙이는 형제뿐이다.

2차 가족으로 분화한 후 형제인 1차 가족까지 다 챙길 만큼 여유로운 사람은 별로 없다. 일본처럼 비영리단체가 중심이 돼 중장년 싱글 인구를 지원하는 각종 활동을 기대하기에도 아직은 이르다. 누군가 도와줄 수밖에 없다면 어쨌든 아직까진 형제에게 기댈 수밖에 없는 처지다. 그러니 문제가 심각하다.

가족은 사랑을 근본으로 하고, 이는 복잡하고 메마른 현대사회를 살아가는 중요한 동력이자 동기다. 피붙이의 애정 본능은 어떤 인센티브로도 대체될 수 없다. 그럼에도 현대사회는 갈수록 가족 해체와 혈연 파괴를 강요한다. 가족이 서로에게 부담과 상처로 존재할 수밖에 없는 다양한 원인을 제공한다. 역설적이게도 한국처럼 유교 관념이 건재한 사회일수록 특히 그렇다.

미리미리 준비하는 방법 외에 이런 문제들을 해결할 뾰족한 대안은 없다. 부모부양도 언젠가는 발생할 일이니 대응전략을 세워두는 수밖에 없다. 누가 돌보고, 비용은 어떻게 할 건지 형제끼리 대화하며 현실적인 방법론을 미리 찾아두는 게 훗날의 혼란을 줄이는 길이다. 이런 상황이 펼쳐지면 각자도생으로는 해결하기 어렵다. 사회 전체적인 대응 준비가 절실히 필요하다. 사회 안전망을 강화해 혼자 살거나 아프거나 경제력이 부족해도 충격이 다른 가족에게 옮겨가지 않도록 제도적인 완화 장치를 설치해두어야 한다.

중년 파산을 막아라

인생게임의 룰이 달라졌다. 예전에 인생은 전반전과 후반전뿐이었다. 청년 시절과 은퇴 기간만이 중시되고 우선시됐다. 중간에 낀 중년(장년 포함)은 '청년'에서 '고령'으로 넘어가는 연결지점이자 정체가 애매한 무채색의 시공간이었다. 굳이 의미를 부여하면 잠깐 호흡을 가다듬는 일종의 휴지 기간으로 이해됐었다. 큰 변화는 있어서도 안 되며, 있을 수도 없는 연령대였다.

하지만 지금은 그렇지 않다. 중년이 인생 최대의 승부처로 떠올랐기 때문에 시대 변화에 맞춘 룰의 개정이 시급하다. 전반과 후반으로 나뉘던 2쿼터 인생게임은 3쿼터로 변경됐다. 각 30년씩 부여된 경기 시간이 청년과 고령에 이어 중년(40~69세)에까지 주어진 것이다. 메인무대에 등장해 뛸 시간이 길어졌다고 좋아해선 곤란하다. 안타깝게도 룰의 변화는 중년에게 좋을 게 없다. 핸디캡을 받아 힘든 와중에 약자이자 보호 대상으로 인정받는 위아래 연령 계층에는 어드밴티지까지 주어진다. 결국 중년인구의 부양 부담이 추가되는 모양새다.

그렇게 더 길어진 30년 동안 중년층이 현역 임무를 지도록 게임 운영의 기본체제가 변했다. 엎어지면 그간 쌓아둔 모든 게 물거품이 된다. 중산층에서 빈곤층으로 강등되는 사례는 수두룩하다. 한편 내부 경쟁은 더 치열해진다. 1,700만 명에 달하는 상당한 수의 베이비부머가 2020년이면 중년 한가운데(45~65세)에 포진한다. 인력의 공급은 많으나 일자리 수요는 적은 상황에서 보면 결국 모두가 경쟁자다.

누구에게든 찾아온다

지금 한국 중년은 한 번도 걸어가지 않은 길을 가야 한다. 한두 번 흔들리는 건 괜찮아도 넘어지면 다시 일어서기 어렵다. 갈 길 바쁜 청년조차 재도전이 어려운 판에 중년에게까지 재기의 기회를 던져줄 여유란 없기 때문이다. 이로써 중년 붕괴는 초읽기에 들어갔다. 중년 위기를 촉발하는 걸림돌은 많은데, 위기 빈도와 파급 규모를 기준으로 나눠보면 대략 5가지다. 고용위기, 가족위기, 심리위기, 질환위기, 사업위기다.

운이 좋다면 30년 중년 시절 동안 5가지 위기를 피할 수도 있겠지만 평범한 보통 사람이라면 5가지 중 적어도 1~2가지는 겪게 될 것이다. 아쉽게도 5가지 중년위기는 'All or Nothing'이란 게임규칙이 광범위하게 적용된다. 즉 양자택일만이 허용된다. 극소수를 빼면 5가지 중년위기를 피해가는 경우는 거의 없다는 얘기다. 그렇다면 대부분은 전부All다.

1가지가 발생하면 나머지 4가지가 시차를 두고 찾아와 중년 가계를 옥죈다. 그런 면에서 5가지 중년위기는 늪과 같다. 1가지 위기에 빠지면 나머지 4가지는 자동적으로 발생하니 말이다. 최초 발생 직후에 상황을 인지하고 서둘러 빠져 나오면 다행이지만, 그럴 능력이 없다면 문제가 확대·재생산되는 악순환에 빠진다. 중년 본인의 역할이 붕괴하는 것은 물론이고, 주변 가족까지 순식간에 무너진다.

이와 관련해 주목되는 뉴스가 있다. 최근 일본에서 화제인 '인간증발'[17]의 발생 사태다. 일본에선 매년 10만 명의 일본인이 사라진다고 한다. 하나같이 자발적인 증발이다. 증발하는 이들 중 상당수는 실패를 용인하지 않는 사회 분위기 속에서 무거운 임무를 짊어진 중년그룹의 증발이다. 힘겨운 현실의 무게를 해결하고자 신분조차 지운 채 잊혀진 존재로 사는 걸 택한 것이다.

5가지 중년위기 중 핵심은 고용위기다. 앞서 살펴봤듯 중년인구의 고용위기는 불행의 씨앗이자 현실 붕괴의 화마다. 50세 전후부터 본격화되는 실업의 압박을 딛고, 가까스로 돌파구를 찾아도 대부분 정규직에서 비정규직으로 신분이 하락하는 상황에 놓인다. 잘나가던 시절의 소득 규모와 비교하면 천양지차다.

[그림 3-13] 한국 중년의 5가지 위기 지점

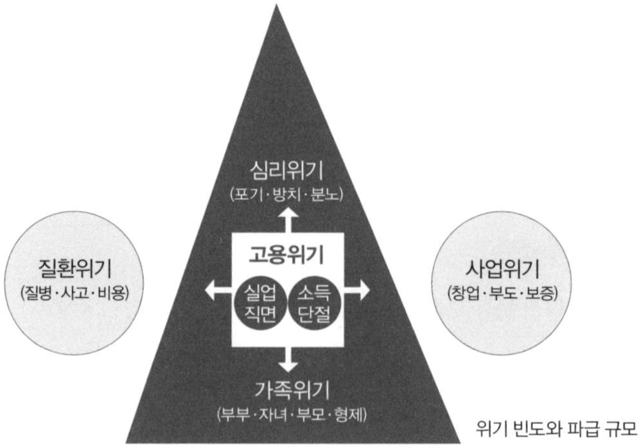

위기는 어떻게 전염되는가

이때부터 중년위기의 전염 속도와 영향 범위는 무차별적이고 동시다발적으로 발생한다. 실업자(해고 현실·소득 단절)든, 재취업자(신분하락·소득감소)든 고용위기는 점차 가족을 괴롭히고, 심리를 뒤흔든다. 또한 질환에 노출되고, 마지막 카드로 택한 사업은 더 큰 불확실성을 낳는다. '고용위기 → 가족위기 → 심리위기 → 질환위기 → 사업위기'의 전염과정을 겪는다([그림 3-13] 참조).

고용위기가 발생하면 알다시피 최초의 충격은 가족 단위에 집중된다. 가족을 부양하며 가장 역할의 클라이맥스를 찍는 중년인구에게 실업 위험은 본인을 넘어 가족 붕괴의 단초가 된다. 예전이었다면 자녀의 독립과 함께 자연스레 부양의 초점이 자녀에서 부모로 전환되었을 시기다. 하지만 이제는 다르다. 여전히 자녀는 부모에게 의지하고, 부모는 아픈 채 오래 산다. 느닷없이 형제까지 부담으로 얹히며 골머리를 앓으니 부부갈등은 더 고조된다.

일은 위험하고 수입까지 줄었는데 가족이 악재로 등장하면 이를 버텨낼 중년은 별로 없다. 포기, 방치, 분노에 이은 방어기제가 동원되며 곧 심리위기로 전이된다. 맘이라도 굳세야 위기를 돌파할 텐데 사람은 무쇠가 아니기에 버티기가 힘들다. 그리고 이쯤 되면 훗날을 기약하기 힘들어진다.

5가지 중년위기 중 근원적인 불씨인 고용위기와 그 영향을 적접 받는 가족위기, 심리위기는 일종의 직계구도에 속한다. 고용위기 이후의 위기 빈도와 파급 규모를 볼 때 1순위는 가족위기, 2순위는 심리위기다. 그렇다면 질환위기와 사업위기는 어떻게 연결시킬 수 있을까? 이 둘은 직접적으로 인과관계가 있다고 해석하기보다는 상관관계가 있다는 정도로 해석하는 게 적당하다.

고용위기가 발생한다고 꼭 질환위기와 사업위기가 동반되지는 않지만, 극한 상황에 내몰릴수록 질환위기와 사업위기가 커진다. 질환위기는 질병·사고를 뜻하며, 이때 비용 부담이 중년위기의 근거가 된다. 일을 쉬는 상태에서 맘이 아픈데 몸이 건강할 리 없다. 동시에 중년 후반으로 갈수록 유병비율이 높아진다는 사실도 스트레스의 원인이다. 사업위기는 중년위기의 마침표다.

실업의 위험을 돌파하고자 창업을 시작하는 중년인구가 많은데, 성공보다는 부도를 맞거나 폐점할 확률이 월등히 높다. 자녀의 경제 독립을 위한 사업자금 지원이나 주변친지와 지인을 위한 보증 등도 사업위기에 속한다. 이런 문제들은 모두 그나마 얼마 안 되는 자산을 근본부터 뒤흔드는 중년위기다.

한국 경제의 사각지대를 지워라

"중년파산은 한 세대만의 문제가 아니라 우리가 살고 있는 이 사회 전체를 향한 엄중한 경고로 이해돼야 한다. 중년파산은 곧 가족의 위기고 '모든 세대'를 병들게 하는데, 이로 인해 한국인들의 행복지수는 턱없이 낮다. 이 일은 '약을 먹어서' 해결될 문제가 아니다. 겉으로 보이는 현상만 해결하는 미봉책이 아니라 '약을 먹지 않아도 될' 상황을 만드는 것이 중요하다. 그리고 그것이 국가의 존재 이유이자 시민의 역할이다.

그래서 '중년파산'은 엄중한 경고로 봐야 한다. 우리가 지금껏 '그래야만 한다'고 생각해왔던 모든 것들이 틀렸음을 입증하는 것이기 때문이다. 성실히 살아도 그 끝에는 고독사가 대기하고 있는 현실, 이런 사회는 정상이 아니다."

이는 '열심히 일하고도 버림받는 하류중년 보고서'라는 부제가 붙은 책[18]의 내용 중 일부다. '하류중년'下流中年이란 원제처럼 꽤 적나라한 문구 앞에서 주춤할 수밖에 없다. 확실히 한국보다 인구 변화가 앞선 일본 사회의 분석 사례란 점에서 주목해봄직하다. 직장, 가정, 사회라는 중심축에서 빈곤층으로 전락한 일본 중년의 생활갈등이 그만큼 심각하기 때문이다. 그리고 이는 결코 남의 일이 아니다.

책에 따르면 고도성장과 종신고용이 끝나면서 '노후파산 예비군', 즉 하류중년은 전체 중년의 98퍼센트에 달한다. 이들은 노년세대를 잃어버렸다는 점에서 '상실세대'Lost Generation로, 동시에 가족구성의 단절로 후속인구를 못 남기는 '멸종위기종'으로 불린다.

한국은 어떨까? 바야흐로 이제 시작이다. 지금까지 살펴본 것처럼 한국 중년의 앞날은 결코 만만치 않다. 2020년부터 본격화될 중년인구의 대량 위기는 한국판 하류중년이 본격 부각할 것임을 의미한다. 그럼에도 갈등 양상은 일본보다 한층 악화될 가능성이 크다.

일본만 해도 아직은 고용안정성이 높고, 숙련된 업무 능력을 존중하는 고용문화가 여전한 데다, 무엇보다 경제 규모가 한국과는 다르다. 즉 성장률이 제로라 해도 매년 GDP(약 500조 엔)의 85퍼센트를 내수에서 만들어낸다. 이를 유지하는 게 쉽진 않겠지만 또 이 때문에 회복의 가능성이 있다.

한국은 이보다 열악하다. 당분간은 중년갈등이 정책 단위로 채택될 가능성은 낮다. 똑같이 붕괴 직전이지만, 청년이나 노년보다 순위에서 밀릴 수밖에 없다. 그나마 문제를 인지했다면 다행이다. 중년인구의 보호 정책은 여태껏 없었으며, 앞으로도 제한적인 맛보기에 그칠 확률이 높다. 매년 늘어나는 적자국채만 봐도 중년을 위해 배정할 재정 여력은 부족하다.

기업은 더 힘들다. 흑자 달성은 양보 못할 진리다. 근로자 등 이해관계자Stake-Holder보다는 주주Stock-Holder 우선이다. 고용절감이 지속되는 상황에서, 속칭 몸값 대비 효용이 떨어진다는 혐의를 받는 중년인구를 고용할 가능성은 낮다. 고용위기 등 중년인구의 5가지 위기 채널이 상시적일 수밖에 없는 이유다.

그렇다면 한 개인의 입장에서 2020년 문제를 해결할 돌파구는 없는 것일까? 청년과 노년에 가려 조망되지 못한 중년 특유 연령에서 비롯되는 위치와 정책적인 지원이 부족한 상황을 감안컨대 현재로선 각자도생이 유일한 해법이다. 그럼에도 개별적인 전략은 충격만 줄일 뿐 근원적인 치유방안은 아니다. 평범한 한국 중년이 왜 갈등의 파고를 겪으며 빈곤층으로 떨어지는지, 그 구조적인 모순에 주목하지 않는다면 완치는 어렵다. 미세한 통증이 반복될 때 귀를 기울이고 근원적인 해법을 찾아야야 난치병으로 악화되지 않는다.

가치소비에 주목하라

동시에 2020년은 위기와 기회가 공존하는 시점으로 볼 수 있다. 중년인구의 대량 등장은 과거엔 없던 새로운 시장의 출현일 수 있기 때문이다. 인구 변화를 악재로만 보면 감소 여부에 초점을 맞추게 된다. 하지만 시선을 조금만 바꾸면 다른 측면을 볼 수 있다. 중년 가운데의 20년(45~65세) 베이비부머만 봐도 1,700만 명인데 앞뒤 10세까지 합하면 2020년 2,000만 명을 훨씬 웃도는 전대미문의 대량 중년이 출현한다. 잠재적인 고객 규모로는 타의 추종을 불허하는 인구집단이다. 5가지 중년위기 때문에 힘들다 해도 기초생활은 영위할 수밖에 없기에, 중년인구의 소비 규모는 증폭될 게 확실하다. 가처분소득이 줄어들어도 절대 규모가 워낙 커서 이 집단의 누적 소비는 파워풀해진다.

중년인구와 관련된 독특한 신규 시장은 '싱글세대'로 요약된다. 앞에서 봤듯 가족구성을 포기한 청년인구가 시간이 지난 후 중년 싱글로 넘어오면서 새로운 소비욕구와 시장수요를 창출할 수 있다. 물론 중년 싱글의 상당수가 저학력, 비정규직 등 열악한 근로소득에 의지한다는 점에서 매력도가 떨어질 수는 있으나, 주목해야 할 건 그 집단의 규모다.

50세까지 결혼하지 않은 생애미혼의 남성(10.9퍼센트), 여성(5.0퍼센트) 모두 아직은(2015년) 큰 비중이 아니지만, 미혼·비혼 추세를 보건대 그 규모가 증가할 것은 불을 보듯 뻔하다. 결국 중년 싱글의 지갑 숫자는 확대될 것이고, 이는 결코 무시할 수 없는 신흥시장일 수밖에 없다.

중년 싱글의 시장 양상은 크게 둘로 나뉠 것이다. 중년 싱글의 일상생활에 필요한 재화를 공급하는 범용시장과 부유한 중년 싱글이 주도할 특화시장이다. 전자는 일상생활품과 관련된 필수소비재인 반면 후자는 차별적인 욕망 실현을 위한 가치 지향의 선택소비재를 의미한다. 이것이 '보통재'와 '사치재'를 구분하는 논리다. 중년 싱글의 전체 인구를 커버하는 반복 구매의 일상생필품은 범용성과 구매력은 높지만, 소극적인 소비지출로 연결될 확률이 높다. 모든 게 필요한 단독세대지만, 내구소비재의 교환 수요는 제한적일 전망이다.

반면 부유한 중년 싱글의 경우 높은 가처분소득을 내세워 차별적이고 추가적인 '가치소비'에 탐닉할 수 있다. 가족구성에 따른 유지비용이 없기에 소득 중 절대 비중을 본인을 위해 지출할 수 있기 때문이다.

중년 싱글의 소비 패턴은 남녀로도 구분된다. 중년 싱글의 경우 인구비중은 남자가 많지만, 소비파워는 여자가 훨씬 세다. 실제 산업재편과 함께 성별 임금(20대)이 역전된 일본 사례를 참고하면 독신 여성이 독신 남성보다 소비 여력이 높은 걸 알 수 있다. 동년배 남성 중에서 배우자를 못 찾거나 자발적으로 생애미혼을 택한 중년 여성은 대체로 경제력이 탁월하다.

청년(10~39세)시절엔 동성 친구와 파티, 여행, 문화 등을 즐기다 40세를 넘기면서부터는 본격적인 골드미스에 진입해 노후자금 일부를 빼고는 거침없이 소비지출에 나선다. 직장생활에 한계를 느끼는 고소득 중년 여성이 50세 전후가 되면, 조기 은퇴하거나 해외 체제

Long stay 등을 고려한다.

중년 남성도 그 안에서 구분된다. 경제력이 구분의 핵심이다. 가난한 중년 남성은 일본적 비유처럼 '고남'孤男(한 번도 애인이 없던 남자) 혹은 '독남'毒男(사회의 거추장스런 독신 남성)으로 불리며 기초 소비를 빼면 소비 여력이 제한된다. 반면 TV에서 방영 중인 〈미운 우리 새끼〉의 등장인물처럼 커리어 패스에 성공한 중년 남성은 40대 중후반부터 생애임금이 정점에 달하며 중년시장의 다크호스로 떠오른다. 화려한 싱글 생활에 거액을 투입하며 시장을 선도하는 것이다.

거대 규모로 부각된 중년인구는 고객을 분석할 때도 그간 소외됐었기에 소비시장에서도 그 중년인구의 가중치가 낮았다. 유아, 청년, 노년 등 뚜렷한 연령 구분 없이 현역 전체를 아우르는 대량생산과 대량소비의 패러다임이 적용됐을 뿐이다. 특히 임금수준이 높은데도 중년 남성은 일하는 존재라는 인식 때문에 소비시장에서 소구할 대상으로조차 여겨지지 않았다.

하지만 앞으로는 달라질 게 분명하다. 중년인구의 성별, 가처분소득 등 고객을 섬세한 층위로 구분해 각각의 소비욕구에 맞춰 재화를 공급한다면 시장 활성화는 가능해진다. 중년인구가 뭘 불편해하고, 뭘 원하며, 어떨 때 지갑을 여는지 분석하는 건 중년사회를 맞는 기업의 기본전략이다.

제2의 길

2020년 문제, 그 위기를 기회로 만들자면 기본적으로 중년인구의 5가지 위기 지점을 원천적으로 봉쇄하는 게 최선책이다. 고용위기로부터 표면화되는 가족위기, 심리위기, 질환위기, 사업위기 등 5가지 위기 상황이 현실화되지 않도록 구조 자체부터 개혁해야 한다. 시간도 부족하고 당장은 비용도 감당하기 어렵겠지만, 이 문제가 해결돼야 중년위기가 반복되는 걸 막을 수 있다. 즉 고용안정을 위한 제도적인 체제를 구축하자는 얘기다.

노사정과 함께 시민사회 등 다종다양의 이해관계가 얽혀 지난하게 풀어가야 할 과제지만, 풀어야 할 것은 풀어야 한다. 어렵다고 포기한 채 지금처럼 방치해선 곤란하다. 현실적으로 가능한 것부터 하는 게 옳다. 중년위기를 복지정책으로 포용하고, 중년복지를 둘러싼 인식 전환을 시도하는 게 우선 과제다.

갑론을박이 있지만, 2017년 중년인구의 고용문제를 중앙정책으로 흡수한 건 의미심장하다. 이를 통해 중년 고용의 규모와 기회를 넓히는 흡수장치를 사회 전반으로 확대하고 강화하는 것도 바람직하다. 나머지 4가지 중년위기도 세밀하게 검토하면 얼마든지 현실적인 대응체제를 만들 수 있다.

국가와 사회에 중년위기를 모두 맡길 수는 없다. 아직은 기대치조차 낮은 희망사항에 가깝다. 그렇다면 스스로 안전망을 갖춰두는 게 무엇보다 시급하다. 고용위기는 외부 변수며, 개별 가계에서 결정지을 항목이 아니다. 최대한 고용이 가능하도록 사전 예방의 차원에서

[그림 3-14] 문재인정부의 신중년 정책 개요

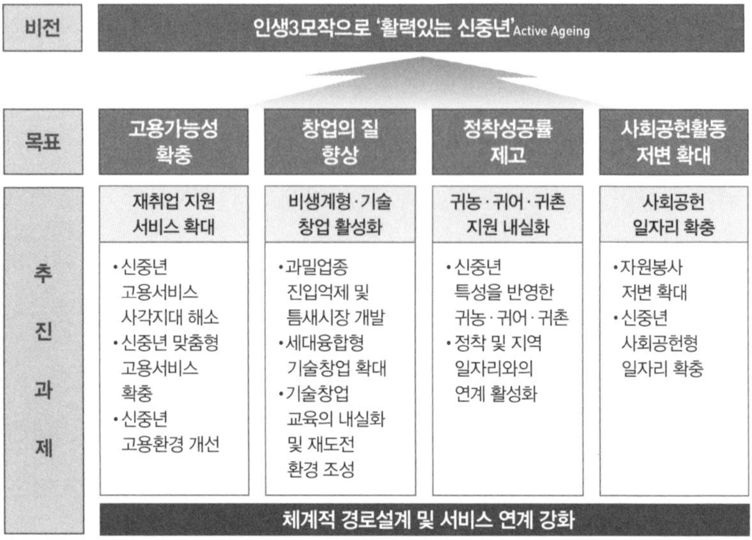
비전
인생3모작으로 '활력있는 신중년'Active Ageing
목표
고용가능성 확충
창업의 질 향상
정착성공률 제고
사회공헌활동 저변 확대
추진과제
재취업 지원 서비스 확대
•신중년 고용서비스 사각지대 해소
•신중년 맞춤형 고용서비스 확충
•신중년 고용환경 개선
비생계형·기술 창업 활성화
•과밀업종 진입억제 및 틈새시장 개발
•세대융합형 기술창업 확대
•기술창업 교육의 내실화 및 재도전 환경 조성
귀농·귀어·귀촌 지원 내실화
•신중년 특성을 반영한 귀농·귀어·귀촌
•정착 및 지역 일자리와의 연계 활성화
사회공헌 일자리 확충
•자원봉사 저변 확대
•신중년 사회공헌형 일자리 확충
체계적 경로설계 및 서비스 연계 강화

개별적인 노력을 할 수는 있지만, 실업 파고에 휩싸이면 개인이 돌파구를 찾기는 힘들다. 따라서 고용위기를 인정하고 충격 최소화를 위해 미리미리 준비해두는 것이 필요하다.

고리타분한 얘기일 수 있으나, 평생직업, 재취업 루트 등을 확보해둬야 한다. 가족위기는 평상시 대비가 가능한 숙제다. 똑같은 붕괴 위기지만, 감염과 방어는 가계마다 엇갈리기 때문이다. 부부, 자녀, 부모, 형제 등의 평상시 관계를 잘 쌓아두는 것도 중요하다. 그에 따라 위기가 닥쳤을 때 대응 능력이 달라진다. 심리위기와 질환위기 그리고 사업위기도 마찬가지다. 중년위기의 근본 원인까진 몰라도 갈등이 생긴 후에 충격 감퇴를 시도할 수 있는 다양한 사전 예방조치가 가능하다.

안타깝게도 지금 한국 사회에서 중년 가계를 압박하는 인기 화두는 노후 준비뿐인데, 여기에 매몰되면 곤란하다. 노후 준비도 중년위기를 극복할 때 비로소 통용된다.

'환갑'이 곧 '은퇴'라는 고정관념은 설 땅이 없다. 70세를 넘겨도 쟁쟁한 사회다. 환갑 이후라고 일순간에 퇴화하지 않을뿐더러 감정과 직감은 더 발달한다는 연구 결과도 많다. 과장된 노년불안은 아무 도움이 되지 않는다. 80퍼센트의 일본 노인이 스스로 생활하는 것처럼 관건은 자립생활이다. 중년 30년은 그 준비에 제격인 최후 시점이다. 노년생활은 중년 대응에서 시작되는 법이다.

2018
2020
2030

제4장

2030년 1,700만 인구를 부양하라

빠르게 늙어가는 한국 사회

2017년 100명 중 14명이 65세 이상이 되면서 한국 역시 ‘고령사회’aged society에 진입했다. 2000년 고령화aging가 시작되고 17년 만의 일로 엄청나게 빠른 변화다. 이는 급격한 출산 감소 탓이 크다. 이밖에도 한국 사회가 늙고 있다는 증거는 수두룩하다([그림 4-1] 참조).

고령사회에 대한 대응이 필요하다고 언론이며 정부며 목소리를 내고 있지만, 실질적인 대응이 어려운 상황이다. 왜냐하면 본 게임은 아직 시작조차 하지 않았기 때문이다. 고령사회로의 진행은 이제 막 시작한 초기단계라고 할 수 있다. 고령인구가 늘긴 했지만 전체 인구로

[그림 4-1] 연령별 인구구조 및 인구구성비(1965~2065년)

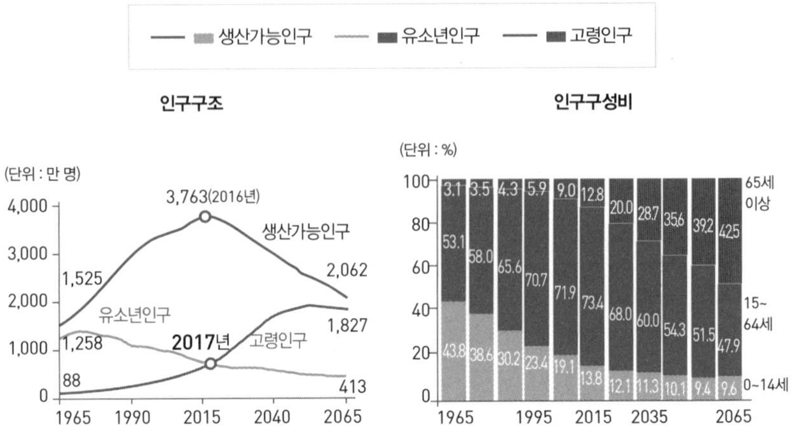

*여기서 고령인구란 65세 이상의 일반적인 기준임.
자료 : 통계청(장래인구추계)

볼 때는 아직 규모가 작고, 증가한 고령인구 중 상당수 역시 젊은 노인에 해당한다. 실질적인 대응을 위해서는 고령사회가 계속 진행되면서 어떤 문제가 야기되는지 정확한 진단이 필요하다.

한국 사회의 지속가능성이 결정되는 시기

고령사회에서 나타나는 문제가 본격적으로 드러날 때를 2030년으로 본다. 앞서 다룬 베이비부머(1955~1975년)가 75세가 되는 시발점이다. 1,700만 명에 이르는 집단이 중년을 지나 고령이 되는 시점 말이다. 2030년이 한국 사회에 중요한 변곡점이 되는 이유 역시 앞서 이야기한 바와 같다. 거대한 인구집단의 변동은 한국 사회에 미칠 영향이 크고, 이 집단의 변화와 문제를 어떻게 다루느냐에 따라 한국 사회의 지속가능성이 결정되기 때문이다. 그리하여 저성장, 저출산에 이어, 고령사회에 대한 대책은 2030년을 기점으로 구상하는 것이 바람직하다는 생각이다.

고령사회의 주인공, 노년인구의 가장 큰 문제가 무엇인지에 관한 힌트는 우리보다 앞서 고령사회의 길을 걸은 선진국들을 살펴보면 발견할 수 있다. 종류와 정도는 다르지만 대체적으로 삶의 선택지가 거의 없다는 것이 핵심 문제다. 앞서 다룬 인구집단, 즉 청년이나 중년과는 상황 자체가 매우 다르다.

노후파산, 고독사, 유병장수, 치매 등 지금 뉴스에 등장하는 노인의 불행이 자신에게도 일어날 것이라고 여기는 사람은 별로 없다. 운이 지지리도 없는 딱한 극소수 노인의 불행일 뿐이라고 생각한다. 아직까지 100명 중 86명에겐 여전히 해당사항 없음의 문제이고, 여기에 해당할 가능성이 높은 사람이라 해도 코앞에 닥친 당장의 생존을 생각하느라 미래의 불확실성을 생각할 여유도 없다. 하지만 고령화사회에서 고령사회로 진행되는 속도를 보면 '뉴스'에서만 보던 이야기를 일상적으로 목도하게 되는 현실이 생각보다 빨리 한국을 덮칠 가능성이 있다. 개개인이 이런 변화를 미리 예견해야 하는 이유가 여기에 있다. 규모와 심각성 면에서 볼 때 국가적 또는 사회적 대응만으로 해결을 기대할 수는 없기 때문이다.

인구는 연결된다. 청년이 사라지고(2018년), 중년이 폭발적으로 증가하고(2020년), 노년인구가 증가하는(2030년) 변화는 순서의 차이는 있겠지만 비슷한 근본 문제를 야기한다. 사회 전체적으로 볼 때, 생산 또는 노동을 하는 현역인구가 줄어들고 비생산 또는 부양이 필요한 인구가 증가한다는 것이다. 안정적인 사회라면 현역인구의 수가 부양 대상의 인구수보다 많다. 그 반대라면 위험하다.

이번 장에서는 2018년 청년문제, 2020년 중년 폭증의 문제에 이어 노년인구의 증가로 직면하게 되는 고령사회에 어떤 문제들이 예견되는지를 짚어보도록 하겠다.

뒤에서 더 살펴보겠지만 노년위기는 그 대부분이 사회비용 유발인자다. 극소수의 부유한 노년을 뺀 나머지, 절대 다수가 빈곤 노년이 될 가능성이 커지면서 부자 노인과 빈곤 노인의 격차 역시 한층 심화될 것으로 보인다. 가난한 노인이 긴 시간을 살아내는 건 고달픈 일이다. 그들에게 수명 연장은 축복이 아닌 재앙일 뿐이다.

사회비용의 급격한 증가

노년인구의 증가가 문제가 되는 이유는 사회비용이 커지기 때문이다. 이전에는 노년 생활에 필요한 비용을 개개인의 준비나 자녀의 부양으로 어느 정도 감당할 수 있었다. 그러나 2030년을 기점으로 75세가 되는 1,700만 명의 베이비부머(1955~1975년)는 고용불안 속에서 자녀와 부모의 부양을 책임지느라 자신의 노후를 전혀 준비하지 못한다. 하여 그들의 노후는 고스란히 사회비용의 증대를 야기한다.

왜 하필 75세일까? 노년인구라면 보편적인 고령 기준인 65세, 또는 중년을 40세에서 69세로 상정한 기준에 맞춰 70세부터 이야기해야 하는 것 아닌가? 그 이유는 간단하다. 75세 전후를 기점으로 사실상 상황이 변할 확률이 높기 때문이다. 유병비율이 그중 하나다. 질병마다 다르긴 하지만, 치명적인 노년 생활의 위기를 불러오는 치매는 대개 75세부터 급증한다. 65~75세 때 서서히 노인질병의 영향권에 진입한 후 신체적 또는 정신적 능력이 확연히 떨어지는 유병비율 역시 75세부터 본격적으로 상승한다.

한국보다 앞서 고령사회를 경험한 일본에서도 75세를 주목한다.

[표 4-1] '60~70세 vs. 70세 이상'의 고령인구 구분 후 비중 추이

(단위 : 명, %)

연도	연령 구분	인구 규모(A)	전체 인구(B)	비중(A/B)
1985	60대	1,729,693	28,324,762	6.1
	70세 이상	1,026,732		3.6
2000	60대	6,949,504	45,985,289	15.1
	70세 이상	1,452,684		3.2
2015	60대	4,876,816	49,705,663	9.8
	70세 이상	4,454,366		9.0
2035	60대	8,481,353	52,833,722	16.1
	70세 이상	11,028,125		20.9
2050	60대	7,041,020	49,432,752	14.2
	70세 이상	15,098,257		30.5

자료 : 통계청(인구 총조사 및 장래인구추계) 자료의 재분석

[그림 4-2] 70세 이상 노년인구의 인구 피라미드 비중 증감 추이

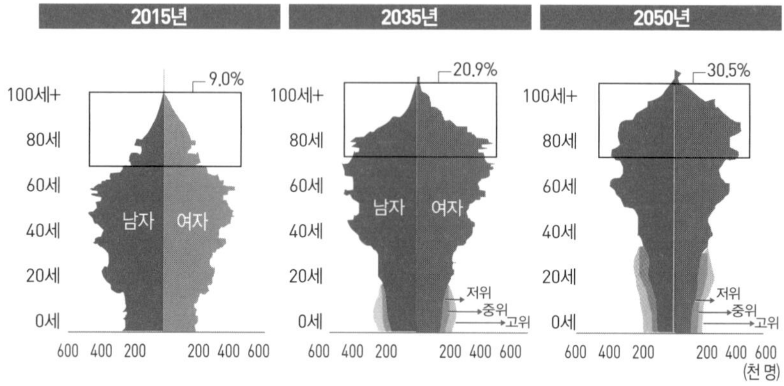

자료 : 통계청 자료를 토대로 재분석

재정 악화에 내몰린 일본 정부는 노인 의료비를 통제하고자 65~74세를 전기 고령자로 구분해 75세 이상의 후기 고령자와 복지 면에서 차별화하기 시작했다. 65세만 넘기면 의료비의 본인부담금을 10퍼센트로 줄여줬는데, 대상자가 폭증하자 해당 연령을 75세 이상으로 수정했다. 건강에 문제가 생기기 시작하는 75세 이상을 복지가 필요한 노년인구로 본 것이다. 노년위기가 시작되는 연령을 75세로 상정하면, 한국 사회에 75세의 고령인구가 대량으로 등장하는 2030년을 노년위기의 시작점으로 보는 것은 타당하다.

노년인구는 빠른 속도로 증가하고 있다. 70세 이상인 노년인구는 2015년 445만 명으로 60~70세인 488만 명과 비슷한 수준으로 늘었다([표 4-1] 참조). 2000년에 각각 145만 명, 695만 명으로 5배의

현격한 차이를 보였던 사실을 감안하면 노년인구의 급격한 증가세가 확인된다. 60세 이상의 인구를, 다시 70세를 기준으로 둘로 나눌 때 그 비중이 대등해진 셈이다. 물론 당분간은 베이비부머가 60대로 가세하면서 이러한 균형이 유지될 테지만, 통계청 자료에 따르면 2029년에 그 상황은 역전된다. 70세 이상(839만 명)이 60~70세(833만 명)를 추월할 것이다.

이후 2035년에는 전체 인구 중 70세 이상이 20.9퍼센트, 60~70세가 16.1퍼센트를 차지하면서 격차는 더욱 뚜렷해질 전망이다. 이러한 추세는 갈수록 심해질 것이다. 2050년이면 각각 30.5퍼센트, 14.2퍼센트로 2배 이상 벌어진다([그림 4-2] 참조). 따라서 향후 노년인구의 기준을 70세로 수정한다면 지금의 기준으로 산정했을 때보다는 노년인구의 비중이 조금 적어지면서 급박감은 다소 희석될 수 있을지도 모른다. 그러나 심리적으로 완충되는 것일 뿐 실제로 노년위기가 축소되는 것은 결코 아니다. '60~70세 vs. 70세 이상'의 인구 비중의 변화를 볼 때 노년인구 기준 상향으로 얻을 수 있는 시간은 얼마 되지 않는다.

앞으로 30년,
무엇을 하며 살 것인가

2030년부터는 유병 상태의 노년인구가 급증한다는 점에서 심각한 사회문제가 예견된다. 몸과 마음 모두 허약한 절대 약자의 급증이 이 시기에 도래할 위기의 핵심이다.

유병 상태의 유무가 중요한 이유가 있다. 노년인구의 위기는 질병으로 인한 막대한 비용에서 출발하기 때문이다. 하지만 배우자든 본인이든 질병으로 인한 위기, 그 후의 경로는 유사하다. 노년에 진입하면 영구적으로 실직이 기정사실화되고, 이 때문에 소득이 없어져 빈곤한 생활을 하게 된다. 이것은 다시 혹시 병에 걸리면 어쩌지 하는

[그림 4-3] 2030년 문제(노년 30년)의 위기 배경 맥락 흐름

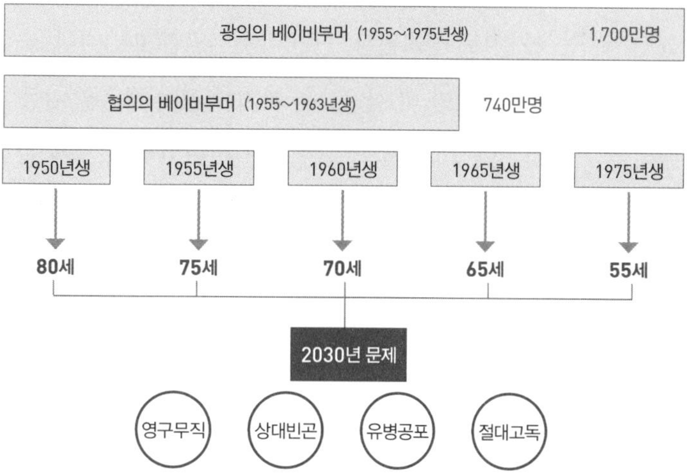

공포와 사회로부터 고립되는 현상을 낳는다(노년 진입 → 영구적 실직 → 빈곤의 개막 → 유병 공포 → 절대고독).

사회보장이 탄탄한 북유럽 국가의 경우에는 공적할인이 비용 부담을 상당히 덜어주지만, 한국은 상황이 다르다. 근로소득이 아닌 자산소득, 사적이전(자녀지원), 사업소득이 있어도 비용 부담을 줄이기가 쉽지 않다. 특히 유병으로 인한 의료비와 간병비 지출이 노년의 지갑을 빠른 속도로 비워버린다.

노후파산은 피할 수 없는가

노년위기는 3가지로 정리된다. 빈곤, 질병, 고립(고독)이다. 뜻밖의 이야기일지도 모르겠지만 이 삼중고는 과거에 없던 새로운 갈등이다. 과거에는 가난하거나, 아프거나, 외로우면 어딘가에 의지해 돌파할 여지가 있었다. '공동체'가 존재했기 때문이다. 주변에서 노년인구를 챙겨줬다. 그러나 산업화, 도시화, 현대화의 거대한 흐름은 공동체를 약화시켰고, 이를 고스란히 개인의 책임으로 돌려버렸다. 가족은 흩어지고 이웃과는 단절됐다.

그나마 지금은 나은 편이다. 기초연금 신설 등 재정 여력이 있기에 사회가 노년인구를 챙겨줄 여력은 존재한다. 그러나 축소경제로의 패러다임 전환이 완료된 후가 문제다. 파이가 커지지 않는데 가지려는 욕구가 그대로면 상황이 힘들어지는 건 당연하다. 1,700만 베이비부머가 75세에 진입하기 시작하는 2030년에는 보호망이 줄어들게 될 것이다.

바로 이런 문제가, 청년들은 위험자산을 선호하고 나이가 들어 중년, 노년이 될수록 안전자산을 추구한다는 '전통적 생애금융이론'을 깨고 아등바등 부동산에 목을 매는 이유다. 그마저도 없이 노후 대비가 불가능하다면 할 수 있는 일이란 없다. 그냥 묵묵히 하루하루를 살아내야 한다. 그 끝에 고액의 청구서가 기다리고 있음을 알아도 방법이 없으니 그저 걸려들지 않기를 바랄 뿐 별달리 할 게 없다.

노년위기의 출발은 영구적인 실직이지만, 갈등이 증폭되는 계기는 질병에 걸리는 순간이다. 빈곤에 유병이 더해지면 노년인구에게 별다른 방도가 없다. 그렇기 때문에 늘어난 수명을 마냥 반가워할 수가 없다. 노년에게 연장된 수명은 의학적 수혜라기보다는 경제적 곤란의 시작을 의미하기 때문이다. 보편적인 노년인구에게 '은퇴는 곧 빈곤이다'라는 명제는 기정사실이다.

2030년 베이비부머의 75세 진입에 특히 의미를 부여하는 것은 이들이 한국 사회의 고성장과 저성장을 온몸으로 겪으며 상당한 스트레스를 받았다는 점도 고려한 결과다. 건강수명(건강하게 살 수 있는 나이)과 평균수명이 10년 정도 차이가 난다는 사실을 감안하면 적어도 10년 내외의 유병노년은 불가피해보인다. 완치율이 개선되고 있긴 하지만, 노년에 발병하는 질병 1위인 암조차 완치율이 30~40퍼센트에 그치고 있다.

치매는 더욱 심각하다. 75세 이후 치매의 발생이 급증하면서 경험하게 되는 의료비 지출 수준은 가히 살인적이다. 아직은 치매 발병이 65세 이상의 노년인구 10명 중 1명(9.6퍼센트, 2014년)에 불과하지만, 일본의 경우를 살펴보면 2010년대 이후 75세 이상의 노년인구 중 치매 발병이 2~3명까지 증가했다. 노년 의료비는 환자 증가와 함께 날이 갈수록 늘어날 수밖에 없다.[1]

또 다른 위기 요인은 고립 또는 고독이다. 경제활동을 멈춘 후 질병 때문에 투병생활을 하게 되면 모든 네트워크가 멈춰서는 게 일반적이다. 이전의 사회에서는 이런 경우 가족, 친지, 이웃의 관심과 지원이 늘어나는 게 보통이었다. 그러나 현대사회는 다르다. 대부분의 왕래가 단절된다. 나아가 심리적으로 급격한 우울 상태에 빠져들기도 한다. 혼자 삶을 마감하는 고독사망, 자의로 삶을 끝내는 노인자살이 반복되는 이유가 바로 이것이다.

이미 노년인구의 독거비율은 2015년 23퍼센트로 1994년의 13.6퍼센트에 비해 2배나 늘어났다. 노년인구 4명 중 1명은 독거생활 중이다. 자녀와의 동거비율은 위의 같은 기간 동안 55퍼센트에서 28퍼센트로 대폭 줄었다. 그나마 농촌은 좀 낫지만, 도시의 독거노인은 지금도 상황이 꽤 심각하다.

빈곤, 유병, 고립, 이 3가지 위기는 모두 연결되어 있다. 하나가 시작되면 나머지는 자동적으로 따라온다. 즉 노년위기는 빈곤과 유병과 고립 중 하나만 시작되어도 빠져들 수밖에 없다. '이는 언제나 일어나는 일이다'라고 이야기해야 할 정도로 한국 사회의 생활환경이 악화됐기 때문이다.

누구에게나 일어나는 일

현재 고령인구의 생활을 살짝 엿보기만 해도 베이비부머의 노년위기가 기우杞憂가 아님을 알 수 있다. 이를 구체적으로 알기 위해 고령인구의 평균적인 생활환경을 짐작할 수 있는 2014년의 노인실태조사[2]를 살펴보자.

현재 65세 이상의 노년인구 중 실업 상태에 놓인 인구는 71.5퍼센트로 압도적이다. 이중 75~79세는 겨우 25퍼센트만이 일한다. 참고로 노년인구의 실업률이 높은 것을 당연하게 생각할 수도 있지만 우리나라처럼 노년생활을 전혀 준비하지 못한 상황에서 실업률이 높은

[표 4-2] 65세 이상 고령인구 1인당 총소득 및 소득항목별 금액 및 비중

(단위 : 만 원, %)

	총소득	근로소득	사업소득	재산소득	사적이전	공적이전	사적연금	기타소득
2011년	849.5 (100)	86.5 (7.4)	154.0 (9.5)	131.4 (9.0)	207.4 (39.8)	252.9 (32.5)	3.7 (0.3)	13.6 (1.4)
2014년	959.3 (100)	122.3 (12.7)	145.0 (15.1)	110.6 (11.5)	228.7 (23.8)	335.5 (35.0)	4.3 (0.4)	12.9 (1.3)

자료 : 2014년 노인실태조사

것은 문제가 될 수 있다. 조금이라도 소득을 증대시킬 방법이 없으니 노년인구는 자신의 경제 상황에 불만이 높을 수밖에 없다(53.9퍼센트). 덧붙여 설명하면 노후의 소득은 1순위가 본인·사회보장(34.3퍼센트)이고, 본인자금(31.9퍼센트)만도 상당한 비중을 차지한다.

근로소득이 있는 경우 종사업종은 단순노무(36.6퍼센트)와 농림어업(36.4퍼센트)이 태반이다. 2011년과 비교해보면 단순노무는 늘었고, 농림어업은 줄었다. 고용 형태로는 자영업자(38.7퍼센트)가 대부분이며, 정규직(상용근로자)은 6.1퍼센트뿐이다. 조사 대상이 65세 이상임을 감안하면 70세부터는 정규직이 거의 없을 것으로 추정된다. 당연한 결과겠지만 근로소득이 있는 경우 가구의 소득도 높다. 근로소득은 최상위 20퍼센트인 5분위가 69.6퍼센트를, 최하위 20퍼센트인 1분위가 12.0퍼센트를 차지한다.

1인당 총소득은 959만 원으로 2011년보다 110만 원 늘었는데, 이는 근로소득의 증가가 그 원인이다. 사적이전(자녀지원)의 비중이 줄어들고 스스로 일하면서 나타난 결과다. 기초연금 등 공적이전도 한몫했다([표 4-2] 참조). 보유자산은 부동산이 89.1퍼센트로 압도적이며, 평균금액은 2억 1,342만 원이다. 가구별 소비지출은 월 144만 원인데, 2011년과 비교해보면 늘어난 건 식비와 경조사비 정도고, 보건 의료비는 75~79세가 가장 높았다.

사회 활력을 저해하는 질병과 고립

그렇다면 질병에 걸린 노년인구의 생활환경은 어떨까? 당연히 건강만족도는 낮다. 불만을 가진 사람이 전체의 44.2퍼센트로 만족하는 사람들(29.5퍼센트)보다 그 비중이 크다. 남자일수록, 배우자가 있을수록 건강 사정은 좋다.

만성질환의 유병건수 비중은 본인이 인지하는 것을 기준으로 했을 때 3개 이상 갖고 있는 사람이 전체의 49.4퍼센트로 가장 많았다. 의사의 진단이 있는 유병을 기준으로 했을 때도 46.2퍼센트로 3개 이상 만성질환을 갖고 있는 사람이 비중이 가장 컸다. 평균 만성질환은 2.6개로, 고혈압(56.7퍼센트), 관절염(33.4퍼센트), 당뇨병(22.6퍼센트) 등이 압도적이다. 3개월 이상 의사가 처방한 약을 먹는 노인(82퍼센트)이 대다수이며, 평균 5.3개의 약을 복용한다.

우울증상은 33.1퍼센트가 느낀다. 1개월 평균 병원방문 횟수는 2.4회다. 운동은 걷기(68.2퍼센트)가 가장 보편적이다. 수발이 필요한 상황이 되면 91.9퍼센트가 가족에게 의지하며, 장기요양보험의 혜택을 받는 비중도 15.4퍼센트로 아직 부족한 수준이다.

그럼에도 이들은 열심히 부모를 지원한다. 비정기적인 현금지원(69.8퍼센트)과 현물지원(73.3퍼센트)이 많다. 손주를 돌보는 비율은 6.4퍼센트이며, 손자의 평균 숫자는 1.5명으로 도시(6.8퍼센트)가 농촌(5.2퍼센트)보다 다소 많다.

독거노년의 불편 순위를 보면 금전불안(25.0퍼센트), 질병간호(25.6퍼센트), 심리불안(21.7퍼센트)순이다. 다만 질병간호는 나이를 한 살 더 먹음에 따라, 즉 70~74세(20퍼센트)보다 75세 이후(36퍼센트)에 한층 높아지는 모습을 보인다.

고립(고독)은 노년생활을 객체화된 파편 단위로 재편시킨다. 노년의 관계 네트워크는 양적으로든 질적으로든 충분하지 않다. 있다고 해도 실제로 소통하고 있거나 활용하고 있을 가능성이 적다. 자녀나 손주를 제외하고 자주 연락하는 친인척은 1.1명, 이웃은 1.6명뿐이다. 삭막해진 인간관계와 소통부재의 단면이다.

배우자와의 동반외출은 분기 1~2회(28.5퍼센트), 월 1회(16.7퍼센트), 연 1~2회(12.3퍼센트) 순으로, 소원해진 부부관계를 보여준다. 반면에 배우자와의 대화 빈도는 높은 편인데(73.0퍼센트), 취업상황일 때는 더 원활하다(76.0퍼센트). 독립한 자녀와의 왕래는 월 1회(31.5퍼센트)가 가장 많다. 자녀와의 갈등 이유는 자녀의 장래문제(29.4퍼센트), 자녀의 원조 요구(20.9퍼센트), 부모의 비용 요구(20.6퍼센트) 순서다. 연령이 높아지면 수발문제도 가세한다. 친인척과의 왕래는 연 1~2회(45.2퍼센트)가 대부분이고, 왕래가 없는 경우(22.2퍼센트)도 적지 않아서 10명 중 7명에 이른다.

고독을 해소하기 위한 여가활동은 TV시청(82.4퍼센트)이 대다수이고, 적극적인 외부활동(문화예술 관람·참여)을 하는 사람은 소수에 불과하다. 과거 1년간 여행을 다녀온 경우는 29.7퍼센트뿐이다. 평생교육 참여율은 상당이 낮아서 13.7퍼센트에 그쳤다. 컴퓨터나 인터넷 사용이 불가능한 경우도 83퍼센트에 이른다. 경로당은 경원시되는데, 그 이유는 기존 이용 노인과의 부조화가 66.4퍼센트에 이른다. 독거노인의 경우 90퍼센트가 대중교통이 아니면 이동이 힘들다. 또한 적극적인 활동 의지가 없는 경우는 60~70퍼센트에 달한다.

고령인구의 90퍼센트는 하류노인

'할머니의 하루는 새벽 5시부터다. 늦으면 다른 어르신들이 전부 주워간다. 어떤 할아버지는 새벽 2시에 나온다고 했다. 점심은 인근 무료급식소에서 먹는다. 집에서 밥과 김치만 먹는 것에 비하면 진수성찬이다. 다시 골목길이다. 할머니는 10년 전부터 폐지를 주웠다. 자녀는 없었지만 은퇴한 남편과 함께 평범하게 살았다. 그러다 남편이 암에 걸린 후 평생 일해 장만한 집을 팔았다. 2년 투병에 전셋집은 월세방으로 옮겨졌다. 할아버지를 떠나보낸 후 식당잡일과 청소를 했지만, 나이가 많아지면서 그마저도 그만둬야 했다. 월세조차

> 버거워지자 2평짜리 쪽방까지 왔다. 폐지는 이때부터 모으러 다녔다. 할머니에게 리어카는 생계를 이어가는 유일한 수단이다.'[3]

전형적인 노년빈곤 사례다. 정확한 통계가 없지만, 할머니처럼 폐지를 줍는 노인은 175만 명 정도일 것으로 추산된다. 종일 돌아다니며 쌀 한 가마니 무게를 모아서 팔면 고작 6,000원 정도다. 충격적인 건 그나마 폐지를 줍는 노인은 사정이 나은 편이라는 사실이다. 매일 약을 먹지만 몸은 움직일 수 있다. 몸까지 무너지면 골방 신세다. 그렇게 되면 통계에 집계되지 않는, 존재하되 보이지 않는 증발노인으로 전락한다.

2030년은 한국 사회에 노년위기가 본격화되는 시점이다. 이때부터 한국형 하류노인이 대량으로 등장한다. 이는 미처 사회 변화에 제대로 대응하지 못한 일부에게만 해당되는 이야기가 아니라, 해당 세대의 99퍼센트가 직면할 위기다([그림 4-4] 참조).

중간은 없다

한국 사회는 노년인구를 가족의 책임으로 전가해왔다. 국가는 일부의 극빈노인만 챙겨주고선 그걸로 역할을 다했다는 입장이다. 가족의 책임이란 곧 자녀가 그 부모를 봉양하는 일이다. 실제로 한국 사회에서는 사적이전이란 이름으로 가족이 노인의 노후경비를 상당 부분 도맡아왔다. 청년실업과 중년해고의 위기 상황 속에서 자녀의 경

[그림 4-4] 70세 이상 노년인구의 인구통계 및 장례추계

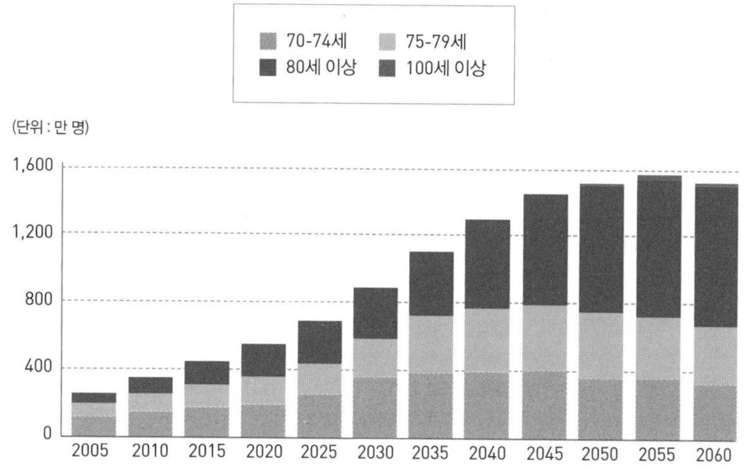

자료 : 통계청(국가통계포털)

제활동조차 버거워진 최근에는 사적이전에서 노년근로나 공적연금으로 무게중심이 옮겨졌지만, 여전히 자녀의 지원은 노후생활의 최후의 보루다.

그러나 추세를 보건대 사적이전은 계속해서 줄어들 것으로 예상된다. 부모 스스로 자녀에게 부담을 주지 않으려 하거니와 자녀의 부모봉양 의지도 급격하게 줄어들고 있다. 오죽하면 재산을 상속받은 후에 부모봉양을 거부하는 행태를 막고자 하는 '불효자방지법'까지 고려하는 것이겠는가. 그럼에도 부모는 자녀가 있다는 이유로 기초생활보장을 못 받아도 숙명으로 여길 뿐 피붙이를 원망하는 일이 거의 없다.

[그림 4-5] 고령인구의 상대빈곤율 국제 비교

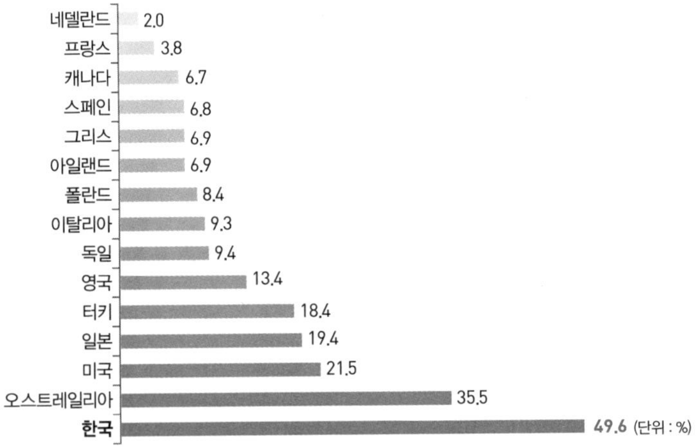

*국가별 2012년 혹은 최근 통계 기준, 고령인구는 65세 이상 기준
자료 : OECD(한눈에 보는 연금, 2015년)

이제 연금확대와 같은 제도적 지원이 없는 한 노년인구가 생활을 유지하기 위해 필요한 자금을 얻을 수 있는 길은 사실상 봉쇄됐다. 이는 결과적으로 하류노인의 급증을 초래할 것이다. 이미 한국 노인의 절대다수는 충분히 빈곤하다. 상대빈곤율 49.6퍼센트라는 수치는 한국 사회에서 노년위기가 일상적임을 단적으로 보여준다. 현역비율(14.7퍼센트)보다 월등하다(2016년). 무려 OECD 1위다([그림 4-5] 참조). 그나마 일할 확률이 높은 65~70세가 포함됐는데도 이 정도이니 70세 이상은 두말할 필요가 없다.

노년인구의 상대빈곤율 49.6퍼센트가 의미하는 바는 노년인구 중위소득의 50퍼센트 미만 소득자가 거의 절반에 이른다는 말이다. 즉, 대부분의 노년인구 소득이 평균치에서 한참 모자란다는 뜻이다. 이는 중년에는 중산층이었다가 노년에 들어선 후 빈곤층으로 전락한 사람들의 사례가 상당하다는 의미다. 이 인구집단 전체가 빈곤하다는 이야기다.

《하류노인》下流老人[4]에 따르면 일본 사회의 하류노인은 질병이나 사고, 시설 부족, 자녀의 실패, 황혼 이혼, 치매 발병 등이 원인이다. 하지만 그 속을 들여다보면 우리 입장에선 그저 부러울 뿐이다. 일단 일본 노년인구는 평균적으로 돈이 많다. 1,700조 엔의 가계자산(금융) 중 최소 60퍼센트가 그들의 몫이다. 연금 수혜도 두말하면 잔소리다. 노년이 받는 연금 규모가 평균 월 24만 엔 선이다. 그런데 이 연금을 소비지출한 후 3~4만 엔이 적자라며 빈곤을 언급하는 것이다. 한국 사회에서는 이해하기 힘든 일이다. 그러나 일본의 사례에서 주목해야 할 것이 있다. 돈이 있어도 노년위기에 직면하면 불행의 블랙홀로 휩쓸릴 수밖에 없다는 사실이다.

일을 하고 싶지만 일이 없다

하류노인에 중간은 없다. 99퍼센트는 똑같은 위기에 직면한다. 하류노인에서 자유로울 수 있는 이는 상위 1퍼센트뿐이다. 축적한 재산이 많은 자산가거나 은퇴와 무관한 전문직 종사자거나 개인사업가가 아니라면 실직과 동시에 중간 이하로 떨어진다. 퇴직연금을 받을 수 있는 샐러리맨은 고작 7퍼센트뿐이다(대기업 정규직으로 노조 가입이 되어 있는 경우).

고령인구를 75세가 아니라 65세부터 따져봐도 1 대 99인 양극화는 심각하다. 고령가구의 평균소득을 보면 2,305만 원인데, 5분위로 나누면 상당한 차이를 보인다. 상위 20퍼센트인 5분위 소득(5,861만 원)이 하위 20퍼센트인 1분위 소득(554만 원)보다 10.6배나 많다. 근로소득 115배, 사업소득 50배, 재산소득 19배 등으로 그 격차는 상당하다. 근로소득보다 결정적인 건 부동산 등 자산소득이다. 1분위 소득(6,177만 원)과 5분위 소득(4억 6,112만 원)은 비교가 불가능할 정도로 차이가 난다. 물론 제1차 베이비부머는 현재의 고령인구보다 더 부유하다. 평균적으로 월등한 재력을 갖고 은퇴할 게 확실시된다. 그럼에도 '빈곤, 질병, 고독의 악순환' 혹은 '빈곤, 질병, 고립의 함정'에서 비켜설 수는 없다. 물론 충격은 좀 덜하겠지만 30년을 버티기에는 역부족이다.

정책적인 대안을 기대할 수 없다면 이런 문제에 개개인이 대응할 수 있는 최고의 해법은 바로 일자리다. 하지만 알다시피 70세를 넘기면 구할 수 있는 일자리가 사실상 거의 없다. 노년의 경제활동을 공식통계에서조차 제대로 다루지 않는 현실만 봐도 이를 알 수 있다. 그저 필요에 따라 단발성으로 진행되는 일이 많다.[5]

다가올 미래의 노년인구는 경제활동을 필수로 받아들여야 한다. 은퇴생활을 즐기는 선진국 노년인구와 달리 한국의 75세 이상 노년인구의 고용비율은 상당히 높은 편이다. 2015년에도 OECD 평균인 4.8퍼센트를 훌쩍 뛰어넘은 17.9퍼센트로 5년 연속 OECD 1위를 기

[그림 4-6] 한국과 선진국의 연령별 근로소득 및 소비수준 비교

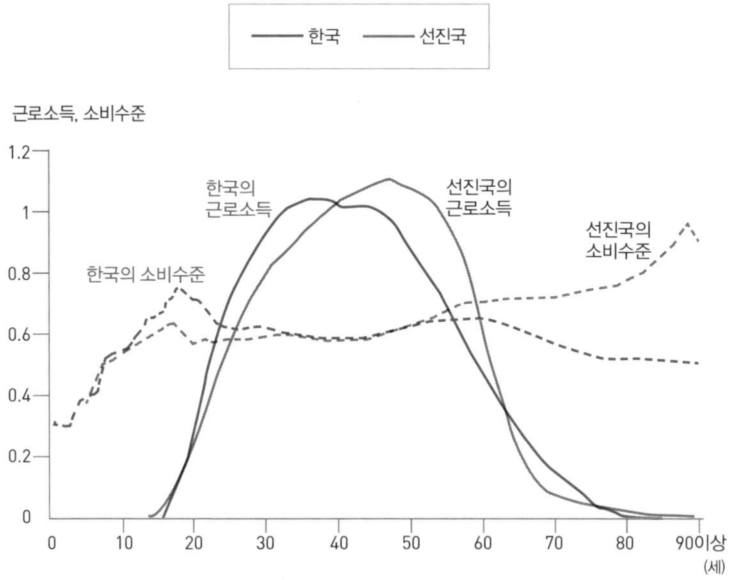

자료 : 한국은행(인구고령화가 경제 성장에 미치는 영향, 2017년)

록했다. 65세 이상 고용비율이 30.6퍼센트라는 점을 고려해보면 10년 후 절반가량은 계속 일하는 셈이다. 그러나 OECD 평균은 다르다. 각각 13.8퍼센트에서 4.8퍼센트로 떨어져 약 3분의 1만이 근로현장에 남는다. 한국 사회의 실질 은퇴가 70대 초반(남 73세, 여 71세)이고 기대수명이 80대 초중반(남 79세, 여 85세)이니 대략 최장 14년을 일 없이 살아가야 한다(통계청, 2015년).

선진국과 비교하면 한국의 노년위기는 더욱 심각한 실정이다. 생애 전체에 걸쳐 근로소득과 소비수준을 비교하면 차이가 두드러진다. [그림 4-6]을 보면 한국의 경우 근로소득은 빨리 정점을 찍고 노년 이후에도 완만하게 줄어든다. 육체적인 직업이 많고 연금제도가 미비해 나이를 먹어도 근로활동을 지속할 수밖에 없다. 반면 선진국과 달리 고령에 접어들고 나서 소비는 더 증가한다. 다름이 아니라 의료비 지출 때문이다. 80세 이후엔 격차가 더 벌어진다. 선진국은 공적보험 등이 의료비를 커버해주기에 다른 항목의 소비지출에 여유가 있지만, 한국은 사회보장이 미비해 의료비를 준비해두려면 소비를 줄일 수밖에 없다.

강남 3구로 노인이 몰려든다

'서울이 무너질 것이다!'

탈경脫京사회에 대한 논의가 활발하다. 서울 인구의 천만 붕괴가 논의의 시작이었다. 사람이 줄어들면 종국엔 서울의 경제구조를 지지하는 기반이 무너질 것이란 이유다. 그럴 듯한 염려지만 가능성은 극히 낮다. 되레 서울 집중이 더욱 심화될 확률이 높다. 어떻게 보면 한국 사회를 서울이 '독점'했다고 봐도 좋을 정도다. '빗장도시'라는 표현처럼 서울은 그들만의 공간으로 자리할 것이다. 이유는 분명하다. 돈이든 인재든 모든 걸 서울이 독점하기 때문이다. 그래서 서울 안에 있는 모든 것의 값이 비싸다. 이 상황을 못 버티겠다면 '서울'은 빗장 밖으로 떠나라고 떠민다. 같은 맥락에서 출근에 맞춰 빗장이 열리면 사람들이 일하러 들어오고 퇴근 이후에 생활하러 서울 밖으로 떠나는 현상이 벌어진다. 아이러니하게도 천만 붕괴는 빗장도시가 낳은 결과다.

그래서 서울의 집값은 떨어질 확률이 낮다. 양극화로 요약되는 극단적인 이분법의 논리가 영원히 계속되지는 않겠지만, 서울의 부동산 값이 지방권역과 비교해 극단적으로 계속해서 오르고, 이 결과 수요공급이 서울로만 집중되는 현상을 분산시키지 못하는 한 서울의 집값은 떨어지지 않을 것이다. 서울이 아니어도 일하고 살 수 있는 변화된 사회체제를 이뤄내지 못한다면 서울은 승자우위로 인한 혜택을 계속 독점할 것이다.

사실 비교열위에 있는 인구집단이 수도에 거주하기 힘든 현상은 비단 서울만이 아니다. 미국이나 유럽 등지의 거대도시들 역시 거주비용이 충분히 살인적이고 여전히 증가세다. 이에 대응하기 위한 정책이 계속 제기되지만, 정경유착과 자본의 탐욕은 자주 이 정책들을 무너뜨린다. 서울의 경우도 이와 비슷하다. 집값이 떨어질 이유는 1가지에 불과하지만, 오를 이유는 100가지도 넘는다.

인구 이동은 서울 집중을 한층 가속화시킨다. 서울은 탈경의 염려보다는 인구 블랙홀의 문제가 더 심각하다. 청년인구는 교육과 취업을 위해 서울로 몰려든다. 실제로 몰려드는 곳은 경기도라 해도 궁극적인 지향점은 서울이다. 이러한 욕구는 본능적으로 끊임없이 서울 진입의 가능성을 타진하게 한다. 여기에 더해 앞으로는 서울로 진입하려는 새로운 집단이 등장할 전망이다. 바로 노년집단이다. 거대한 노년인구의 진입이 본격화되면 서울을 둘러싼 자원 쟁탈전은 한층 격화될 것이 분명하다. 청년과 함께 중년은 물론 노년인구까지 서울이라는 제한된 공간에서 자원의 장악을 위한 경쟁을 벌이게 된다는 말이다.

왜 서울의 집값은 떨어지지 않는가

최근까지만 해도 노년인구의 도시 거주는 궁합이 맞지 않는 걸로 여겨졌다. 도시에서 힘든 시절을 보냈으니 은퇴 이후엔 물 맑고 공기 좋은 농촌에서 지내는 것이 노년을 잘 보내는 거라 생각했다. 도시에 남아본들 큰 장점도 없을뿐더러, 농촌의 자연환경 속에서 생활비 아껴가며 오순도순 지내는 게 좋을 거라고 판단한 것이다. 그러나 이는 착각이자 오해였다. 지금은 그렇지 않다. 노년의 문제가 모든 것을 바꿔놓았다. 빈곤에 대비하기 위해 은퇴는 가능한 한 미뤄야 하는 일이 되었고, 일자리든 소일거리든 소득원을 찾기 위해서는 도시에 머무는 것이 유리하다.

빈곤뿐 아니라 유병의 문제에 대응하기 위해서도 도시 거주가 유리하다. 늙어 아플 때 농촌생활은 감옥이나 다름없다. 도시에 비해 농촌의 의료시설은 턱없이 부족한 실정이라 병원에 쉽게 다닐 수 없다. 일시적인 질환이라면 어떻게 해보겠지만 노년인구가 가진 만성적이고 완치가 어려운 질병은 사실상 농촌생활을 불가능하게 만든다.

통원치료 역시 이동 능력에 자유로울 때나 가능하다. 여러모로 노년인구에게도 도시 거주는 불가피하다.

이런 이유로 향후 서울의 인구구성은 달라질 전망이다. 빗장도시 서울은 거주권을 통제하는 가운데 일부 집단에게만 체류할 수 있는 자격을 부여할 게 확실시된다. 서울의 가공할 만한 생활비를 감당할 수 있는 금전적 여력을 갖춘 경우에만 말이다. 서울의 집값도 이들의 주도로 급락 없는 상승이 계속될 것으로 추정된다.

'체류 자격을 갖춘 이들'은 한정된 자원을 이미 상당 부분 확보한 중년 혹은 노년 기성세대 중 일부일 확률이 높다. 30년 정도로 길어질 노년의 인생을 생각하면 이들은 보다 안전한 서울이라는 카드를 손에 쥐어야 한다. 그러니 결국 추가적인 자산 쟁탈전이 펼쳐질 수밖에 없고, 이는 결과적으로 양극화를 심화시킬 것이다. 조짐은 많다. 노년인구의 도시로의 이동이 목격되기도 하고, 위험자산 선호까지 회자된다. 나이를 먹을수록 안전자산을 선호한다는 전통적인 생애금융이론이 파기되는 순간이다.

이와 같이 노년인구의 파격적인 사회 이동은 서울을 '고령공화국'으로 만들기에 충분하다. 아니 이미 시작됐다. 생활수준의 악화로 청년인구는 서울을 빠져나가고 빈곤과 유병에 대응하기 위해 노년인구는 서울에 진입한다. 이것은 동시다발적으로 벌어진다. 아직은 초기 단계라 밀려나는 인구가 들어오는 인구보다 더 많기에 천만 붕괴라는 감소세를 보였지만, 2030년에 노년인구의 위기가 본격화되면 얘기는 달라질 것이다. 다음의 통계에서 직접 확인할 수 있다. 통계청의 《국내인구이동통계》를 통해 2005년, 2010년, 2014년에 발생한 노

[표 4-3] 서울의 전출입 전체 인구 및 노년인구의 증감 추이

(단위 : 명)

	2005년				2010년				2014년			
	인구 전체	70~74세	75~79세	80세 이상	인구 전체	70~74세	75~79세	80세 이상	인구 전체	70~74세	75~79세	80세 이상
전국 → 서울 (서울 전입)	1,990,749	**124,381**	**82,545**	79,338	1,733,015	**134,740**	**92,434**	100,668	1,573,594	138,799	100,456	114,863
서울 → 전국 (서울 전출)	2,041,756	25,976	17,077	17,126	1,848,038	29,952	19,240	21,375	1,661,425	32,823	21,565	23,756
전입 - 전출	△51,007	98,405	65,468	62,212	△115,023	104,788	73,194	79,293	△87,831	105,976	78,891	91,107

* 연간통계로는 2014년이 가장 최근 수치임.
자료 : 통계청(국가통계포털, 국내인구이동통계)

년인구의 사회 이동(전입, 전출)을 연령별, 지역별로 나눠 분석한 [표 4-3]를 보라.

결과적으로 전체 인구와 노년인구의 사회 이동에는 뚜렷한 특징이 있다. 전체 인구의 경우 서울과 서울 외 지역의 양방향 사회 이동이 모두 감소한 데 비해 노년인구는 반대로 증가했다. 전체 인구는 2005년, 2014년 각각 서울 전입은 21.0퍼센트, 서울 전출은 18.6퍼센트가 줄었는데, 노년인구는 각각 23.7퍼센트, 29.9퍼센트가 증가했다. 서울 전입이든 서울 전출이든 노년인구가 전체 인구보다 활발한 사회 이동을 하고 있다는 의미다. 늙을수록 이동하지 않는다는 고정관념을 깬 셈이다.

이동비율로 보면 노년인구의 서울 전입과 서울 전출이 모두 늘었

[표 4-4] 전체 인구 및 노년인구의 사회 이동 특징 비교(2005/2014)

(단위 : 명)

	전체 인구	노년인구
전국 → 서울(서울 전입)	21.0% 감소 (1,990,749명 → 1,573,594명)	23.7% 증가 (286,264명 → 354,118명)
서울 → 전국(서울 전출)	18.6% 감소 (2,041,756명 → 1,661,425명)	29.9% 증가 (60,179명 → 78,144명)

*연간통계로는 2014년이 가장 최근수치임.
자료 : 통계청(국가통계포털, 국내인구이동통계)

지만, 증가 규모를 보면 서울로 전입한 인구가 훨씬 많다. 2014년에는 노년인구의 서울 전입이 35만 4,118명으로 서울 전출 7만 8,144명보다 압도적으로 많았다. 또한 2014년을 2005년과 비교하면 노년인구의 서울 전입은 6만 7,854명으로 서울 전출 1만 7,965명보다 더 많았다([표 4-4] 참조).

특히 서울 전입 노년인구를 세분화해 2005년과 2014년을 비교해보면 70대보다 80세 이상이 더 크게 증가했음을 확인할 수 있다. 70~74세(1만 4,418명), 75~79세(1만 7,911명)는 소폭 늘어났지만, 80세 이상은 무려 3만 5,525명이 증가했다. 2010년과 2014년을 비교해도 75~79세보다 80세 이상의 노년인구가 서울로 더 많이 들어왔음을 알 수 있다.

2014년 한 해만 봐도 75~79세보다는 80세 이상의 서울 진입이 더 많다. 각각 10만 456명, 11만 4,863명이다. 요컨대 노년인구의 전체적인 서울 전입이 압도적으로 이뤄지는 가운데, 80세 이상의 서울 전입은 더욱 가속화되는 것이다. 초기 단계인 까닭에 아직은 75~79세보다 80세 이상, 즉 유병확률이 더 높은 노년인구 위주로 서울 진입이 본격화된 것이다. 전체 인구의 서울 진출이 규모와 비율 모두 증가하는 것과 정반대되는 양상이다.

강남 3구를 향하는 노년인구

그렇다면 서울로의 전입은 어떤 노년인구가 주도하는 것일까? 앞서 잠깐 언급한 것처럼 자산 규모가 크고 소비 여력이 많은 부유한 노년인구일 확률이 높다. 이들은 서울이 제공하는 의료와 간병 서비스를 받고자 각종 대가를 치르며 서울에 진입한다. 서울로 진입한 노년인구의 거주지를 보면 이런 사실을 확인할 수 있다. 이쯤에서 제2장에서 한국판 소멸 리스트를 살펴보며 언급한 인구지도를 잠시 떠올려보자.

제2장에서 한국판 소멸 리스트에서 확인한 바대로 서울에서 인구 증가가 목격되는 곳은 딱 2군데다. 서초구와 은평구다. 실제 통계청 자료에 따르면 2014년 서초구(전입 7만 9,323명, 전출 7만 4,512명)와 은평구(전입 5,374명, 전출 5,316명)는 초과전입이다. 그렇다면 초과전입의 원인은 무엇일까? 은평구의 경우에는 최근 몇 년 사이에 집중된 대규모 주거공급으로 인구 유입이 설명되지만, 서초구는 그런 원인을 찾을 수 없다. 서초구는 강남 3구에 속하며 서울에서도 살인적인 주거비용이 요구되는 지역이다.

[표 4-5] 강남 3구 및 은평, 마포구의 노년인구 전출입 증감 추이

(단위 : 명)

		2005				2010				2014			
		전체	70~74세	75~79세	80세 이상	전체	70~74세	75~79세	80세 이상	전체	70~74세	75~79세	80세 이상
서초	전입	**2,684**	1,066	**776**	**842**	2,620	1,011	685	**924**	**3,285**	1,265	882	**1,138**
	전출	2,778	1,092	790	896	2,778	1,094	759	**925**	3,414	1,408	912	**1,094**
강남	전입	3,226	1,240	969	1,017	3,194	1,208	871	1,115	4,281	1,649	1,152	1,480
	전출	3,218	1,243	928	1,047	3,630	1,448	956	1,226	4,192	1,689	1,089	1,414
송파	전입	3,392	1,375	982	1,035	4,089	1,620	1,120	1,349	4,217	1,840	1,186	1,191
	전출	3,517	1,477	997	1,043	4,614	1,854	1,258	1,502	4,624	1,874	1,185	1,565
3구	전입	9,302				9,903				11,783			
	전출	**9,513**				11,022				**12,230**			
은평	전입	2,867	1,211	825	831	4,497	1,935	1,238	1,324	4,217	1,840	1,186	1,191
	전출	3,155	1,386	911	858	4,072	1,754	1,118	1,200	4,712	2,052	1,341	1,319
마포	전입	2,183	964	629	590	2,972	1,176	898	898	2,793	1,139	827	827
	전출	2,254	1,024	642	588	2,932	1,253	844	835	3,171	1,394	899	878

그렇다면 서초구의 초과전입은 다른 곳에서 이유를 찾는 게 타당하다. 노년인구의 잘 정비된 의료와 간병 시설 및 서비스에 대한 수요 욕구가 그 이유다. 강남지역에 포진한 양질의 의료와 간병 서비스 제공기반을 누리려 서울 밖에 있던 노년인구가 사회 전입을 시도했을 가능성이 크다. 실제로 80세 이상의 사회 전입이 눈에 띄게 늘었다.

다만 통계로 이를 명확히 입증하기는 쉽지 않다. 서초구를 포함해 강남구, 송파구, 이른바 강남 3구의 사회 이동을 살펴보면 확실히 노년인구의 전입 규모는 증가세다. 75~79세보다 80세 이상의 전입이

상당수를 차지하는 것도 공통적이다. 서초구는 노년인구의 전입이 2005년 2,684명에서 2014년 3,285명으로 증가했다. 강남, 송파와 더불어 은평, 마포도 증가추세다.

반면 전출인구도 늘었다. 강남 3구는 노년인구의 전출이 2005년 9,513명에서 2014년 1만 2,230명으로 늘었다. 즉 전입·전출 모두 늘었기 때문에 서초구의 전입초과를 노년인구 때문이라고 특정할 수는 없다. 그럼에도 80세 이상만 보면 서초구만의 차별화가 가능하다. 2014년 기준 강남 3구 중 서초와 강남에서만 80세 이상 노년인구의 전입초과가 확인되는데, 2010년에는 전출초과가 서초는 1명뿐이지만, 강남은 111명으로 격차가 벌어진다. 서초의 80세 이상 전입파워가 추세적으로 크다는 의미다.

도시의 고령화

노년인구의 도시 이동은 아직 초기단계다. 서울에선 서초구, 그중에서도 80세 이상에서만 확인되는 경향이다. 그러나 앞으로는 이런 경향이 상당히 심화될 것으로 추정된다. 이는 일본에서도 확인할 수 있는 변화다. 한때는 탈脫도시가 대세였지만, 지금은 노년인구의 도시 거주로 방향이 완전히 바뀌었다. 은퇴 이후 도시를 떠나지 않을뿐더러 농촌에 거주하던 노년인구마저 도시로 몰려들고 있다.

일본에서 도쿄 등 수도권으로 거주지를 옮기는 노년인구가 본격적으로 늘어나기 시작한 것은 2010년 이후다. 매년 10만 명이 넘는 인

[표 4-6] 75세 이상 고령인구의 대도시 급증 예측

(단위 : 만 명)

도심권	2010년	2025년
도쿄	123.4	197.7
가나가와	79.4	148.5
오사카	84.3	152.8
사이타마	58.9	117.7
치바	56.3	108.2
아이치	66.0	116.6

자료 : 후생성

구가 새롭게 도쿄권역으로 몰려드는데, 이중 상당수가 노년인구로 분석된다. 일부 지역은 전입초과 절대다수가 65세 이상의 인구로 조사되기도 한다.

결국 질병 치료가 도시로의 이주를 택한 이유라는 의미다. 일본노인에게 익숙한 노인주거 전용주택인 '서비스부가고령자주택'도 도쿄 등 수도권에 많이 몰려 있다. 노인들이 퇴원 후 집으로 돌아가지 않고 이곳에 거주하는 것이다. 이는 빈집이 양산되는 사회문제의 원인이지만, 집으로 돌아간들 간병해줄 가족도 없고 의료시설마저 부족하니 도시에 남을 수밖에 없는 노인의 입장에서는 마다할 이유가 없는 대안이다. 자녀의 입장에서도 병든 부모의 도시 거주는 훌륭한 대안이다. 도시에 거주하는 자녀가 지방에 머물던 부모를 불러올린 경우가 적지 않은 것도 이런 이유 때문이다. 의료 서비스에 대한 노년인구의

절실함은 일자리를 찾아 상경하는 청년세대의 절실함 못지않다.

[표 4-6]에 나온 일본 후생성의 통계를 보면 75세 이상 일본 노년인구의 도시 유입은 도쿄의 경우 2010년 123만여 명에서 2025년 197만여 명으로 늘어날 걸로 예측된다. 따라서 노년인구의 욕구와 맞물린 의료·간병 서비스의 제공은 뜨거운 감자일 수밖에 없다. 지방은 인구유출로, 도시는 고령 심화로 각각의 생활터전이 차별적인 골칫거리로 고전할 게 불을 보듯 뻔하다.

한국 경제를 뒤흔드는 의료와 간병 비용

'보증금 1억 원, 월 생활비 520~650만 원'

도대체 어느 곳의 부동산 임대정보일까? 보증금은 그렇다 쳐도 월 생활비는 상당히 큰 액수다. 1년치를 합산하면 대기업 중간 간부의 연봉에 버금가는 액수다. 어지간히 벌어선 입주하기 힘든 공간임이 분명하다. 이는 국내 모 대기업이 만든 S요양센터 1인실 입주비용이다(2016년 1월). 한때 세간에 최고의 시설이라는 입소문이 자자했다. 참고로 2인실과 4인실의 보증금 및 월 생활비는 각각 7,000만 원, 360~435만 원, 5,000만 원, 322~360만 원이다. 역시 만만찮은 가

격대다. 그나마 매달 내야 하는 생활비에는 소모품비, 의료비는 물론 식비조차 포함되어 있지 않다. 입주 자격은 만 60세 이상의 치매, 중풍 등 만성질환자로 일상보조가 필요한 경우다. 질환수준을 보건대 생활비는 최소비용일 확률이 높다.

그렇다면 같은 곳에서 운영하는 시니어타운은 어떨까? 요양시설과 달리 건강한 노년인구를 대상으로 하기에 입주비용이 저렴할 걸로 예상한다면 오산이다. 시니어타운 역시 입주비용이 굉장히 높은 수준이다. 가장 좁은 15평형을 선택해도 보증금 3억 7,000만 원~4억 1,000만 원(2억 4,000만 원~2억 8,000만 원 보증금에 30만 원 월세도 가능)에 월 생활비는 독신이면 135만 원, 부부면 215만 원을 내야 한다. 일반인에겐 그림의 떡인 가장 넓은 119평형은 7억 원~10억 7,000만 원의 보증금에 월 생활비로 독신 233만 원, 부부 312만 원이 청구된다. 당연히 식비(1인 약 62만 원)는 별도로 부과된다. 건강검진비가 포함되고 부대시설을 할인해준다지만 엄청난 고가다(2017년 3월).[6] 웬만한 부유층에게조차 부담스런 가격이다.

한 명이 아프면 온 집안이 아프다

은퇴 이후를 준비해야 하는 중년인구나 은퇴생활 중인 노년인구의 최대관심사는 역시 돈이다. 노년인생 30년을 지탱해줄 자산을 어떻게 축적하고 소득을 확보하는가가 뜨거운 감자다. 70세에 진입하면 사실상 근로소득이 끊긴다는 점에서 이후 30년의 호구지책은 난제 중의 난제다. 인생 최후까지 돈으로 좌지우지되는 불확실성의 가시밭길을 걸을 수밖에 없다.

가장 염려스러운 건 역시 의료비용과 간병비용이다. 고정적인 생활비야 허리띠를 졸라매면 통제된다지만, 의료비 지출은 통제가 어렵다. 닥치지 않으면 실감하기 힘들며, 사실상 돈 먹는 하마와 같다. 보험 1~2개 들어뒀고, 부동산도 있으니 괜찮을 거라고 안심하면 곤란하다. 위에 소개한 고가시설을 이용하는 것이 아니라 해도 마찬가지다. 좀 괜찮다 싶으면 평범한 근로자의 월급을 웃도는 지출이 동반된다.

더 큰 문제는 연쇄적인 부담이다. 의료와 간병이 필요한 상황이 시작되면 경제적, 심리적인 압박이 당사자에서 끝나지 않는다. 그 책임 부담에서 자유롭지 않은 자녀세대까지 빈곤으로 내몰게 될 위험이 있다. 노년기 30년간 누구도 질병에서 자유로울 수 없다. 게다가 노인들의 경우 완치가 불가능한 만성질환이 대부분이라 투병기간에 끝이 없다는 점이 치명적인 특징이다.

일본만큼 본격적이진 않지만, 한국 사회에서도 부모를 간병하기 위해 경제활동을 중단하는 사례가 생겨나고 있다. 안심하고 맡길 시설은 턱없이 모자라고 비용마저 부담스러우니 가족의 희생이 불가피하다. 간병 후진국의 현실이다. 물론 미래에는 사회보장제도가 확충되어 제도적인 지원 기반이 탄탄해지겠지만, 그럼에도 소외된 사각지대와 개인의 책임이라는 사회적 인식은 여전히 존재할 것이다.

여기까진 현재의 문제다. 1,700만 베이비부머가 75세로 하나둘 진입하는 2030년이면, 한국 사회의 최대 갈등이 노년인구의 의료와 간병 서비스 관련 문제가 될 확률이 높다. 거대한 인구집단이 본격적인 유병 연령에 도달한다는 점에서 2030년은 장수사회, 즉 유병사회의 원년이다. 한 집 건너 한 집에서 끝도 알 수 없는 노인 간병을 지속하느라 집단적인 우울이 일상화된 사회로 전락할 수 있다는 얘기다.

그러므로 베이비부머 세대가 2020년 65세로 진입할 때부터 시작될 본격적인 중년위기뿐 아니라 10년 후의 노년위기까지 동시다발로 해결책을 강구해야 한다. 그러지 않으면 노년을 위협하는 각종 위기가 한국 사회를 최악의 국면으로 몰아갈 것이다. 하지만 현재 한국 사회의 제반 여력을 고려해보면 안타깝게도 만능열쇠는 존재하지 않는다.

그동안 한국 사회에서 간병문제는 일부에게만 해당되는 문제였다. 하지만 이제는 아니다. 2017년, 드디어 고령사회로 진입하며 고령인구가 전체 인구의 14퍼센트를 넘겼다. 게다가 앞서 이야기했던 고령화 속도를 떠올려보라. 7퍼센트에서 14퍼센트가 되는 데 18년도 걸리지 않았다. 73년 걸린 미국이나 24년 걸린 일본과 비교하면 엄청나게 빠른 속도다. 게다가 초고령사회(20퍼센트)까지는 이제 몇 년밖에 남지 않았다. 한국 사회의 간병문제는 이제 외면할 수 없는 일이 되었다.

2016년 700만 명의 노년인구 중 치매환자가 벌써 10퍼센트 수준이다. 돈이 없다면 시설에 간병을 맡기는 것은 무리인 데다(월평균 간병비용 280만 원) 시설도 태부족이다. 서비스가 좋고 부담이 적은 공공시설은 신청 후 2~3년 대기가 기본이다. 입소 규정도 까다로워 신청을 포기하는 경우도 많다. 민간시설은 일부의 도덕적 해이와 낮은

[그림 4-7] 출생아 수 및 사망자 수 비교(1985~2025년)

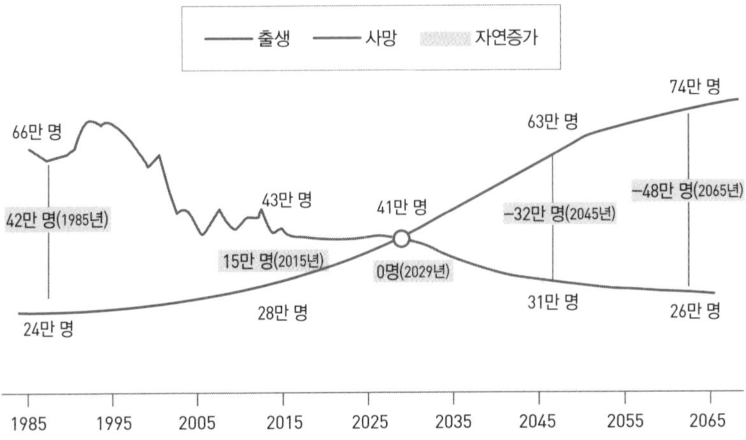

자료 : 통계청(장래인구추계, 2015~2065년)

수준의 서비스로 인해 불안하다. 그게 아니면 집에서 돌봐야 하는데, 이는 도미노처럼 다른 가족구성원에게 위기를 불러온다. 간병이 가족구성원에게 부담이 되면 간병으로 인한 자살, 살인, 퇴사, 파산 등 가족 붕괴를 일으킨다. 이것이 간병 수요를 주목해야 하는 이유다.

지금껏 인구 변화는 사망자 수보다 출생자 수가 더 많은 형국이었다. 그러나 [그림 4-7]에서 볼 수 있듯 현재 추세라면 2029년, 사망자와 출생자의 수가 최초로 같아진다. 2030년부터는 사망이 출산을 앞지를 전망이다. 이후 전체 인구의 감소는 자연스러운 일이다. 사망은 노년기 30년에 집중되어 발생한다. 그리고 75세부터는 질병에 걸릴 확률도 높아진다. 즉 평균수명 연장에서 확인되듯 사망연령은 90세를 전후로 집중적으로 발생하고, 당연히 절대다수가 건강 상태가 아닌 질환 상태에 머물다 사망한다. 75세 이후 본격적인 유병노년이 시작되고 90세 전후에 유병 사망이 집중된다는 것이 일반적인 추정이다.

결국 한국 사회의 노인 대부분은 노년인생 30년 중 20~30년을 질병과 더불어 보낸다는 뜻이다. 의료와 간병의 필요가 75세 이후 20~30년 내내 존재한다면, 이는 개인의 불행을 뛰어넘어 사회 전체에 심각한 악영향을 미친다. 노년가계의 금전 부담을 심화시킬 뿐 아니라 공적보험(건강보험, 노인장기요양보험)의 재정 악화로 직결되기 때문이다. 나아가 장기적으로는 일본처럼 천문학적인 노년 의료비가 부담스러워 소비를 줄이게 된다. 만일 그렇게 되면 정부가 제아무리 돈을 풀어도 시장에 돈이 돌지 않고, 고령가구에 숨어버리는 유동성 함정까지 생길 수 있다.

간병지옥, 남의 일이 아니다

65세부터만 봐도 한국 노인의 상당수가 아프다. 그들은 자신의 건강에 불만(44퍼센트)을 갖고 있다. 의사가 진단한 만성질환이 3개 이상인 노년이 46퍼센트인 데다 병원 방문은 월평균 2.4회에 달한다. 물론 수발은 전적으로 가족(92퍼센트)이 도맡는다(노인실태조사, 2014년). 부모를 간병하다 빈곤으로 내몰리게 되는 논리의 시작이다.

이후의 한국 사회의 알고리즘은 단순하다. '고령사회 → 노인 급증 → 유병 증가 → 간병 필요 → 금전 부담 → 가족 해체'의 악순환이다. 유사경로를 걸어왔던 일본 사회에서 '간병지옥'이란 말이 회자되는

[표 4-7] 노년인구의 연령별 급여현황 증가 추이

(단위 : 원, %)

		2005년	2010년	2015년	
		금액	금액	금액	증감률(2010년 대비)
전체 합계	진료비	16조 7,906억	41조 8,593억	56조 3,582억	34.6
	급여비	–	31조 2,117억	42조 1,353억	35.0
70~74세	진료비	1조 2,072억	3조 9,018억	5조 3,436억	36.9
	급여비	–	3조 17억	4조 522억	35.0
75세 이상	진료비	1조 4,062억	5조 6,861억	11조 320억	94.0
	급여비		4조 3,225억	8조 3,031억	92.1

자료 : 통계청(질병통계)

배경도 이와 같다. 그만큼 비용 부담은 살인적이다. 검사 및 처치 비용 등은 물론이고 요양비용처럼 건강보험이 적용되지 않는 항목까지 감안하면 실제 노년의 의료비는 큰 부담일 수밖에 없다. 한국 남성은 65세 이후 내는 의료비가 평생 의료비의 50.5퍼센트에 이른다. 평균수명이 긴 여성은 55.5퍼센트로 더 높다. 그럼에도 의료비를 커버해 줄 노년인구의 보험가입률은 32.5퍼센트에 불과하다(한국보건사회연구원).

75세부터는 더 심각해진다. 75세부터 가시화되는 노년의 질병은 통계로도 확인된다. [표 4-7]에서 노년인구의 연령별 보험급여 현황을 보자. 보험적용 항목과 비율이 높아지면서 전체적인 급여 현황은 세대를 불문하고 증가세에 있다. 그럼에도 전체 평균과 노년인구 평균

[표 4-8] 노년인구 연령별 중증(암) 등록환자 진료현황 추이

(단위 : 원, %)

	2009년	2015년	
	진료비	진료비	증감률(2009년 대비)
전체 합계	2조 202억	5조 5,677억	175.6
60~64세	2,706억	7,315억	170.3
65~69세	2,756억	7,141억	159.0
70~74세	2,265억	6,788억	199.6
75~79세	1,262억	5,328억	322.1
80~84세	491억	2,849억	479.8
85세 이상	188억	1,337억	610.2

자료 : 통계청(질병통계)

은 보험급여의 수혜 격차가 극명하다. 전체 인구의 진료비는 2010년 41조 8,593억에서 2015년 56조 3,582억으로 34퍼센트 정도 증가한 것에 비해, 노년인구의 진료비는 같은 기간 9조 5,879억에서 16조 3,756억으로 급증했다. 노년인구 중에서도 70~74세보다는 75세 이상에서 금액 증가가 확연하다. 75세 이상의 경우 진료비는 2010년 5조 6,861억에서 2015년 11조 320억으로 94퍼센트나 늘었다. 70~74세의 진료비 증가율은 36.9퍼센트로 전체 인구의 34.6퍼센트와 비슷하다.

치명적인 질환으로 꼽히는 중증(암) 등록환자는 75세라는 경계를 더욱 뚜렷하게 보여준다. 2009년과 2015년 중증(암) 등록환자

[그림 4-8] 75세부터 증가하는 치매 통계

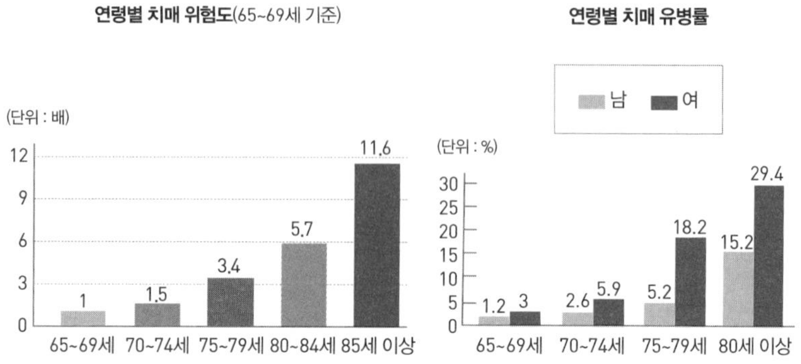

자료 : 치매정보365 재인용(http://cafe.naver.com/hurking/1324)

의 진료비 증감률을 보면 전체 합계는 175.6퍼센트인데 비해 65~69세 159.0퍼센트, 70~74세 199.6퍼센트, 75~79세 322.1퍼센트, 80~84세 479.8퍼센트로 나이가 들수록 비용지출이 증가한다. 그러는 가운데 특히 75세 이후부터 비용지출이 폭증함을 알 수 있다([표 4-8] 참조).

치매는 그 결정판이다. 만약 누군가가 간병지옥에 빠진다면 원인은 치매일 확률이 높다. 통계기관별로 치매 관련 정보는 다소 엇갈리지만, 한국의 경우 2017년 현재 치매환자가 65세 이상 노년인구의 10퍼센트에 육박한다는 게 공통적인 수치다. 10명 중 1명꼴로 치매환자인 것이다. 가령 2014년 기준 치매환자는 61만 명으로 9.6퍼센트의 유병률을 기록했다(중앙치매센터). 남녀비율은 3대 7 정도로 여성이 압도적으로 많다. 예측자료를 보면 그 증가세는 매우 가파르다.

2030년 130만 명에 근접한 이후 2050년 271만 명까지 늘어날 것으로 추산된다(보건복지부, 2012년).

치매는 70대를 넘기면서 광범위하게 발생한다. 60대는 경제활동이 가능할 만큼 건강할 확률이 높지만, 70대부터는 확연하게 상황이 악화된다. 전체 치매환자를 연령별로 살펴보면 60대 8.7퍼센트, 70대 35.6퍼센트, 80대 42.8퍼센트로 70대 이후 그 수가 크게 늘어난다(건강보험심사평가원, 2015년). 연령별 치매 위험도는 65~69세를 1로 볼 때 75~79세는 3.4배, 80~84세는 5.7, 85세 이상은 11.6배로 상승의 격차가 뚜렷하다. 특히 75세를 넘긴 여성인구는 치매 발병이 급격히 늘어난다([그림 4-8] 참조). 75~79세의 경우 남성은 5.2퍼센트이고 여성은 18.2퍼센트로, 거의 4배 차이를 보인다.

노인복지가 줄어든다

인생게임. 한두 번쯤 해봤거나 지켜봤음직한 보드게임이다. 시간이 흐름에 따라 자연스럽게 생애주기별로 인생의 이벤트를 경험하도록 고안됐다. 출생, 교육, 취업, 결혼, 출산, 승진, 은퇴의 표준적인 인생 경로에 맞춰져 있는 이 게임은 이제 재검토가 필요하다. 게임에서 설정된 인생 경로의 생애주기별 이벤트란 것이 더 이상 표준적이지도, 일반적이지도 않기 때문이다.

처음부터 이러한 경로를 포기하거나 거부하는 청년인구가 생겨나는가 하면, 인생 후반에 경로를 벗어나는 궤도 이탈도 적지 않다. 설정된 인생 경로대로 따라가기만 하면 중간은 하던 시대는 끝났다.

급속하게 변하고 있는 이 시대는 어렴풋하게나마 그렸던 행복한 은퇴생활을 상상 속에 남겨둘 것을 요구한다. 이제 남은 건 누구도 모를 불확실성뿐이다. 준비 여부와는 무관하다. 75세 이후 내려앉을 유병노년의 그림자를 만나면 누구든 불확실성에서 자유롭지 못하다. 불확실성의 최대 방어막인 넉넉한 은퇴자금을 축적했어도 매한가지다. 사정이야 좀 낫겠지만, 유병노년 20~30년은 일부의 부자 노인을 빼면 절대다수에게 매서운 불안을 안겨줄 수밖에 없다. 하물며 중산층 이하라면 상황은 더 힘들다. 가까스로 준비해둔 방어막은 작은 충격에도 무너져 노년 빈곤층으로의 신분 변화를 피할 수 없다.

기댈 건 결국 사회보험을 포함한 정책 지원이다. 사회 안전망인 공적복지에 의탁하는 방법이다. 실제로 한국 노인의 적잖은 수가 부족한 노후 준비로 인해 공적연금을 비롯한 사회 안전망에 의존해 살아간다. 무無연금 혹은 저低연금의 사각지대가 많고 까다로운 수혜 조건 때문에 여러 가지 문제가 발생하는 것이 현실이지만, 어쨌든 제도적으론 노년빈곤의 탈출구가 남아 있다.

기초연금의 도입과 확대도 동일한 맥락에서 이해할 수 있다. 또한 약화되긴 했어도 효도와 공경의 유교문화가 잔존해 노년인구를 챙겨야 한다는 인식도 여전히 존재한다. 지하철 무료 승차는 물론 민간 영역에서도 노인을 우대하는 할인제도가 적지 않은 것은 이 때문이다.

그러나 노인을 배려하는 문화는 조만간 재고 대상에 오를 것으로 보인다. 나이를 먹었다는 이유만으로 노년인구를 챙겨주는 사회 분위기가 얼마 남지 않았다는 말이다. 과거의 유교문화는 더 이상 사람들을 설득하지 못한다. 그러므로 '노인을 위한 나라는 없다!'는 슬로건이 힘을 얻을 수밖에 없다.

그간 한국 사회는 한정 자원을 배분할 때 그 대상자로 '청년 vs. 노인'이 상정될 경우 십중팔구 노년인구가 판정승을 거뒀다. "젊어 고생은 사서도 한다."는 속담 한마디면 상황은 종료됐다. 노인정치Gerontocracy는 노인 우선, 청년 소외의 작동장치였다. 정치권도 당락을 좌지우지하는 노인의 눈치를 봤고, 그들의 입김은 고스란히 정책에 반영됐다. 게다가 2030년에는 1,700만 베이비부머가 75세에 진입한다. 단순히 봐도 노년인구의 대량 출현은 정치판을 뒤흔들 태풍의 핵일 수밖에 없다. 그렇다면 노인정치는 한층 파워풀한 힘을 발휘할 테니 당연히 장수사회의 노인정치는 확고부동해질 수밖에 없을 것이다.

그러나 실제로 이런 상황이 될 확률은 그다지 높지 않아 보인다. 정부의 곳간 사정이 노년인구 30년을 보장해줄 만큼은 좋지 않기 때문에 노인복지는 되레 감축하는 쪽으로 전환될 수밖에 없다. 혹시라도 노인의 표를 의식한 정부가 재정을 노인복지에 쏟아 붓는다면 역사는 이 상황을 오판한 무능한 정부로 기록할 것이다. 또한 그 정부는 후속세대에게 큰 죄를 지은 정부로 기억될 것이다. 무엇보다 실질적으로 노인복지를 위한 재정 여력이 부족하기 때문에 지원 의지를 뒷받침하지 못한다. 돈이 없으니 주고 싶어도 주기 힘들다는 얘기다.

이미 정부의 재정 악화는 시작됐다. 들어오는 돈보다 나가는 돈이 더 많다. 이유는 3가지다. 복지수요가 늘어났고 경기 침체는 심화됐는데 증세정책을 꺼내들지 않아서다. 복지수요가 늘어난 건 복지예산이 전체예산의 3분의 1을 넘어선 것으로 확인된다. 2018년 복지예산은 전체예산(429조 원)의 34퍼센트[7]에 달할 전망이다.

불황으로 인한 매출 하락이 세수를 감소시켜 재정이 부족해지는 것도 재정 악화의 원인이다. 증세를 외치면 선거에서 떨어질 거라는 믿음은 정치권이 증세를 회피하는 원인이다. 결국 노년인구의 대량 등장이 복지수요의 확대 편성으로 연결되고, 청년인구의 상황 악화가 정부 곳간을 제때 메우지 못하는 이중적인 딜레마에 봉착했다. 덕분에 일본에서나 골칫거리였던 적자국채가 벌써 한국에서도 600조에 달한다(2016년). 1997년의 60조와 비교하면 10배가 늘어났다.

물론 아직 통계적으로는 괜찮다. GDP 대비 국가부채는 43퍼센트대로 OECD 평균(116퍼센트)보다 낮다(2016년). 그래서 재정확장적인 부양정책을 펴도 괜찮다는 논리가 나오고 있다. 재정건전성은 '세입 내 세출' 원칙을 고수하며 꽤 건전하게 통제됐다. 하지만 정확한 금액조차 파악하기 힘든 공공기관이나 공기업의 공공부채는 물론 지방정부부채와 공적연금 미래지급액까지 감안하면 한국의 재정 상황은 이미 위험수위에 달했다는 게 정설이다.

앞으로는 성장률이 떨어져 수입이 줄어들 확률이 높으니 재정이 악화되는 결과는 당연하다. 만약 이대로라면 2036년 이후 생산가능인구의 비중 하락과 함께 인구증가율 하락까지 가세해, 성장률이 0퍼센트 내외까지 하락하게 될 것이다([그림 4-9] 참조). 결국 제로성장, 재정 악화는 불문가지의 일이 된다.

지금처럼 늘어난 복지수요를 이유로 퍼주는 데 열중한다면 그 임계 라인은 금방 다가올 수밖에 없다. 숨을 돌릴 수 있을 때 관리해야

[그림 4-9] 인구 고령화에 따른 경제성장률 시나리오

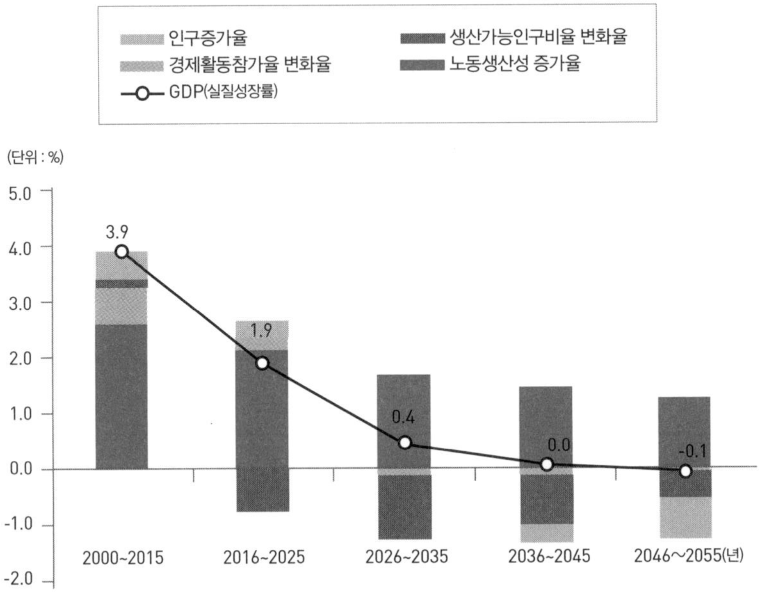

자료 : 한국은행(인구 고령화가 경제 성장에 미치는 영향, 2017년 재인용)

한다. 문제를 방치한다면 갈등은 증폭된다. 관성을 깨지 않으면 한국처럼 소규모의 대외의존도가 높은 경제체제에선 재정적자를 버텨낼 방법이 없다. 혁명적인 인식 전환과 구조 개혁으로 재정건전성을 개선시키지 않으면 외환위기 때처럼 빚쟁이의 독촉과 협박에서 결코 자유로울 수 없을 것이다.

이대로라면 1,700만 베이비부머가 집단적으로 노년인구에 편입됨과 동시에 재정 파탄은 시작될 것이다. 노년인구의 급증에 따른 문제가 표면에 드러나기 전에 재정 준칙을 바로 세우는 게 시급하다.

늙은 사회의 딜레마

미래의 재정 악화를 뒷받침하는 통계는 셀 수 없이 많다. 노년인구를 위해 고안된 노인장기요양보험만 봐도 2016년 이미 적자로 전환됐다. 세금으로 메꿔야 하는 적자분이 2025년 무려 2조 2,000억 원에 이를 것으로 예측된다. 건강보험은 2018년 적자전환이 예상된다. 새로운 복지항목을 추가하지 않았음에도 빨간불이 켜진 셈이다. 지속가능성이 훼손되기 시작했다.

가령 노인장기요양보험의 등급신청은 2008년 2.1퍼센트에서 2011년 35.2퍼센트까지 치솟은 후 2014년 31.8퍼센트로 줄어들었다([표 4-9] 참조). 2008년의 경우 시행 초기여서 인지비율이 낮았기 때문이고, 이후는 급증하다가 현재에 이르러서는 숨을 고르는 중이

[표 4-9] 노년인구의 노인장기요양보험 등급 신청 추이

(단위 : %)

	2008	2011	2014
65~69세	0.4	2.4	1.3
70~74세	0.5	2.1	2.2
75~79세	0.5	5.3	4.8
80~84세	0.5	8.3	8.1
85세 이상	0.6	19.5	16.7
노년인구 총계 (70세 이상)	2.1	35.2	31.8

자료 : 통계청(노인실태조사)

다. 통계 기간이 짧아 신뢰도가 다소 떨어지기는 하지만, 최근에 줄어든 것은 재정적자 우려 때문에 신청, 인정 과정을 까다롭게 해 문턱을 높인 것이 그 이유인 듯하다.

그런데 이 수치는 사실 신청률이지 인정률은 아니다. 따라서 실제 혜택을 받는 환자는 이보다 훨씬 적을 것이다. 눈에 띄는 외상환자나, 치매환자가 아니면 심사 통과를 낙관할 수 없다. 실제로 처음엔 3등급도 노인요양시설 입소가 허용됐지만 지금은 2등급으로 강화됐다. 대상자는 급증하는데, 재정은 불안하고 시설정비도 제대로 이뤄지지 못했기 때문에 제시한 방편이다.

노년인구를 위한 정책적 배려는 줄어들 수밖에 없다. 이는 사회의 지속가능성을 위한 유일무이한 방법이다. 일본이 그 전형적인 사례다. '노인을 위한 나라'에서 '청년을 위한 나라'로 국가 의제를 변경할 정도다(아베노믹스 2.0). 노년인구를 위해 동네 공원을 운동시설로 바꿔버린 걸 반성하며, 지금은 몇 안 되는 어린이들을 위해 다시 놀이터로 바꾸는 공사를 하는 곳이 적지 않다. 공원 부지에 유치원과 보육소를 짓는 지자체도 많다. 과거 20~30년 간의 뼈아픈 반성이 낳은 결과다. 지금 당장을 위해 선택한 노인정치가 미래에 엄청난 재정적자로 나타났기 때문이다.

일본의 GDP 대비 국가부채는 250퍼센트에 육박한다. 고령사회답게 노인복지가 늘면서 사회보장 급부는 국가예산을 훌쩍 넘어섰다. 국가예산[8]은 세수와 적자국채가 각각 절반 정도를 차지하는데, 이 중 적자국채는 대부분 복지비용으로 지출된다. 그나마 일본은 1,700조 엔대의 가계자산(금융)이 적자국채를 떠받치고, 막강한 경제 체력까지 뒷받침해 국가부도설이 사실상 잊혀졌다.

이런 일본이 노년인구를 위한 배려를 축소하고 있다는 건 의미심장하다. 그간 조세와 복지를 분리해 고민하던 재정 해법을 조세와 복지를 합해 고민하기 시작한 게 대표적이다. 세금인상과 복지 축소로 요약되는 '조세와 사회보장에 관한 일체개혁' 선언은 적자국채를 줄이고 복지체계를 유지하기 위함이다. 특히 사회보장은 저부담, 고급여에서 고부담, 저급여로 개혁의 방향을 설정했다. 앞으론 더 받아내고 덜 주겠다는 뜻이다. 사회보장 대상이 대부분 노년인구란 점에서 보면 일본 노인의 살림살이가 빠듯해질 수밖에 없다.

또한 노년인구도 세분화해 말 그대로 약자에게만 사회보장이 이뤄지도록 개혁을 거듭하고 있다. 2008년 시작된 후기 고령자 의료제도[9]가 그렇다. 75세부터 의료비의 본인부담비율을 10퍼센트로 적용하고, 그 이하는 본인이 더 많이 부담하도록 변경한 것이다. 그뿐만이 아니다. 노인복지에 대한 인식도 변화를 꾀하는 중이다. 그간 운영해왔던 장수축하 프로그램을 축소 혹은 폐지하는 움직임이 가시적이다. '노인의 날'은 중앙행사에서 관련 단체의 자율행사로 격하됐고, 장수수당(경로수당)은 폐지되는 추세다.

궁극적으로는 노인연령도 재검토 대상이다. 지금의 노인 기준인 65세가 시대 변화에 맞지 않는다는 이유에서다. 이에 일본은 노년인구를 전기 고령자(65~74세)와 후기 고령자(75세 이상)로 나누는 새로운 연령구분법을 사용하기 시작했다. 고령사회가 많은 서구국가도 비슷하다. OECD는 66~75세를 젊은 고령자Younger Old로, 그 이상을 늙은 고령자Order Old로 본다. UN도 인류의 체질과 평균수명에 대한 통계를 토대로 새로운 연령표준을 만들었다. 미성년자(0~17세), 청년(18~65세), 중년(66~79세), 노년(80~99세), 장수노인(100세 이상)으로 구분한다. 약간씩의 차이가 있지만 새로운 연령구분의 공통점은 65세 이상이 더 이상 노인이 아니라는 점이다.

한국도 70세 이상부터 고령인구로 보자는 추세다. 응답자의 78퍼센트가 70세를 노인연령으로 봤다(노인실태조사, 2014년). 중요한 건 늙어가는 사회에서는 사회가 감당할 수 있는 노년인구의 범위가 좁아질 수밖에 없다는 점이다. 버는 사람은 적어지고 쓸 사람은 많아지는 늙은 사회의 딜레마는 결국 노년인구에 대한 배려를 축소하는 걸로 귀결될 수밖에 없다.

인구에 따라 움직이는 시장

신기루인가, 파랑새인가? 시니어마켓이 갈림길에 섰다. 큰 시장이 열릴지 아니면 허황된 꿈으로 끝날지 엇갈린 논의와 전망이 활발하다. 시장 활성화를 기대하는 쪽은 꽉 막힌 내수시장을 주도할 기회로 보는 반면, 경계하는 쪽은 돈이 없는데 늙었다고 지갑을 열지 알 수 없다는 논리다. 다만 고령사회의 제반위기 중 시니어마켓이 적게나마 활로를 열 수 있는 개척 지점이 될 수 있다는 생각은 공통적이다. 잘만 활용하면 장수사회의 우울한 노년인구를 밝고 건강하고 적극적인 활력 주체로 탈바꿈시킬 수 있다는 기대다. 즉 시니어마켓이 잉여인구를 활력인구로 변신시킴으로써 위기를 기회로 만드는 인식전환을 주도할 수 있다는 얘기다.

이것이 고령사회의 하나의 대안이 될 수 있다. 그렇지 않으면 노년 30년을 빈곤, 유병, 고립의 위기 속에서 살아가야 한다. 어떤 식이든 노년인구를 적극적인 경제 주체로 전환하는 일은 절실하다. 그들을 시니어마켓의 소비주체로만 바라보자는 것이 아니다. 얼마든지 생산 주체가 될 수 있음을 기억해야 한다. 잠재고객이 노년인구라면 생산과 판매현장 곳곳에서 이들의 소비욕구를 읽어내고 응대할 고령근로자를 채용해야 한다. 소외되고 방치된 노년인구를 재발견함으로써 전에 없던 부가가치를 창출하는 것이다. 그런 식이면, 위기 요인의 해소는 물론 새로운 삶도 가능해진다.

기업이든 정부든 확신과 의지를 갖고 노년 30년을 함께할 다양한 소비욕구를 적극적으로 발굴하고 대응하는 자세가 바람직하다. 시장은 저절로 만들어지지 않는다. 히트상품은 고객, 제품, 시장, 제도 등 다양한 성공 조건이 절묘하게 조합될 때 만들어진다. 시니어마켓은 2030년 노년위기의 본격 진입, 그 이전부터 착실하게 준비해야 진정한 블루오션으로 떠오를 수 있다.

시니어마켓은 성장할까

수요와 공급 모두 실체를 확인하기 어렵다는 점에서 한국의 시니어마켓은 아직 시작 단계[10]다. 시장에 대한 정의부터 고객 규모, 사업

[표 4-10] 발표기관별 시니어마켓 추이 비교

(단위 : 원)

연구기관	연도	금액	비고 및 출처
저출산고령사회위원회 (통계청)	2020년	148조 5,969억	2010년 43조 9,612억 (고령친화산업 활성화전략 2, 2006)
보건산업진흥원	2020년	124조 9,825억	2010년 33조 2,241억 (고령친화산업 현황 및 전망, 2012)
현대경제연구원	2018년	83조 8,000억	22조 2,000억 (실버산업의 전망과 현황, 2011)
보건산업진흥원	2020년	72조 8,305억	2015년 39조 2,839억 (고령친화산업 실태조사 및 산업분석, 2014)

자료 : 전영수, 《파파세대 소비심리를 읽는 힘》, 라의눈, 2016. 9. 22, p.26

범주 등 확실히 정리된 개념이 필요하다. 그래서 지금이 매우 결정적인 시점이라 할 수 있다. 첫 단추를 어떻게 끼우느냐에 따라 이후의 행보는 확연히 달라지기 때문이다.

현재는 정확성과 객관성을 확보하지 못한 분석이나 전망이 적지 않은 상황이다. 잘못된 시장 분석은 정보 왜곡과 신호 착오를 일으켜 혼란을 주고, 불필요한 거래비용마저 발생시킨다. 불명확한 개념 정의나 시장 규모는 무작정 시장에 뛰어들게 할 수도, 아예 시장 진입을 포기하게 할 수도 있는 것이다. 일례로 시니어마켓의 시장 규모[11]는 천양지차다. 2020년 시니어마켓의 시장 규모는 최대 150조에서 최소 73조가 될 것으로 예측된다([표 4-10] 참조). 그런데 일본에서는 이런 설익은 낙관론에 기대서 성급히 시장에 뛰어들었다가 패퇴한 사례가 부지기수다[12]. 한국도 이와 비슷하게 과대 추정의 혐의가 짙다. 미래

예측은 변수가 많고 해석의 여지도 다양하다는 점을 기억해야 한다.

시니어마켓은 대단한 규모라고 대체적으로 낙관적인 분위기인데도, 내로라하는 정보력과 분석력을 겸비한 다국적기업이 시니어마켓에 전사적으로 자원을 결집하지 않거나, 물밑 준비에 머무는 모습을 보인다. 그럴 만한 이유가 있다. 선진국에서는 시니어마켓이 긍정의 느낌표(!)보다 우려의 물음표(?)로 여겨지는 것이 일반적이기 때문이다. 실제로도 이렇다 할 성공 모델이 없다. 이는 시니어마켓의 성장환경이 만만치 않다는 증거다.

왜 그럴까? 당장 노년인구의 빈곤이 시장 성장의 최대 걸림돌이 되기 때문이다. 50퍼센트에 육박하는 상대빈곤율과 부동산 중심의 자산분포를 감안할 때 이들의 지불 여력(가처분소득)은 상당히 실망스러운 수준이다. 소비 여력에 심각한 거품과 균열이 예상된다. 소비주체의 크기보다 중요한 건 지갑 두께일 수밖에 없다. 과장된 구매력은 성장성만 부풀리는 원인이다. 기업의 시장 대응도 부족한 부분이 있다. 노인은 약자 혹은 환자라는 고정관념에 매몰되어 신체의 한계를 극복하고 질병을 사전에 예방하는 데 포커싱한 건강식품만 내놓아서는 시니어마켓을 키울 수 없다. 최근 들어 라인업이 다양화되고 있지만, 로봇이나 IT 등 첨단제품은 여전히 극소수일 뿐이다. 노년인구가 지갑을 열 만한 신선한 아이디어는 거의 없다.

베이비부머로 대표되는 향후의 노년인구는 지금까지의 노년인구와는 완전히 다르다. 이들은 젊은 시절 다양한 경험과 눈높이를 갖게 된, 세분화된 미시수요의 집합체다. 연령의 특수성을 내세운 제품과 서비스는 사양한다. 그들에게 단순한 '항노화'Anti-Aging는 더 이상 먹히지 않는다. 노화를 말하는 순간 이들은 외면한다. 이것이 정확한 수요 판단과 구매 지점을 확보해야 하는 이유다. 컨설팅회사인 보스턴 컨설팅그룹BCG에 따르면 고객기업 중 약 5퍼센트만이 시니어마켓에 대한 이해도가 있다고 한다.

필수재에서 사치재로

그럼에도 향후 시니어마켓에 대한 전망의 무게중심을 신기루에서 파랑새로 옮길 수 있다면 이보다 좋을 수는 없을 것이다. 지금은 시니어마켓이 중대한 분기점에 놓여 있다. 신기루로 끝날지, 파랑새를 잡을지는 지금 어떤 선택을 하고 어떤 전략을 쓰느냐에 달려 있다고 해도 과언이 아니다. 시니어마켓을 둘러싼 현실의 한계를 분석하고 이를 뛰어넘을 미래의 전략을 완성하는 일이 시급하다.

지금처럼 재화의 성격별로 듬성듬성 관련 시장을 형성하기보다 소비 니즈에 따라 단계적으로 접점을 가지며 시장을 확대하는 것이 적절한 방향이 될 수 있다. 요약하면 필수재에서 사치재로의 소비 확대다. 노년인구의 개별상황이 반영된 소비욕구가 실현될 수 있는 재화를 단계별로 배치하는 것이다.

때문에 '필수재' 아니면 '사치재'라는 식의 극단적 사고방식은 바람직하지 않다. 사업 모델에 따라 우선순위와 가중치에 차이를 둘 수는 있겠지만, 미시수요의 거대집합인 노년인구의 소비욕구를 감안하면 유연한 사고가 필요하다. 필수재지만 사치재 성격을 가미할 수도 있고, 사치재지만 필수재의 여지를 둘 수도 있어야 한다. 그래야 시장이 열리고 소비가 커진다. 고등교육을 통해 높은 자산수준을 형성한 차별적인 생애 모델을 살아온 베이비부머가 노년인구에 진입할 2030년부터는 필수재와 사치재의 간극이 본격적으로 넓어질 것이다.

이런 주장을 뒷받침하는 이론도 있다. 인간욕구가 위계적이고 계층적인 질서를 갖는다는 매슬로Abraham H. Maslow의 욕구이론A theory of human motivation이 그렇다. 피라미드로 그려지는 욕구이론은 가장 밑바닥부터 생리욕구, 안전욕구, 애정(공감)욕구, 존경욕구, 자아실현욕구로 정리되는데, 하위 단계의 욕구 충족이 상위 단계의 욕구 발현을 위한 기본조건이 된다는 이론이다.

실제 노년인구의 소비욕구에 이 이론을 적용해보면 상당히 설득력이 있다([그림 4-10] 참조). 생리욕구는 의식주와 직결된 필수재의 영역이다. 음식, 성욕, 수면 등과 관련된 소비영역이다. 그다음은 안전욕구로 신체, 고용, 재산, 가족, 건강 등 안전한 삶을 위해 꼭 필요한 소비영역이다. 여기까지가 필수재의 범주에 들어간다. 다음 단계인 애정(공감)욕구부터는 선택적 사치재의 범주다. 애정(공감)욕구의 소비항목은 가족이나 친구 등과 형성한 소속감과 네트워크로 정리된다. 존경욕구는 남들로부터 인정받기 위한 소비로 연결되는데 삶의 품질과 직결되는 자기평가, 신뢰, 목표 달성, 상호존경 등과 관련된다. 마지막 자아실현욕구는 인간욕구의 최상위 단계다. 이는 외부활동을 통해 도덕성, 창조성, 자율성, 과제 해결, 공평성, 수용성 등 사회가치를 실현하고 자아를 찾아가는 일련의 소비로 연결된다.

이렇게 시니어마켓의 시장 영역은 단계별로 5가지로 구분할 수 있

[그림 4-10] 노년인구의 소비욕구별 지출지점 및 세부 키워드

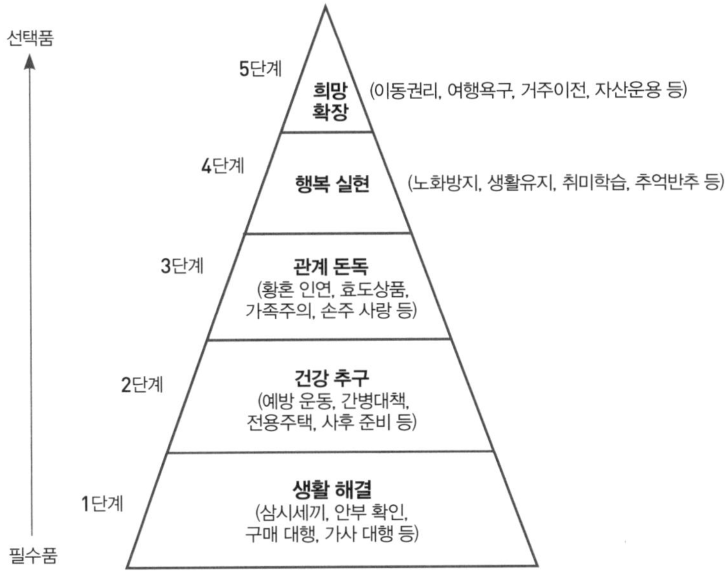

자료 : 전영수, 《파파세대 소비심리를 읽는 힘》, 라의눈, 2016. 9. 22., p.262

다. 이것은 일본적 선행사례를 장기간에 걸쳐 관찰하고 연구한 결과로 최대한 가치중립적인 접근을 지향했다. 또한 필수재와 사치재를 극단적으로 구분했던 일본의 시행착오도 반영했다.

다소 인위적이지만 5단계 구분법은 비교적 논리적이며 공급자의 시장 접근에 도움이 될 정도의 실효성을 확보한 것으로 여겨진다. 인간의 욕구이론과 시니어마켓의 소비지점을 '생리욕구 = 생활해결', '안전욕구 = 건강 추구', '애정(공감)욕구 = 관계 돈독', '존경욕구 = 행복 실현', '자아실현욕구 = 희망 확장' 등으로 연결시켜 살펴보는 것도

가능하다. 시니어마켓의 단계별 소비이슈는 생활 해결, 건강 추구, 관계 돈독, 행복 실현, 희망 확장의 순서로 탄생하고 또 확장된다. 생활 해결에 가까울수록 범용성이 높고, 희망 확장에 가까울수록 선택성이 강조된다.

한국적
자본주의를 향해

"그건 니들 문제야!" vs. "자기들 것만 챙기고!"

세대갈등의 기본논리를 정리하면 이럴 듯하다. 옳고 그름을 떠나 일방적이고 고질적인 대결구도다. 다분히 착각일 수도 있고, 편견일 수도 있다. 사회구조를 뒤바꿀 인구구성의 대폭적인 변화를 앞두고 세대갈등은 결코 바람직하지 않다. 세대갈등을 정치프레임으로 채택해 전선을 확대하는 시도도 마찬가지로 지양해야 한다. 인구문제는 세대 간의 연결을 전제할 때 해법을 모색할 수 있다. 2030년 문제뿐 아니라 2018년 문제, 2020년 문제도 개별 세대만을 대상으로 하는 해법으로는 해결될 수 없다. '청년, 중년, 노년'을 한 세트로 보고 접근해야 문제의 영구적 해결책이 확보된다.

각각 30년씩 할당된 청년, 중년, 노년이 합쳐져 90년 인생이 완성된다. 청년은 금방 중년이 되고, 중년은 또 순식간에 노년에 접어든다. 내가 걸어왔거나 걸어가야 할 인생 경로다. 따라서 한 세대가 다른 세대를 비난해본들 누워서 침 뱉기다. 오히려 서로 힘을 합쳐 다른 세대의 생명력과 존재감을 강화해줄 때 비로소 자신이 속한 세대의 생존환경도 개선된다. 더욱이 청년, 중년, 노년은 가족일 수밖에 없다. 출산파업으로 세대가 단절되고 있다지만, 그래도 가족이라는 사회구성 모델은 꽤 공고하다. 흔들릴 수는 있지만, 쉽게 무너지지는 않는다. 가족 중 한 사람이라도 힘들면 집안 공기가 냉랭하듯 모두가 웃을 때 가족의 행복이 가능해진다.

2030년 문제를 극복할 노년인구의 생존전략은 '세대연대'가 유력하다. 2018년, 2020년 문제도 마찬가지지만, 특히 2030년 문제는 위기의 주체가 은퇴한 노년인구란 점에서 각자도생이 사실상 힘들기에 세대연대를 통한 해법을 모색하는 것이 바람직하다. 물론 은퇴 준비 차원에서 개별적으로 30년 노년위기의 강도와 빈도를 떨어뜨릴 수 있는 사전예방 및 사후대책을 세우는 건 필수다. 소득을 확보하든, 건강을 챙기든, 친구를 만들든 빈곤, 질병, 고독의 위기로부터 스스로를 온전히 지켜내려 노력하는 것은 당연한 일이다.

그럼에도 한계는 있다. 위기에 노출되는 데는 예외가 없어서다. 이를 감안하면 30년 노년인생의 생활전략은 축소 지향의 살림살이가 될 수밖에 없다. 결국 노년인구를 위기에서 구할 궁극적인 전략은 다른 세대들과의 공동연대와 이를 뒷받침할 상호이해, 인식 및 제도의 변화다.

연대가 답이다

스페인에는 '야요 플라우타'Yayo flautas라는 독특한 집회가 있다. 매주 월요일에 열리는 노년인구의 거리집회다. 이들은 정치권을 향해 청년들의 이해를 대변하고자 모인다. 청년실업이 개별 청년들의 문제가 아닌 자신들의 문제이기도 하다는 인식하에 시대의 문제를 해결하기 위해 나선 것이다.

유니폼을 입은 할아버지, 할머니는 손녀손자를 위해 거리에 나왔다고 밝힌다. 한국 사람들에겐 낯선 광경이다. 야요 플라우타는 열악한 근로환경 탓에 고국을 버리는 청년들이 생겨나면서부터 시작됐다. 그들은 '떠난 게 아니라 쫓겨난 것'이란 피켓을 들었다. 목표는 청년인구에게 정규직이라는 유토피아를 만들어주는 것이다.

그들은 비난 대신 응원을 택했다. '젊어 고생은 사서도 하는 법이다'라거나 '부당해도 쓴 경험으로 받아 들여라'라고 말하지 않는다. 대신 '연결성'을 강조한다. 청년과 노년은 결국엔 연결된 존재라는 인식하에, 청년이 잘돼야 연금도 잘 받는다는 다분히 실리적인 상생의 카드를 고른 셈이다. 청년의 월급 상실이 노년의 연금 붕괴로 이어지므로, 청년을 웃게 해야 본인도 웃는다는 사실을 깨달은 데서 나온 선택이다.

노년인구의 생존전략을 세대연대에서 찾아낸 사례는 또 있다. 일본의 '후쿠이福井 모델'이다. 열도 서쪽에 위치한 후쿠이는 일본에서 가장 살기 좋은 동네로 손꼽힌다. 지금은 없어진 풍요지표(신국민생활지표)에서 5년 연속 1위(1995~1999년)를 기록했고, 행복도에서도 단골 1위인 지역이다. 근로자세대 실수입, 맞벌이 비율, 정규직 비율, 보육원 수용정원 비율 등이 모두 1위다.

일본에선 후쿠이의 행복구조를 세대의 융합과 교류를 바탕으로 한 상생 모델로 규정한다. 공식적으론 '맞벌이를 통한 가치창조 모델'로 규정되지만, 노인과 청년의 연대도 빼놓을 수 없는 부분이다. 정규직 맞벌이를 통해 수입을 늘릴 수 있었던 것은 부모세대의 육아 지원을 비롯해 세대를 연결하는 상생부조 덕분이다. 직장과 가정이 조화를 이루며 양립할 수 있게 되니, 자연스럽게 자녀양육, 부모봉양, 본인 노후의 연쇄위기가 사라졌다. 출산이든 간병이든 세대연결로 갈등을 해결한 셈이다.

일본 정부는 후쿠이 모델에 미래를 걸었다. 개별 세대의 생활 품질을 높이지 않으면 위기 해결은 어렵다는 인식 때문인데 이것이 수출, 대기업 우선 지원을 핵심으로 하던 아베노믹스 1.0(2013~2014년)의 방향까지 바뀌었다. 낙수효과와 재정승수효과보다 내수 부양, 직주 완성에 초점을 맞춘 아베노믹스 2.0(2015~현재)이 발표됐다. 핵심은 국민이 안심하고 사는 거주공간의 실현, 즉 생활의 질을 향상하는 것이다. 자원, 인재, 사업 등 국가재원의 투입 우선순위가 중앙에서 지방으로 변경됐다.

경제정책도 금융완화, 재정투자, 성장전략 등에서 'GDP 600조

엔', '희망출산율 1.8', '간병퇴직 제로'로 바뀌었다. 이는 각각 희망을 실현하는 경제, 꿈을 꿀 수 있는 양육지원, 안심할 수 있는 사회보장 등이 목표다. 하나같이 세대를 연결한 후쿠이 모델에서 상생효과를 확인한 내용이다. 특히 간병으로 인해 퇴직하는 사태를 없애겠다는 전략은 30년 노년위기의 심각성을 단적으로 드러내 보여준다.[13] 간병의 부담을 덜어주지 않으면 결국 모든 세대가 불행해진다는 뼈저린 경험 때문이다.

한국 사회의 패러다임 전환

이제 필요한 건 자본주의의 재검토다. 지향은 한국적 자본주의다. 자본주의의 장점과 한국적 특수성을 엮어내 차별적인 게임 원칙을 만들어보잔 얘기다. 한국적 특수성이란 과거 한국 사회에 존재했던 세대 간의 행복 교환을 뜻한다. 지금처럼 한정된 자원을 두고 세대 간에 경쟁하기보다는 연대와 조화를 통해 개별 세대가 맞은 위기를 근원적으로 풀어보자는 얘기다.

자본주의와 한국 사회의 결합은 고도성장으로 그 효용성이 일단락됐다. 앞으론 피할 수 없는 저성장의 시대다. 자본주의의 성과를 발휘하기 힘들어지는 만큼 한국 사회 특유의 가족주의적 역할 갈등은 심화된다. 가족과 친지의 뒷바라지와 공동체적인 정情의 발현 역시 선택의 기로에 섰다. 그 선택이 틀려도 돈을 번다면 충격이 크지 않았지만 앞으로는 아니다. 불행은 충분히 예고됐다. 서구적 계약사회에선 '아니오'라는 대답이 자연스러워도 한국적 관계사회에선 '예'라는 대답이 불가피하니, 결국 세대 간의 불행 교환이 확대된다. 한국적 자본주의의 지향점은 이러한 불행 교환을 과거의 행복 교환으로 전환하는 것이다. 서구 사회의 지적처럼 과도한 온정주의, 정실주의는 경계해야 할 부분이지만, 지금처럼 인간관계를 포함해 모든 것을 계약과 경쟁으로만 보는 것도 무리다.

노년위기의 극복은 청년위기, 중년위기를 극복할 때 가능해진다. 위기 주체만을 생각해서는 근원적 처방이 어렵다. 노년인구를 둘러싼 다양한 환경과 변수를 종합적으로 고려할 때 노년위기를 극복할 실효성 있는 대안이 나온다. 전통적인 한국 사회에서 노년위기는 가족의 문제였다. 노년복지의 제공자는 가족과 지역이지 사회와 국가가 아니었다. 때문에 고령복지를 위한 사회 안전망은 허술할 수밖에 없었다. 미국은 둘 중 하나다. 각자도생으로 노년복지를 구입하거나 최소한의 국가안전망 안으로 들어가는 것이다.

한국은 전통사회에서 벗어난 뒤에는 모든 걸 기업에 떠넘겼다. 좋은 회사만 다니면 자신의 노후 준비는 물론 부모의 의료 혜택까지 얻었다. 그런데 고용불안이 확대되니 노년위기가 단 한방에 가정경제를 녹다운시킨다. 기업에 많은 걸 의존하다 보니 일자리 유무가 인생을 뒤흔든다. 그러니 어쨌든 일자리가 중요하다. 고용불안의 해소가 작게는 청년위기와 중년위기를 경감하고, 크게는 노년위기를 사전에 예방, 관리할 수 있게 해준다.

한국적 자본주의는 소규모 개방경제의 구조적인 약점도 일정 부분 커버한다. 새로운 일자리가 내수 확대의 힌트가 되기 때문이다. 없었던 GDP까지 가세한다. 노년인구를 경제활동인구로 연결시키면 실업 해소와 소득 발생으로 내수 성장의 기촉제가 된다. 정상적인 상황에서 돈이 생기면 순환할 수밖에 없다. GDP의 증가다.

가능성은 많다. 세대 간의 표면적인 갈등은 불편, 불안, 불만으로 요약된다. 그렇다면 이를 해결하는 새로운 사업 모델은 얼마든지 가능하다. 그간 없었기에 생소할지 모르지만, 잘만 기획하면 한국 사회 안에서의 새로운 순환경제를 실현할 수 있다. 시니어마켓을 그 예로 들 수 있다. 물론 이 과정에서 기존 주체가 반발하거나 피해를 볼 수도 있지만, 장기적으론 이 방법만큼 적절한 게 없다. 한쪽에선 믿고 맡길 사람이 없어 출산을 미루는데, 한쪽에선 일이 없어 공원을 배회한다면 이는 모순이다. 유치원과 양로원을 가까운 공간에 두면 서로가 좋다. 예상되는 갈등은 얼마든지 조정할 수 있다. 이런 방법을 현명하게 잘 활용하면 작게는 노년위기를, 크게는 세대위기 전체를 해결할 수 있다.

노년위기는 냉혹한 자본주의가 만들어낸 산물이다. 공동체가 살아 있던 예전엔 거의 없었던 사회문제다. 물론 자본주의는 훌륭하다. 효용 극대화의 사적 이기심이 완전경쟁, 사유재산의 패러다임과 결합해 사회 전체의 후생 증대에 기여했다. 맛나고 값싼 한 끼는 식당 주인이나 빵집 주인의 잘살아보려는 이기심 때문이지 자비심 때문은 아니었다. 시장경제는 이렇게 성장해왔다. 다만 자본주의는 완전무결하지 않다. 무엇이든 시장에서 사고팔고, 체급의 차이조차 인정하지 않는 승자독식이 모든 것을 지배했다. 그 끝은 극단적 양극화였다.

이래선 곤란하다. 결국 모두가 무너진다. 독점자본도 게임이 지속될 때에만 생존할 수 있다. 그런데 지금의 한국 사회는 게임을 계속할 판돈과 의지조차 빼앗긴 상태다. 사람이 빠진 자본주의는 허상이다. 시장에서 당하고 시장에서 쫓겨나 길거리를 배회하는 이들이 흘러넘친다. 일하려 해도 일할 수가 없다. 상황이 변했으니 어쩔 수 없다는 변명은 틀렸다. 노년인구를 버릴 수밖에 없다는 생각은 더더욱 잘못됐다. 30년 노년위기를 결코 만만하게 봐서는 곤란하다. 그냥 이대로 시간을 흘려보내면 누구든 자본주의가 버린 잉여인간의 노년위기 30년에 봉착할 수밖에 없다. 결코 남의 일이 아닌 것이다.

시간이 별로 없다. 이미 한국은 고령사회 깊숙이 들어왔다. 인구구성의 변화 흐름을 볼 때 드라마틱한 전개는 이제부터다. 한 번도 겪어보지 못한, 전대미문前代未聞의 사회현상이 예고된다. 생경한 풍경은 시작됐다. 결혼식보다 장례식에 자주 가고, 유치원보다 노인정이 붐빈다. 벌써 중위연령이 41세에 이르렀다. 1980년 21세였던 걸 보면 그 2배다. 그럼에도 대비책은 없다. 정책 당사자들의 속내는 이 문제들을 한껏 미루고 싶을 뿐이다. 긁어봐야 뾰족한 수가 없으니 부스럼만 생겨날까 전전긍긍이다. 정책 대응이 없다면 30~40년 후 선망국先亡國이 될 거란 외신의 경고도 관심을 끌지 못한다. 2030년 문제, 그 핵심에 선 노년인구는 결국 오늘의 청년 혹은 중년일 수밖에 없다.

가랑비에 옷 젖는다고 했다. 차일피일 미뤄 흠뻑 젖은 다음에는 되돌리기 더 어렵다. 지금의 기회를 놓치면 재정은 더 많이 들고, 애를 써도 효과는 별로 없을 것이 뻔하다. 근본적인 구조 개혁을 포함한 한국 사회의 패러다임 전환이 시급하다. 이것이야말로 노후의 생존과 직결된 중차대한 이슈다.

하류노인으로 갈무리되는 노후위기는 이미 시작됐다. 물론 정부만 믿을 사람은 없겠지만, 각자도생의 대책 마련도 만만치 않은 일이다. 2030년 문제를 극복하기 위한 개인의 생존전략은 부동산, 자녀교육, 건강관리, 평생직업, 가족관계 등이 핵심이다. 연쇄적으로 불행의 길을 걷지 않도록 하나하나 세심한 관리가 필수다. 그리고 혹시라도 불행이라는 함정에 빠졌다면 적극적으로 자신의 위험을 알리는 것이 바람직하다. 노년위기와 관련한 복지 정보의 비대칭성을 해소하고 동시에 사회 안전망을 시혜가 아닌 권리로 이해하는 인식의 전환이 필요하다.

마치며

인구부총리를 제안한다

인구라는 연구주제는 결코 쉽지 않다. 워낙 영향력이 광범위하고 고려사항이 많은 데다 미래의 추정통계도 감안할 수밖에 없어서 하면 할수록 고민이 깊어진다. 그럼에도 손 놓고 있을 수만은 없다. 인구 변화가 한국 사회에 악재일 확률이 높아서다. 최근 경험처럼 잘못된 인식으로 접근하면 비용과 시간만 낭비한 채 문제를 더 복잡하게 만들기도 한다. 더 나은 삶을 자녀세대에게 물려주려면 방관과 방치는 금물이기에 이 문제를 공론화하여 지속적으로 논의하고 자원배분에 대한 사회적 합의를 이뤄야 한다.

인구문제를 단번에 해결할 수는 없다. 30년 세대정책을 전제로 끈기 있게 진행해야 한다. 프랑스 등 다른 나라의 경우를 보면 표면적인 성과를 고집하기보다는 우직하게 긴 호흡으로 노력하는 것이 적으나마 문제해결에 성공할 수 있는 핵심임을 알 수 있다. 회의를 위한 회의, 정책을 위한 정책의 방식은 더더욱 안 될 말이다. 진정으로 미래를, 다음 세대를, 내 자녀를 위한 길을 찾는다면 자발적이고 절실한 대안을 마련해야 한다. 그리고 그것은 이제껏 경험하지 못한 변화에 맞닥뜨린 현실에서 기존의 패러다임과는 완전히 다른 접근이 가능할 때 마련될 것이다. 결국 정부가 인구문제를 고민한다면 정책 대안의 패러다임부터 다르게 접근해야 한다. 고정관념과 이해관계를 버리고 탁상공론을 멈출 때 실질적이고 공감적인 정책 제안이 이뤄질 수 있다.

이른바 명확하고 확실한 정치철학이 요구된다. 거대한 변화를 앞둔 현 시점에 명분은 완벽하다. 그럼에도 불구하고 인구정책이 지지부진한 것은 철학의 부재 말고는 설명하기 어렵다. 이쪽저쪽에서 던지는 견제와 압박을 극복하기 위해서는 지속가능한 한국 사회를 미래세대에 물려주겠다는 철학이 서 있어야 한다. 같은 맥락에서 인구정책은 인기영합을 위한 퍼주기식으로도 유지될 수 없다. 한정된 자원을 배분하는 문제인 탓에 다양한 이해관계의 집단들이 반발하거나 거부, 저항하는 일이 필연적으로 따라오기 때문이다. 결국 강력한 정책 실현의 철학을 갖춘 확고부동한 정치 리더십이 그 어느 때보다 절실하다. 범접하기 어려운 리더십이 전제될 때 다양한 이해관계를 조정하고, 해결을 위한 장기 실현의 궤도를 구축할 수 있다.

다시 강조하지만, 인구문제에 어정쩡한 대증요법은 곤란한다. 한국처럼 대통령제의 1인자가 직접 총대를 메지 못한다면 그 다음의 권위·권력을 갖춘 책임자라도 지정해 인구문제를 제도적으로 전담시키는 게 바람직하다. 소위 '인구부총리'의 제안이다. 이 정도가 아니면 복잡하게 얽힌 이해관계와 우선순위를 조정하기 어렵다. 중앙부처를 실질적으로 호령함으로써 인구문제의 진정성과 철학 수립은 가능해진다. 전대미문의 희귀현상을 해결하는 데 그만그만한 지금까지의 접근방식으로는 곤란하다. 엄청난 문제일수록 엄청난 실력이 전제되는 건 당연하기 때문이다. 모쪼록 책이 이를 포함한 인구문제의 해결을 위한 다양한 공적 논의를 시작하게 만드는 작은 밀알이 되기를 바랄 뿐이다.

주석

제1장

1. 2016년 출생·사망통계(통계청)에 따르면 총 출생아는 40만 6,243명으로 2015년(43만 8,420명)보다 7.3퍼센트포인트 감소했다. 합계출산율 1.17의 영향이다(2015년 1.24명). 사망자는 28만 827명이다. 결국 자연증가(출생아-사망자)는 12만 5,416명인데, 이는 1970년대 이후 가장 낮은 수치다.
2. 2016년 메모리얼소사이어티
3. 보건의료빅데이터개방시스템
4. 〈한국경제신문〉, '건물주가 달가워하지 않는 은행, 웨딩홀, 산부인과', 2017. 5. 31.
5. 〈중앙일보〉, '김현철 청와대 경제보좌관 누구?', 2017. 6. 6.
6. 《조선비즈》, '[리포트 인터뷰] 홍춘욱 ① 인구절벽 위기? 한국 부동산 폭락은 없다', 2016. 11. 8.
7. Q=f(L, K)는 통상 생산함수로 불린다. L(노동량)과 K(자본량)를 투입함으로써 생산량(Q)을 늘린다는 논리구조다. 한국처럼 노동과 자본 공급이 점차 제한되는 상황에서 Q를 늘리자면 이른바 함수(f)의 설명력을 높여야 한다는 차원에서 종종 거론된다. 즉 기술혁신 등을 통한 질적 능력의 향상으로 노동과 자본 제한에도 불구하고, 성장을 유지하자는 논리다.
8. 〈세계일보〉, '日 내년에도 청년 고용 훈풍… 대졸 100명에 일자리 178개', 2017. 4. 27.
9. 富士通総研総, '《人手不足なのになぜ賃金が上がらないのか：書評と考察》',

2017. 6. 23.

10. 인구 감소의 영향으로 청년인구는 줄어들고, 경기 상황도 개선되고 있지만, 평균임금은 제자리걸음이다. 파트타임, 아르바이트 등 단기적인 주변부의 불안정한 일자리가 늘면서 시급은 올랐어도 고용자의 대부분을 차지하는 정규직 임금이 오르지 않았다는 얘기다. 이게 전체 평균을 갉아먹는 구조다. 비정규직이지만 일자리는 많기에 수치상 실업률은 낮아진다. 하지만 임금수준이 낮기에 소비 여력도 정체되는 악순환 구조가 생긴다. 결국 연공서열적인 장기 고용은 설 땅을 잃었다. 복합불황을 경험한 기업들이 장기 고용을 회피하려는 성향은 기업에 광범위하게 퍼져 있다. 그래서 정규직보다 비정규직을 선호할 수밖에 없고, 이 경향은 더 심해질 전망이다. 제4차 산업혁명 등 기술혁신까지 가속화되면 제조현장의 고용환경은 악화될 수밖에 없다.
11. 여기서부터는 졸저《피파세대 소비심리를 읽는 힘》의 제1장과 제2장의 내용을 토대로 대폭 수정한 것임을 밝힌다. 전영수《피파세대 소비심리를 읽는 힘》, 라의눈, 2016. 9. 22. pp.21~92.
12. 〈전라일보〉, '수도권 집중'. 오피니언, 2017. 5. 22.

제2장

1. 한국의 인구통계는 크게 2개 기관에서 취합 및 관리한다. 통계청(인구조사)과 행정자치부(주민등록인구통계)가 대표적인데, 숫자가 조금씩 다르다는 점을 이해할 필요가 있다. 그럼에도 전체 추세를 보는 데는 큰 차이가 없다. 행정자치부는 일제 강점기를 포함한 과거통계를 제공하는 게 특징이며, 통계청은 최근 통계를 면밀하게 구분해 알려 주는 장점이 있다.
2. 물론 반론도 있다. 둘 사이에 있음직한 정(正)의 관계가 실제로는 사뭇 다를 수 있다는 연구가 그것이다. 이 주장은 인구 감소가 성장 정체와 직결되지 않는다는 데 문제 제기를 한다. 인구가 줄어도 다른 유효한 벌충 장치가 채택되면 성장이 계속될 수 있다는 의미다. 다시 말해 줄어든 출산(노동공급)을 보완할 다양한 완화 장치가 성장을 유지한다는 논리다. 학계에선 생산성의 획기적인 증진을 담보할 혁신적인 자동화가 단적인 사례로 손꼽힌다. 인력 부족을 상쇄하거나 압도할 새로운 생산 수단이 등장해 성장률을 떠받친다고 보는 견해다.
3. 물론 전체적인 변동추세로는 성장률과 출산율의 증감 추이가 엇비슷하게 비례한다. 가령 사상 최저점의 출산율을 기록한 2005년(1.08명, 3.9퍼센트)은 전후해인 2004년(1.15명, 4.9퍼센트) 그리고 2006년(1.12명, 5.2퍼센트)과 얼추 비슷한 변동

추세를 보인다. 성장률이 낮았던 2009년과 그 전후해도 마찬가지다. 각각 2008년(1.19명, 2.8퍼센트), 2009년(1.15명, 0.7퍼센트), 2010년(1.23명, 6.5퍼센트) 등으로 같은 방향의 변동성을 보여준다.

4. 日本経済新聞, '大卒就職率, 過去最高の97.6퍼센트 4月時点, 女性が好調', 2017. 5. 19.
5. 日本経済新聞, '有効求人倍率, 6月は1.51倍に上昇 正社員は初の1倍超', 2017. 7. 28.
6. 内閣府, '月例経済報告-景気判断を6カ月ぶりに上方修正', 2017. 6. 23.
7. 産経新聞, '内定後はオワハラより企業理解促進', 産経ニュース, 2017. 6. 6.
8. 전영수, '알바생 실종에 日 24시간 영업 포기', 《한경비즈니스》, 2016. 12. 27.
9. 전영수, '온천 서비스 이젠 로봇에 맡겨주세요!', 《한경비즈니스》, 2014. 11. 21.
10. 교육부, '2주기 대학 구조 개혁 기본계획', 2017. 3. 9.
11. 2017년 5월 기준 전체 청년인구(948만 명) 중 이미 졸업한 사람(최종학교 졸업자)은 442만 명이다. 나머지는 각각 대학원 졸업자(8만 명), 대졸자(299만 명), 고졸자(135만 명)이다. 즉 대학원까지 합해 대졸 이상이 고졸의 2.8배에 달한다. 고졸자가 1명일 때 대졸 이상이 3명이란 셈이다(통계청).
12. 인력활용 등 고용 관행의 차이가 동일 상황이라도 양국의 일자리 공급 규모를 차별화한다. 거시적으로는 청년인구의 공급 규모와 경기 상황의 반전 여부, 산업별 성장 기여 등이 중요하고, 미시적으로는 통계 방법, 취업 행태, 고용 관행, 청년 심리 등 다양한 개별 요인도 고려 대상이다. 그리고 일본의 청년취업률은 한국과 통계 산출 방식이 다르다. 취업빙하기로 불렸던 1990년대조차 91퍼센트 대가 마지노선이었고, 그 밑으로 떨어진 적이 없는 이유가 여기에 있다. 불황이 바닥을 쳐도 대졸자 10명 중 9명은 취업한다는 통계의 진실은 취합 방식의 차이 탓이다. 일본의 대졸자 취업률은 한국과 달리 21개 국립대 등 총 62개 대학을 대상으로 하며, 그것도 조사 대상이 4,800명 정도에 불과하다(후생성, 2017년). 대부분 상위 대학으로 취업률이 높을 수밖에 없다. 동시에 4학년 초반에 공채가 마무리되기에 이때 취업을 못하면 유급 신청 후 취업 통계에서 빠진다. 특히 비정규직도 포함된다. 대학 진학률이 50퍼센트 대로 기본적인 경쟁률이 낮다는 점도 고려 대상이다. 고졸과의 임금 격차가 적어 굳이 대졸의 선택 유인이 낮다. 이런저런 이유로 일본의 높은 대졸 취업률을 진실로 받아들이긴 어렵다.
13. 최호원(2017), '인구 감소와 취업… 한국과 일본의 차이는?', SBS 취재파일, 2017. 7. 12. 원본 보고서의 재인용(국민대 일본학연구소, '인구 감소가 한국 취업 희망자들에게도 축복이 될까', 《일본공간》 21호, 2017. 6. 30.)

14. 〈동아일보〉, '데이비드 콜먼 교수, 한국의 저출산 심각, 당장 문화혁명 필요', 2010. 7. 16.
15. 전영수, 《인구 충격의 미래 한국》, 프롬북스, 2014. 12. 20. 인구학과 인구이론 등에 대한 자세한 설명은 이 책의 제2장(인구이론의 발자취, pp. 30~59)을 참조.
16. KBS, '무전불혼', KBS뉴스, 2017. 8. 4. (검색일 기준)
17. 통계청, '경제활동인구조사 부가조사', 2016. 8. 한국노동사회연구소(김유신) 분석 결과.
18. KBS, '결혼에 대한 설문조사', 2017. 5.
19. 듀오웨드, '2017 결혼비용 실태보고서', 2017. 2.
20. 듀오, '2017년 성혼회원 표준모델', 2017. 6. 30. 결혼정보 업체를 통한 초혼 연령은 훨씬 더 높다. 2017년 남녀 각각 36세, 33세로 2006년보다 2살 이상 높아졌다. 2015년 6월부터 2017년 5월까지 1,371쌍을 대상으로 조사했으며, 소득구간별로는 남자 4,000~5,000만 원, 여자 3,000~4,000만 원이 최다 빈도다. 또 이들 10명 중 9명(86.8퍼센트)은 대졸 이상 학력이다.
21. 신한은행, '2016년 보통사람 금융생활보고서', 2016.
22. 〈국민일보〉, '한국 비혼 출산율 1.9퍼센트 세계 최저, 저출산 극복한 프랑스는 56퍼센트', 2017. 7. 9. 한국이 경제협력개발기구(OECD) 국가 중 혼외출산 비율은 가장 낮다. 법률혼에 의지한 전통적인 가족 형태 탓이다. 이는 법적 부부가 아니면 아이를 갖는 게 이상한 일이라는 사회 풍토에서 비롯된다. 그다음으로 낮은 국가는 일본(2.3퍼센트), 터키(2.8퍼센트) 순이다. 혼외출산율 10퍼센트 미만 국가는 5개국뿐이다. 2014년 OECD 평균 혼외출산율은 39.9퍼센트다.
23. 〈공감신문〉, '수도권 경제력 집중, 상장사 72.3퍼센트 몰려 있어', 2017. 5. 19. 서울을 포함한 수도권의 경우 상장기업의 72.3퍼센트, 시가총액의 85.7퍼센트를 독점한다.
24. 〈조선일보〉, '신생아 36만 명은 인구재앙의 시작이다', 2017. 8. 2.
25. 〈서울경제신문〉, 'S리포트-통계, 이것이 문제다', 연속시리즈 기사, 2017. 7. 18.
26. 日本創成会議·人口減少問題検討分科会, 《ストップ少子化·地方元気戦略》, 2014. 5. 8. pp.13~14
27. 총무장관을 역임한 관료이자 정치인인 그는 소멸 리스트 발표 이전까지는 이렇다 할 존재감이 없었다. 그러나 소멸 리스트 발표 이후, 별칭을 얻으며 화제가 됐고 인구문제의 권위자로 추대될 정도였다. 낙선했지만, 지명도가 급등하면서 집권 여당의 추천을 받아 2016년에는 도쿄도지사 선거에까지 뛰어들었다.
28. 통상적인 인구추계(국립사회보장인구문제연구소)는 인구 이동률이 장래에는 일정

정도로 수렴할 것임을 전제로 한 데 비해 이번 추계는 지역 간의 인구 이동이 향후 통제되지 않는다는 것을 가정했다. 공식 통계의 추계로는 20~39세 여성인구가 절반 이하로 떨어지는 지자체가 20.7퍼센트인데, 이번 결과는 인구 이동이 통제되지 않을 경우(해당 인구의 30퍼센트가 도시 유입)로 했더니 49.8퍼센트의 지자체가 절반 이하로 줄어든다고 분석됐다. 국립사회보장인구문제연구소의 결과에 따르면 소멸 리스트는 373개로 일본창성회의의 896개보다 훨씬 적다. 인구 이동의 감안 여부가 현격한 통계 격차로 연결된 셈이다. 대도시는 지금대로라면 급속한 고령추세로 의료·간병의 고용수요가 확대될 수밖에 없으며, 이에 동반해 향후 상당 규모의 청년인구가 유입될 것으로 추정된다. 양질의 교육 수요에 따른 도시 유입과 함께 양호한 고용 기회를 찾아 지방 여성의 고향 유출이 가속화될 것이라는 의미다.

29. 増田寛也, 《地方消滅 東京一極集中が招く人口急減》, 中央公論新書, 2014, pp. 157~178.
30. 〈조선일보〉, '28년 만에 막 내린 1000만 서울 시대', A14면, 2016. 04. 27.

제3장

1. 참고로 정년연장의 갑론을박 끝에 선진국은 65세 그 이상으로 조정했다. 정년연장은 세계적인 조류다. 일본은 2013년 65세 정년을 시작했다. 프랑스는 정년연장(60→62세)과 연금 수급 개시 연령을 늘리는(65→67세) 개혁안을 내놨다. 영국은 연금 수급 개시 연령(여성)을 65세까지 늦추고, 최대 68세까지 연장하는 계획을 발표했다. 독일은 2004년부터 연금 수급 개시 연령을 67세로 늘렸고, 조기 은퇴의 경우 연금 급여를 삭감한다.
2. 관계부처합동, '新중년 인생 3모작 기반구축 계획', 2017. 8. 8.
3. 한국에서 출생 기준 100만 명을 넘긴 건 1957년(101만 6,573명)부터다. 이후 이른바 58년생 개띠의 1958년(104만 6,011명)생이 바통을 이어받았고, 1960년(109만 9,294명)은 최다출산 기록을 세웠다. 1971년(102만 4,773명)까지 100만 출산은 이어졌다(통계청 및 UN의 2015년 인구 전망). 1960년생이 정점을 찍은 건 일제 후반부터 독립 전후 혼란기에 출산한 여성 규모가 컸던 이유가 거론된다. 다만 출산인구는 통계마다 제각각이다. 과거 통계일수록 정밀한 인구조사가 아닌 추정 결과에 가깝다. 1970년 이후부터는 그나마 객관성이 담보되지만, 그 이전 통계는 엄밀하지 않다는 게 정설이다. 여기서는 UN의 인구 전망에서 제시하는 출산통계를 기초로 했다.
4. 거주자(거주 불명, 재외국민 제외) 기준으로 2017년 7월 현재 1958년생은 58세(80

만 9,640명)이며, 최다 출생 기록을 보유한 1960년생은 56세(95만 9,103명), 100만 출산의 최후 연도인 1971년생은 46세(93만 9,422명)에 달했다(행정안전부의 월간 연령별 인구 현황).

5. 전영수,《인구충격의 미래 한국》, 프롬북스, 2014. 12. 20., pp.94~103. 여기서부터는 졸저 중 제3장 '베이비부머, 대량은퇴의 충격' 중 일부를 발췌 및 수정한 내용임.
6. 통계청, '장래인구추계 2015~2065년', 2016. 12. 7.
7. 20세(1976년), 30세(1997년)로 중위연령의 도달 시점을 보면 상전벽해다. 당연히 중년추세는 더 심화된다. 통계 당국은 2020년(43.6세), 2030년(48.8세), 2040년(53.0세)으로 추정한다.
8. 고용노동부, 〈통계로 보는 우리나라 노동시장의 모습 2016〉, 2016. 7. 26. 보고서에서는 중년그룹을 세분화해 중년(30~49세), 장년(50~64세)으로 규정한다. 40~69세의 새로운 중년 설정을 제안하는 필자 구분과는 다르다.
9. 사카이 준코 저, 조찬희 역,《저도 중년은 처음입니다》, 바다출판사, 2016. 12. 12.
10. 고명한,《어느날 중년이라는 청구서가 날아왔다》, 세이지, 2017. 7. 20.
11. 渡辺淳一,《孤舟》, 集英社, 2010. 9. 24.
12. 전영수,《은퇴대국의 빈곤보고서》, 맛있는책, 2011. 6. 15.《孤舟》란 책이 소개하는 중년 주인공의 일상을 요약하면 다음과 같다. "대형 광고회사에서 이사까지 지낸 이이치로(威一郎). 정년 이전에 회사가 자회사로 내려갈 것을 요구하자 끝내 퇴사한다. 회사를 그만둔 뒤 자신만의 시간을 즐길 것으로 여겼는데, 회사 위주로 살아온 삶인 탓에 그에겐 취미조차 없었다. 새로운 취미로 가족 서비스를 공부하는 등 두 번째 인생을 꿈꿨지만, 정작 가족의 반응은 차갑기 그지없었다. 남은 건 아무 것도 할 게 없다는 악몽 같은 현실과 참기 어려울 만큼 긴 하루를 보내는 일뿐이었다. 힘들어하던 아내는 결국 남편 때문에 재택 스트레스증후군에 걸렸고, 딸과 함께 집을 나가버렸다. 지역의 사회활동에 참여해도 회사 간부로 지내며 몸에 밴 태도 탓에 주변 사람과 어울리지 못했다. 이이치로는 마침내 주변 사람들로부터 완벽히 고립됐다. 곁엔 기르던 애완견만 남았다."
13. 〈부산일보〉, '한국 연령대별 범죄율 40대가 가장 높아', 2014. 8. 18.
14. 전영수, '늙은 캥거루족, 누가 부양해야 할까',《한경비즈니스》, 2017. 8. 14. 여기서부터는 졸고의 내용을 취사선택해 축소한 내용이다.
15. 〈중앙일보〉, '혼자 사는 가난한 형까지 내가? '형제부양' 고민 빠진 일본', 2017. 3. 13. 162만 명을 웃도는 20~59세 고립 무직자(Solitary Non-Employed Persons, SNEP)는 더 큰 위협이다. 은둔형 외톨이(히키코모리)가 성장한 경우다. 학령기 때

등교 거부 후 집 안에 함몰된 이들이 나이를 먹었다. 니트족은 적어도 사회관계가 있지만, 고립 무직자는 가족 테두리조차 벗어나지 않아 문제가 심각하다. 아르바이트조차 잘 하지 않기에 이들의 중·장년추세는 남은 형제에게 고스란히 부담거리다.

16. 참고로 일본의 생애미혼은 남녀 각각 23.4퍼센트, 14.1퍼센트까지 올랐다(2015년, 국립사회보장인구문제연구소). 고도성장을 하던 1970년대는 각각 1.7퍼센트, 3.3퍼센트였다.
17. 레나 모제 저, 이주영 역,《인간증발 : 사라진 일본인들을 찾아서》, 책세상, 2017. 8. 20.
18. 아카기 도모히로 저, 류두진 옮김,《98%의 미래 중년파산》, 위즈덤하우스, 2016. 10. 5. 해제 내용 중 일부.

제4장

1. 75세 이상부터는 의료비 지출이 급증한다. 치매가 아니라도 75세를 전후해 질환을 갖게 되는 경우가 많다. 예비 노인(55~64세), 전기 노인(65~74세), 후기 노인(75세 이상)으로 구분해 진료비 지출을 분석하니 후기노인의 의료비 부담이 훨씬 큰 것으로 나타났다(건강보험심사평가원).
2. 노인실태조사는 노인복지법에 따라 3년을 주기로 실시하는 법정조사다. 2008년, 2011년, 2014년에 3개월간 65세 이상 1만 명의 면접조사로 이뤄졌다. 법제화 이전인 1994년, 1998년, 2004년에 실시된 '전국노인생활실태 및 복지욕구조사'가 선행조사로 자주 비교된다(한국보건사회연구원).
3. 〈시사저널〉, '죽지 못해 살고 있다, 위기의 노인들', 2017.6.1. 기사내용을 짧게 발췌, 요약한 것이다.
4. 藤田孝典,《下流老人 : 一億總老後崩壞の衝擊》, 朝日新聞出版, 2015. 6. 12.
5. 통계청에서 집계, 발표하는 고령자 고용 동향은 사실상 노년인구와 무관하다. OECD 기준인 55~64세를 대상으로 하기 때문이다. 실제 대부분의 고령자 경제통계는 연령대를 50~60대까지 끌어내려 집계하는 경우가 많다. 65~70세가 사실상 경제활동의 퇴장연령임을 보면 순수한 잉여인구로서 70세 이상부터의 통계와 확연하게 차이가 날 수밖에 없다. 면밀한 조사 대상의 이해 없이 통계 숫자만 보면 한국 노인의 경제활동은 꽤 역동적이다. 참고로 2017년 6월 55~64세 '고령자'의 통계를 보면 경제활동참가율은 69.9퍼센트, 고용율은 68.2퍼센트, 실업률은 2.5퍼센트다.

6. http ://samsungnc.com/(검색일 : 2017. 8. 23.)
7. 연합뉴스, '나랏돈 국민 위해 푼다, 내년 429조 슈퍼예산 확정', 2017. 8. 29.
8. 2016년 국가예산(97조 5,000억 엔) 중 24.1퍼센트(23조 5,000억 엔)이 적자국채 원리금 상환비용이다. 이중 34조 4,000억 엔이 적자국채다.
9. 원래 일본은 1973년부터 70세 이상 고령자에 대한 노인 의료비를 무상으로 실시했다. 본인부담금 없이 중앙정부와 지자체가 100퍼센트 납부해 금전 부담 없이 의료 서비스 이용이 가능했다. 그런데 이후 과도한 재정적자와 도덕적 해이가 불거지면서 개혁에 들어갔다. 2006년 일정 소득 이상의 고령자는 30퍼센트를 부담하도록 했고, 2008년엔 후기 고령자 의료제도가 실시돼 75세 이상인 후기 고령자에 한해 10퍼센트의 본인부담비율을 적용했다. 이로써 청구비용은 65세까지 30퍼센트, 65~70세 20퍼센트, 75세 이상 10퍼센트로 차등 규정됐다. 그럼에도 불구하고 최근에는 진료수가의 통제와 함께 본인부담금의 인상이 불가피하다는 분석에 힘이 실리고 있다.
10. 전영수, 《피파세대 소비심리를 읽는 힘》, 라의눈, 2016. 9. 22. 여기서부터는 저자의 졸저 제1장, 제5장의 내용 중 일부를 수정 · 재정리한 것이다.
11. 세계적으로 통일된 시니어마켓 분류 체계는 없다. 한국은 고령친화산업 진흥법(제2조)에서 고령친화산업을 포괄적으로 규정하는데, 연구기관별로 대략 5~15개 산업 품목으로 구분한다.
12. 일본의 경우 모 연구기관에서 '100조 엔 시니어마켓'이란 추계자료를 내놓은 이후 전가의 보도처럼 '시니어마켓=100조 엔' 등식이 따라붙었다. 2000년대 초반 추계임에도 이 등식은 여전히 인용된다. 2007년 일본의 1차 베이비부머가 60세 정년에 도달하면 시니어마켓이 커질 것이라며 추계한 수치가 아직도 건재한 셈이다. 물론 전문가들은 더 이상 이 전망을 믿지 않는다. 이후 많은 연구기관이 시장규모 예측자료를 내놓았지만, 신빙성은 낮다는 게 중론이다. 100조 엔의 거대시장을 믿고 뛰어든 기업만 된통 당한 꼴이 되었다.
13. '치매 발병 → 가족 간병 → 간병 퇴직 → 소득 감소 → 재정 보조 → 재정 악화'의 악순환을 끊겠다는 의지다. 후생성은 '간병퇴직 제로'라는 포털 사이트까지 만들어 간병보험, 간병휴가 등 관련 정보를 제공한다.